1+X 职业技能等级证书培训教材

中文速录

（初级）

主　编　唐可为

副主编　王　萌　夏林华　肖　玲

科学出版社

龍門書局

北　京

内 容 简 介

本书为1+X职业技能等级证书培训教材，按照国家1+X证书制度试点《中文速录职业技能等级标准》编写，主要用于开展中文速录1+X证书的初级认证相关培训工作。

编者通过对初级认证资格标准中涉及的速录系统应用、办公速录和行政速录共3个工作领域的11个工作任务和48个职业技能要求进行深入分析和归纳，并考虑培训过程的可操作性和学习效果，编写了中文速录基础与速录系统应用、办公速录、行政速录3个模块，包括中文速录入门训练、中文速录基础训练、中文速录音节码强化训练、速录系统应用、文稿速录训练、手稿速录训练、数据速录训练、档案及材料速录训练、口授速录训练、办公会议速录训练、行政文书速录训练、演示文件速录训练12个任务，帮助学生了解中文速录的相关技术基础。通过学习本书，学生可以掌握中文速录的相关基本理论知识和基本技能，同时可以完成基础速录工作。

本书可作为高职高专院校文秘类、司法服务类专业及计算机类相关专业的教材，也可作为速录员的参考用书。

图书在版编目(CIP)数据

中文速录：初级/唐可为主编. —北京：龙门书局，2021.8
（1+X职业技能等级证书培训教材）
ISBN 978-7-5088-6038-1

Ⅰ. ①中… Ⅱ. ①唐… Ⅲ. ①汉字－速记－职业技能－鉴定－教材
Ⅳ. ①H126.1

中国版本图书馆CIP数据核字（2021）第146524号

责任编辑：王 琳 上官子健 蔡家伦 / 责任校对：王万红
责任印制：吕春珉 / 封面设计：乔楚

科学出版社
龍門書局 出版
北京东黄城根北街16号
邮政编码：100717
http://www.sciencep.com
天津翔远印刷有限公司印刷
科学出版社发行 各地新华书店经销
*
2021年8月第 一 版 开本：787×1092 1/16
2024年4月第五次印刷 印张：13 1/2
字数：320 000

定价：45.00 元

（如有印装质量问题，我社负责调换〈翔远〉）
销售部电话 010-62136230 编辑部电话 010-62135927-2036

前　言

国务院正式发布的《国家职业教育改革实施方案》提出，从 2019 年开始，在职业院校、应用型本科高校启动 1+X（学历证书+若干职业技能等级证书）制度试点工作。

北京速录科技有限公司多年来致力于中文速录技术研发与人才培养工作，2020 年，该公司依据教育部有关落实《国家职业教育改革实施方案》的相关要求，向教育部申报了中文速录职业技能等级证书，并被列入参与 1+X 证书制度试点的第四批职业教育培训评价组织及职业技能等级证书名单。

为做好 1+X 中文速录职业技能等级证书工作，编者按照国家 1+X 证书制度试点《中文速录职业技能等级标准》，以客观反映现阶段行业的水平和对从业人员的要求为目标，在遵循有关技术规程的基础上，以专业活动为导向，以专业技能为核心，组织了以行业、企业专家，职业院校的专业骨干教师为主的专家团队，编写了本书。编者在北京速录科技有限公司、北京神州亚伟科贸有限公司的大力支持下，以《中文速录职业技能等级标准》的职业素养、职业专业技能等内容为依据，以工作领域为模块，依照工作任务进行组编。

本书突出实训教学，在全面、系统地介绍各任务内容的基础上，以实际工作中的现场典型工作任务为训练材料，将理论和实操相结合，应知与应会相融合。教材内容全面，由浅入深，详细介绍了中文速录的基本操作与实务技巧，并突出介绍学生在学习过程中难以理解和掌握的知识点，降低了学生的学习难度。

本书由唐可为担任主编，王萌、夏林华和肖玲担任副主编，唐骥、徐飚、李微、廖清和王芳参编。北京速录科技有限公司、北京神州亚伟科贸有限公司的相关技术人员也参与了教材的编写工作。

各模块教学课时建议如表所示：

教学课时建议

模块	任务	课时
模块一　中文速录基础与速录系统应用	任务一　中文速录入门训练	2
	任务二　中文速录基础训练	12
	任务三　中文速录音节码强化训练	24
	任务四　速录系统应用	2
模块二　办公速录	任务一　文稿速录训练	20
	任务二　手稿速录训练	20
	任务三　数据速录训练	20
	任务四　档案及材料速录训练	20

续表

模块	任务	课时
模块三　行政速录	任务一　口授速录训练	30
	任务二　办公会议速录训练	30
	任务三　行政文书速录训练	30
	任务四　演示文件速录训练	30
考核、机动		6
合计		246

由于编者水平有限，本书难免存在不足，敬请广大读者批评指正。

编　者

2021 年 3 月

目　录

绪论　中文速录的发展历程

一、中文速录的产生

1934 年，我国速记泰斗唐亚伟教授发明了“亚伟式中文手写速记”，培养了大批速记人才，唐亚伟教授的很多学生在外交领域和领导人身边工作。亚伟速记成为国内广泛的速记方式。

1973 年，周恩来总理看到基辛格带来的速记人员使用速记机，敲击键盘就可以完成记录工作，总理非常感兴趣。会谈休息的时候，他向中方速记员廉正保（唐亚伟教授的学生，后来曾担任外交部档案馆馆长）提出我国自主研发中文速记机的期望。

后来，美国司法代表团来华与中国法院交流时，对无法进行速记机的对口交流而表示遗憾。为此，法院领导特别致电北京市速记协会理事长唐亚伟教授，询问能否生产出我国自己的速记机。唐亚伟教授回答：“能！一定能！”

以上两个事件都成为唐亚伟教授研发中文速录机的重要动力。

二十世纪九十年代，唐亚伟教授以他在汉语语言学、速记学上深厚的造诣，十多年的速记机研究的积累，于 1993 年发明了机械速记和计算机技术相结合的中文电脑速记设备。北京晓军办公设备有限公司集各学科人员数十人，耗资近千万开发，终于在 1994 年研究成功“亚伟中文速录”技术和装置，这标志着中文速录的诞生。亚伟中文速录攻克了汉字同声录入和电脑速记这两项世界公认的大难题，填补了我国汉语实时听打领域的空白，也完成了周总理关心和交代的研发任务。

速录机发明与研制涉及以下五个学科。

（一）电子计算机录入学科

速录机与普通键盘的汉字录入系统或方式主要区别在于录入速度快，能够与语速同步记录语言。这就要求录入速度必须在 240 字/分以上。唐亚伟教授以其多年在机械速记上的研究，通过从弹钢琴和弦所用指法所得到的启发，发明了多键并击方式，将声母、韵母同时击打，一次击出一个汉字。同时发明双手并击，利用两组对称的键盘组同时录入，一次打出两个汉字。按每秒击键三四次计，每次击出两个汉字，每分钟可击出400～500个汉字，只要解决多键按下的时序识别问题，录入速度就可以在理论上超过语言速度。

（二）人体工程学科

要让十个手指同时运动起来，键盘应该有合理的键位数量和排列。据此，唐亚伟教授确定了每组键位只能有12个，把两组键位镜像排列，构成24个主键的亚伟中文速录机。在设计键位排列方式时，唐亚伟教授经过研究并进行反复实践和试验有以下发现。

1）“八字”形的键位排列，看似符合双手的自然角度，但在操作时，随着手指按键的动作，两臂不能维持自然下垂的轻松状态，增加肌肉紧张，不适宜提高速度；手腕反方向内扣，长时间的使用，容易造成腕关节的损伤。

2）根据静态手指位置设置键位错落排列，看似更像一双手，但恰恰忽视了操作时手指的位置不是静止不变，而是不断调整运动的，键位排列的错落会影响盲打操作的准确；况且每个人的手指长短不一，真正做到让键盘适合每一个人的手指是不可能的。

3）世界发达国家机械速记设备的键位形状，从早期的“八字”“错落”很快发展为齐整、规则的键位布局并沿用至今。这其中的经验教训值得我国借鉴，避免走弯路。

综上所述，唐亚伟教授最终确定亚伟中文速录的键盘键位布局设计，定形为由三排竖长形状的键位平行排列，横竖对齐，在水平面方向将拇指键位适当下沉的结构。

（三）汉语语言学科

因为亚伟中文速录机主要是为了记录语言，所以必须采用音频码输入方式。因此遇到的主要是汉语拼音文字中的同音字和同音词的问题。为此，唐亚伟教授根据汉语词频（词汇出现的频率）常用词的特点，进行长时间的归纳、整理，分析同音字、同音词出现的场合、语法、环境及可能造成的歧义，从而充分发挥电脑智能化的联想特长，在语句上采用前后文逻辑定义，在词汇上采取特殊区别记号，在文字上采取消词定字等各种方法，攻克了汉语拼音文字同音字词产生歧义的难关，使经过训练的速录员录入准确率达到百分之百的理论值。

（四）速记学学科

唐亚伟教授以他在速记学上的高深造诣，充分利用速记学上的各种技巧，如最常用词键码和字词的一一对应原则。常用词汇、语句制定略码，并根据工作环境的不同与专业的不同制定符合速录的词库，如一般政治性会议的词库，适合司法专业词库等。还有

自定义常用词汇、人名地名等方式方法，同时为了适应不同的需要，还制定英文、数字、标点符号、特殊符号等击打方法，使理论上超过语速的录入方法成为现实。

（五）教育学科

唐亚伟教授与最初期学习速录机的学员、教师通过反复实践、研究，不断修改完善，编纂了能在短时间（一个月内）掌握全部指法及基本操作技能的教学方法和教材。同时，又以看打和听打结合、熟文章和生文章结合、自习与考试结合的实用有效的教学方法，用来提高速度和准确率，从而培养出大批的速录人才，把发明变成实际应用的成果。

二、中文速录的发展

随着亚伟速录机的诞生，中文速录取得了快速的发展。

（一）亚伟中文速录技术与装置得到社会的认可

1993 年，著名速记专家唐亚伟教授发明亚伟中文速录技术，次年亚伟中文速录机上市并通过劳动部①职业技能与技术鉴定，专家一致认为该产品属于国内首创，达到国际先进水平；1996 年，亚伟中文速录机被列入国家火炬计划项目；1997 年，全国法院系统推广使用亚伟中文速录技术实现庭审记录计算机化；2002 年，全国人大信息中心正式组建专职速录师队伍，服务于全国人大常委会每两个月一次的会议及平常的委员长会议和日常办公会议等的现场记录；2003 年，劳动和社会保障部①颁布了《速录师国家职业标准（试行）》，将速录师纳入国家职业体系，并在全国范围内推广；2004 年，外交部正式组建速录队伍，为国家领导人的外事活动全程记录；2006 年，亚伟中文速录机荣获“北京市科学技术进步奖一等奖”；2007 年，亚伟中文速录技术与装置荣获“国家技术发明奖二等奖”；2013～2017 年，全国职业院校技能大赛连续五年设立高职组文秘速录赛项；2019 年，由工业和信息化部人才交流中心主办的首届信息处理大赛成功举办；2020 年，“中文速录”列入第四批 1+X 职业技能等级证书试点。

（二）北京市速记协会为全国法院培养庭审速录书记员

北京市速记协会成立于 1981 年 8 月 22 日，是在我国首个成立的速记学术团体，是北京市社科联主管下的社团法人。北京市速记协会下设立培训中心，面向国家机关、企事业单位培养输送速记速录人才。在亚伟中文速录研制之初，速记协会培训中心依托唐亚伟教授多年来在亚伟中文速记技术方面的培训经验，结合亚伟中文速录技术的特点，边研制、边实践、边探索，形成了一整套科学有效的速录技能培训系统，成功为黑龙江省佳木斯市永红区和江苏省徐州市泉山区等人民法院的书记员进行了亚伟中文速录技术培训。随即承担了为全国法院培训庭审速录书记员的任务，保障了法院系统运用亚伟

① 现为人力资源和社会保障部。

中文速录技术实现庭审记录计算机化的顺利实施。

多年来，北京市速记协会依托荣获“国家技术发明奖二等奖”并达到国际先进水平的亚伟速录技术，致力于研究、普及、推广中文速记的应用，为政府和社会大众培养人才、普及学术、提供服务。同时，北京市速记协会还通过培训帮助大学生、外来务工人员、残疾人等实现高端就业；通过开展为社区居民、听障人提供速录服务、人才推荐、信息无障碍电视直播节目的同步字幕等公益项目回报社会。

（三）中国中文信息学会速记专业委员会加入国际信息处理联合会

1989 年 3 月 18 日，中国中文信息学会速记专业委员会在北京正式成立，这是我国第一个全国性的速记学术团体。1993 年，中国中文信息学会速记专业委员会代表我国加入国际信息处理联合会（International Federation for Information Processing，INTERSTENO）（以下简称国际速联）。

中国中文信息学会是中国科学技术协会领导下的全国性一级学会，社团法人。速记专业委员会旨在团结我国一些有代表性的速记专家、学者、工作者，开展速记与信息方面的研究、宣传和推广工作，为中文速记应用于中文信息处理尤其是语言信息实时采集领域提供相应的技术、产品和系统解决方案。

在国内，速记专业委员会积极举办全国速录行业大赛，组织全国速录教师培训、轮训；在国际，速记专业委员会参加国际组织，持续与美、欧、亚国家的速记团体保持交流和合作。

由于成功推广应用中文速录机，我国在国际速记领域处于领先地位，先后承办了 2009 年北京第 47 届国际速联大会和 2012 年上海国际速联中央全会，是国际信息处理联合会亚洲唯一承办国。

第 47 届国际速联大会暨国际信息处理大赛于 2009 年 8 月 15～21 日在北京国家奥林匹克中心举行，来自世界各地 26 个国家的 546 位业界知名人士、学者和选手汇集首都，度过了丰富、紧张而又愉快的 7 天。其间还安排了教育论坛、学术讲座、青年日、展览、宴会等。本次大会是国际速联 122 年以来第一次离开欧洲到亚洲举办年会及国际比赛，开幕式共有 800 多人参加，有 31 个中央和北京媒体、1 个国家和地区的境外媒体对大会进行了采访报道。

我国自 2007 年正式参加国际信息处理大赛以来，中国中文信息学会速记专业委员会选拔、组织、选派我国优秀选手出征布拉格、巴黎、根特、布达佩斯、柏林、卡利亚里，在速录项目中成绩遥遥领先，一共获得金奖 47 个，银奖 38 个，铜奖 38 个，居各国之首。

（四）院校合作与速录竞赛推动速录培训的发展

1997 年 9 月，中华女子学院设立了全国普通高校第一家“速录实验室”，在秘书系文秘与办公自动化专业本科大学二年级开设了“计算机速记”课程，培训“亚伟中文速录”技术，开启了与院校合作培养中文速录人才的新篇章。目前，全国 30 多个省、自

治区、直辖市的近 100 所各级各类普通高校、职业院校，已经将亚伟速录引进并纳入新型高技能人才培育计划。中国中文信息学会速记专业委员会、北京市速记协会不仅牵头接待了韩国、日本、德国、意大利、美国、捷克等国家的速记专家及代表团举办速录学术交流和教学科研合作，还发动院校法律及文秘等速录教师力量开展教学改革、教材编写，发布了“十三五”速录研究课题，进一步加强了速录人才全面素养和专业素质的培养。

2004 年和 2006 年，亚伟速录举办两次 CCTV 电视速录大赛，其中移动速录、行进速录、蒙目速录等项目，充分展示了速录的环境适应能力，为速录技能培训提供了新的思路。

2007 年，首次举办国际信息处理大赛选拔赛，为在校学生提供通往国际赛场的平台。

2008 年起，持续举办“亚伟杯”全国速录行业比赛。

2013 年以来，连续 5 年成功申办并组织“全国职业院校技能大赛”高职文秘速录赛项，有利地推动了中文速录领域人才的培养和就业，为社会培养了数以万计的速录师。

2019 年起，工业和信息化部人才交流中心主办、北京市速记协会承办的“亚伟杯”信息处理大赛，促进了以信息速录为前提的信息处理相关专业技能培训的融合。

2020 年，中文速录成为教育部第四批 1+X 职业技能等级证书试点，对中文速录技能的工作领域、工作任务和要求进行了重新组合与认定，结合新时代信息处理的需要，为人才培养质量和数量的提升提供了新的可能。

三、中文速录的未来

从家用计算机的兴起，到人工智能与 5G 网络，亚伟中文速录伴随着中国计算机与互联网的成长及信息处理产业的进步而发展。如今，人类已经进入信息化大数据时代，让我们追随社会的发展和生活的改变，描绘一下亚伟中文速录的未来。

（一）速录需求多样化

中文速记服务是一个具有广泛需求，并且正在高速增长的市场，主要客户群包括会议主办方、法院及律师事务所、政府机关、新闻采访、网络直播、大型企业、文秘及文学写作等。但由于新闻采访、律师访谈、专家讲座等场合专业速记服务无法“随叫随到”；除一线和部分中心城市外，专业速记人员的服务“一时难求”；以及普通人群偶尔需要交互体验良好的口述文字记录，目前专业速记服务“高不可攀”等，限制了速录需求的发展。

智能手机和移动互联网的普及，对人们的工作和生活状态产生了深远的影响，大大方便了信息的传递与获取。未来，人们势必越来越离不开网络，也越来越依赖网络带来的便利与快捷，直接引发了随时、随地的速录应用需求。同时，这些变化打破了传统速录服务的地域局限、时间局限和消费局限，使亚伟中文速录能够满足消费者的多样化速录应用需求。

（二）速录岗位普及化

亚伟中文速录问世以来，不断为社会创造适应各种应用场合需要的速录岗位。从法院系统到全国人大常委会、外交部和中央机关，从电视台到网站，从各种会议到企事业单位等，到处都活跃着亚伟中文速录师的身影，在国家机关、事业单位、外资企业、上市公司及国有大中型企业，以及电视、网络、广播等媒体的字幕制作、新闻采访和社会团体等单位的中、高层担任速录师或速录秘书等职位。

随着人类社会信息的爆炸式增长，信息采集的数量和质量越来越受到广泛的重视，提高信息处理的效率正在成为人们的普遍共识，为中文速录技术的普及提供了肥沃的土壤。同一个现场不同主体分别购买速录服务及同一个活动要求多个现场同时提供速录服务的现象屡见不鲜；招聘速录岗位的单位也越来越多。未来，速录岗位普及化的趋势不可避免。亚伟中文速录将渗透各行各业、各个领域，走近大多数人。

（三）速录人才复合化

对于速录人才，速录技能是一项核心的职业能力，但在不同的就业领域，速录人才应具备的速录速度及相关的能力模块，也有较大差异。

书记员还应具备政治素质、司法文书的使用与制作、法院笔录的制作、诉讼文书档案管理、心理素质及其他素质和能力。职业速录师对速录技能的要求相对更高，且一名合格的职业速录师，要在工作中不断学习，扩充知识面，努力成为一个杂家，同时要学会与客户的沟通技巧及商务礼仪等领域的知识。

速录秘书是近年来一大新应用，未来发展空间巨大。与职业速录师不同的是，速录秘书的记录稿，一般要做后期的整理。整理时间根据不同的企业、不同性质的会议要求不一。因此，速录秘书一般速度达到 180 字/分，基本可以胜任工作需要。

总体而言，速录任务趋向复杂，速录人才走向复合，更加强调对速录师综合能力和素质的要求，大体应包括信息处理能力、写作能力、听知能力、阅读概括能力、观察分析能力、应变能力、记忆力及执行力等。

（四）速录系统智能化

采集语言信息是人类一直要面对的一项挑战，不仅劳动强度大，往往还力不从心。从古代速记的起源，到近代打字机的制造和录音机的使用，然后是近现代计算机相关文字录入技术的普及，再到速录技术的诞生，人们的劳动强度逐渐减轻，劳动的效率突飞猛进。于是，当近年来“人工智能”技术大摇大摆地走到前台炫耀，甚至让大家产生了一种幻觉，非常想让“语音识别系统”自动完成所有的工作。

科技的进步带给我们的一定是方便、高效和快捷，未来的速录系统也一定会沿着智能化的方向发展，综合发挥各种高科技成果的优势，逐渐简化信息采集的工作，帮助速录人员轻松完成信息处理前端任务。

然而，计算机就是计算机，其赖以炫耀的“人工智能”程序根本离不开人工编程，

更有着难以逾越的技术鸿沟。信息采集的目的是应用，只有对所采集到的素材进行精确合理地处理，才能“为我所用”。否则，永远只能是“声音的文字化呈现”而已。现在的高级职业速录师，可以做到“语言毕、文稿成”，“成”的是“文稿”，具备“信”“达”“雅”，可以直接拿来使用。她们在速录的同时就在对所听到的信息实时进行必要的处理，所以能够直接成稿。这是单纯使用人工智能系统所不能实现的。当然，这样做对速录师的体力和脑力消耗极大。

未来，人工智能的介入一定会大大减轻速录师的劳动强度，速录师将把主要精力放在对信息的处理上。这是未来智能化亚伟中文速录系统发展的主要方向。

（五）人才培养专业化

为了适应亚伟中文速录未来专业化、复合化、智能化的发展趋势，尤其是应用的普及带来的对人才数量的需求及人才质量的要求，亚伟中文速录的人才培养也一定要全面走向专业化。

中文速录从单纯的亚伟中文速录技术技能的熟练掌握和使用，逐渐融入行政办公领域的相关技能，又回归到中文信息处理领域的规范要求，还将进一步整合网络多媒体、人工智能等新技术领域对中文速录的新要求，不断丰富亚伟中文速录人才培养的技能规范。未来应用需求的增长，将带动人才培养数量的增加。以法院系统公开的数据测算，仅书记员的需求量就是 2017 年培训数量的 10 倍之多。由此可以预见未来社会对亚伟中文速录人才数量的需求。

院校亚伟中文速录人才的培养已经从单一的“书记员方向”或“书记官”扩展到文秘、会展等相关专业，这些专业还将进一步与各个学科领域的不同专业相互衔接，培养专业细分的速录人才，应对方方面面对亚伟速录人才的特殊需求。目前，除法院外，还有就职于医疗机构、互联网企业等不同行业、不同专业领域的专职速录师，更有擅长于服务通信、金融等专门领域学术会议的职业速录师。随着未来人才专业化培养的程度越来越高，适合各个不同专业细分领域的亚伟中文速录人才将越来越多。

模块一　中文速录基础与速录系统应用

中文速录机是从事中文速录工作必备的工具。要学习中文速录，首先必须学习速录机的原理及基础编码，训练并熟练掌握基础指法的操作。同时要了解速录软硬件系统的安装、调试与使用等。为在实际工作中能够顺利使用速录机高效完成中文信息处理工作提供保障。

本模块是中文速录的基础部分，以亚伟中文速录为例，设置了中文速录入门训练、中文速录基础训练、中文速录音节码强化训练及速录系统应用 4 个任务。通过不断训练速录基本指法、声韵码及音节码，学生可以初步熟悉中文速录的基础要素，再配合对速录软件系统的了解，学生可以基本掌握中文速录职业必备的基础技能。

任务一　中文速录入门训练

【学习目标】

1）了解中文速录键盘键位布局，熟练掌握键位码的读音。

2）学习并了解中文速录声码和韵码的编码设计原则。

3）熟练掌握中文速录机操作的基本坐姿和指法。

一、中文速录键盘键位布局

亚伟中文速录机的专用键盘，适合两手十指的活动区域范围，在操作时，能尽量缩小手指运行的空间和行程，让相应的手指很便捷地同时按下几个键，不但速度快，而且出码准。

【学习步骤】

掌握中文速录键盘键位分布及键位码的读音及顺序。

方法 1：根据书中图片了解学习。

方法 2：对照速录机键盘记忆学习。

（一）亚伟中文速录机键位分布

经过精心调配，优化组合，唐亚伟教授设计出一种只有 24 个键的专用键盘，分为左右两个部分，两边对称，各分 3 排，上排、中排各有 5 个键位，下排各有两个键位（图 1-1-1）。在这个简便精巧的键盘上左右两手同时操作，多键并击，可以达到既准又快的目的。

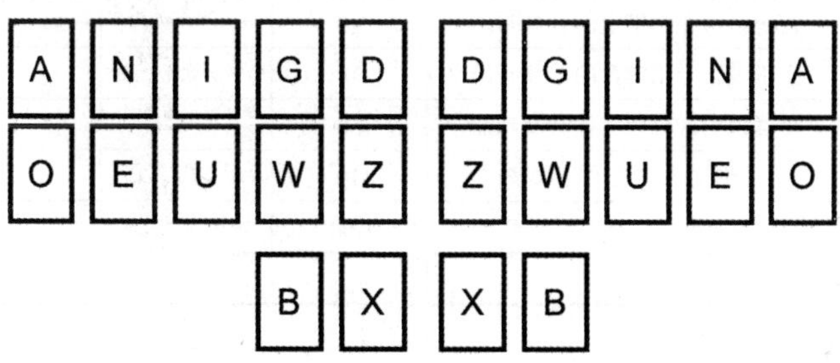

图 1-1-1　亚伟中文速录机键位分布

（二）键位码的读音及顺序

1. 键位码的读音

除 W、X 外，其他键位码都可以单独用来录入汉字，键位码的读音如表 1-1-1 所示。

表 1-1-1　键位码的读音

键位码	D	G	I	N	A	O	E	U	W	Z	X	B
拼音注音	de	ge	yi	en	a	o	e	wu	wa	zhi	xi	bu
汉字注音	德	哥	一	恩	啊	我	额	无	娃	知	喜	不

2. 键位码的顺序

键位码是按照一定的顺序排列的，将 X、B 排列在最前面，并按照“从上到下，从中间到两边”的原则进行排列。键位码的排列顺序如下：

X—B—D—Z—G—W—I—U—N—E—A—O

键位码的排列顺序是固定不变的，总是按从左到右的顺序书写。但根据认读习惯，如果 N、A 同时出现，写作“AN”。左、右两手控制的键位码，包括声母编码（声码）、韵母编码（韵码）和功能码（X、W）。

【拓展训练】

1）请学生默写出键盘键位分布图。

2）请学生根据键位码的读音（同音字），按一定的顺序规律编写有意义的文字。

【学习评价】

填写学习评价表，如表 1-1-2 所示。

表 1-1-2　学习评价表

考核知识点	考核标准	分值	自评分	小组评分	综合得分
专用键盘键位分布	正确说出专用键盘的键位总数	10			
	正确说出专用键盘键位码的总数	10			
	正确说出专用键盘的行列布局	10			
	正确说出专用键盘的总体布局	10			
键位码的读音和顺序	正确说出键位码的读音及功能	50			
	正确说出键位码的顺序	10			
总分		100			
教师指导意见					

二、中文速录声码和韵码的编码设计

亚伟中文速录机输入汉语的方式是最通行、最易学的“拼音输入法”。以国家公布的《汉语拼音方案》为依据，以普通话为标准，制定 21 个声码，34 个韵码，声韵相拼，拼缀成 300 多个音节码，作为亚伟码的基础。

【学习步骤】

了解亚伟码声码和韵码的编码方案及键位码和指法。

方法 1：对照表格初步了解亚伟码声码和韵码的编码。

方法 2：对照编码总结声码和韵码编码的原则。

（一）亚伟码声码的设计

1. 编码方案

编制声码所用的键位码本身就是声码的只有 4 个，即 B（bu）、D（de）、Z（zhi）、G（ge），其余的键位码要相互组合才能构成声码。

声码的编码共有 21 个，声码编码表如表 1-1-3 所示。

表 1-1-3　声码编码表

编码	读音		编码	读音		编码	读音		编码	读音	
B	（bu）	不	BG	（pu）	铺	XB	（mu）	木	XBU	（fu）	副
D	（de）	的	BD	（te）	特	XBD	（ne）	呢	XD	（le）	了
Z	（zhi）	之	BZ	（chi）	吃	XZ	（shi）	是	XBZ	（ri）	日
DZ	（zi）	子	BDZ	（ci）	此	XDZ	（si）	四			
G	（ge）	个	XBG	（ke）	可	XG	（he）	和			
GI	（ji）	及	XGI	（qi）	其	XI	（xi）	系			

2. 自成音节

亚伟码共有 21 个声码，所有声码都有固定的读音，与固定的音节码相对应，这便是声码所代表的音节码，可以通过单独击打声码来输入。这一点与汉语拼音有所不同，汉语拼音的声母，虽然也有固定的读音，但那是为了方便交流，将不发音或发音很微弱的声母读出声来，所以不能单独为汉字注音。

3. 键位码和指法

声码使用的键位码主要是 X、B、D、Z、G，个别的声码使用 I 和 U，这些是排列在前面的键位码。

构成声码的键位码主要使用拇指和食指进行击打，有个别声码需要使用中指进行击打。

（二）亚伟码韵码的设计

1. 编码方案

韵码的编码共有 34 个，韵码编码表如表 1-1-4 所示。

表 1-1-4　韵码编码表

编码	读音		编码	读音		编码	读音		编码	读音	
I	（yi）	以	U	（wu）	无	IU	（yu）	与	N	（en）	恩
E	(e、ei)	额、诶	NE	（eng）	鞥	A	（a）	啊	O	(o、wo)	喔、我
AO	（ao）	奥	AN	（an）	按	EO	（ou）	欧	IN	（yin）	因
UE	（wei）	为	IA	（ya）	压	NO	（ang）	昂	IO	（ai）	爱
IE	（ye）	也	EA	（yo）	哟	XE	（er）	而	UN	（wen）	问
UA	（wa）	挖	UIO	（wai）	外	INE	（ying）	应	IUE	（yue）	月
IUN	（yun）	云	IAO	（yao）	要	IAN	（yan）	言	UEO	(ong、weng)	翁
IUEO	（yong）	用	IEO	（you）	有	INO	（yang）	样	UNO	（wang）	王
UAN	（wan）	万	IUAN	（yuan）	圆						

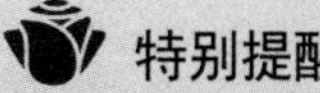

特别提醒

编制韵码时，在不致造成重码的情况下对个别韵码进行了合并，即 e 和 ei、o 和 wo、ong 和 weng 各共用一个韵码。

韵码的编制尤其突出了记忆量小的特点。

与汉语拼音韵母完全相同的韵码有 15 个，它们是 I（i）、U（u）、E（e）、A（a）、O（o）、IN（in）、AN（an）、IA（ia）、IAN（ian）、AO（ao）、IAO（iao）、IE（ie）、UN（un）、UAN（uan）、UA（ua）。这些韵码根本无须记忆。

与汉语拼音韵母音节相同的有两个，即 UE（wei=ui）和 IU（yu=ü），利用 IU 还可以构成 IUN（ün）、IUE（üe）和 IUAN（üan）。这 5 个韵码，只要理解其构成原理，也无须记忆。

至此，已经有 20 个韵码的编码不需要记忆，占全部韵码的比例为 58.82%。

需要加以记忆的韵码的编码只有 9 个，它们是 N（en）、NE（eng）、INE（ing）、IO（ai）、NO（ang）、EO（ou）、UEO（ong）、XE（er）和 EA（yo）。

其他的韵码可以用上面的韵码加以组合构成，它们是 UIO（uai）、INO（iang）、UNO（uang）、IEO（iou）和 IUEO（iong）。只要掌握了上面的韵码，无须特别记忆就能掌握这 5 个韵码的编码。

2. 自成音节

亚伟码共有 34 个韵码，所有韵码都有固定的读音，本身就是音节码。这一点与汉语拼音基本相同，所不同的是，全部韵码都能自成音节。

3. 键位码和指法

韵码用到的键位码是 I、U、N、E、A、O。相对于声码来说，这些键位码的序列是靠后的，符合汉语拼音声母在前、韵母在后的拼缀规范。

构成韵码的键位码靠中指、无名指、小拇指进行击打，中指使用频率最高。

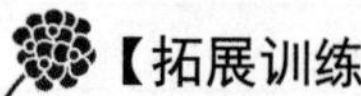

【拓展训练】

要求学生制作汉语拼音与亚伟声韵码对照表。

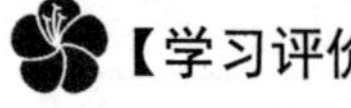

【学习评价】

填写学习评价表，如表 1-1-5 所示。

表 1-1-5　学习评价表

考核知识点	考核标准	分值	自评分	小组评分	综合得分
速录声码的编码设计	正确说出速录声码的数量	10			
	正确说出速录声码的设计特点	30			
	正确说出速录声码的键位码和指法	10			
速录韵码的编码设计	正确说出速录韵码的数量	10			
	正确说出速录韵码的设计特点	30			
	正确说出速录韵码的键位码和指法	10			
总分		100			
教师指导意见					

三、中文速录机操作

为了满足中文速录高速、长时间的工作要求，除了设计出紧凑、轻巧、符合人体工学的专用键盘，还必须采用标准规范的坐姿和指法，以最小的体力消耗来最大限度地发挥双手十指的潜能。

【学习步骤】

掌握速录操作的基本坐姿和指法。

方法 1：对照书中示例图片观摩学习。

方法 2：应用标准坐姿指法录入键位码。

（一）中文速录机操作的基本坐姿

无论是学习亚伟中文速录，还是速录师操作速录设备进行会议记录，都要有一个规范的坐姿，才能保证我们操作速录机时更轻松、舒适、自然。标准坐姿图如图 1-1-2 所示。

1）两眼向前平视。

2）上身挺直。

3）肩部放松。

4）上臂下垂，前臂平伸。

5）左、右手五指轻轻放在键盘上。

6）大腿向前平伸，小腿下垂。

7）脚掌轻触地面。

图 1-1-2　标准坐姿图

（二）中文速录机操作的指法

亚伟中文速录机专用键盘分为左、右两个部分，各 12 个键位，其键位码的设置左右对称，均采用大写的拉丁字母印刷体。左边的键位码由左手操控，右边的键位码由右手操控（图 1-1-3 和图 1-1-4）。

指法规范如下。

1）拇指位于 X、B 键之间。

2）食指位于 G 键上或 D、G、Z、W 键的中部。

3）中指位于 I 键。

4）无名指位于 N 键。

5）小指位于 O 键或 A、O 键之间，根据个人手指长短情况来定。

左、右两手控制的键位码，各包括 4 个声码（B、D、Z、G）、6 个韵码（I、U、N、E、A、O）和两个功能码（X、W）。X 也兼作声码的组合码。

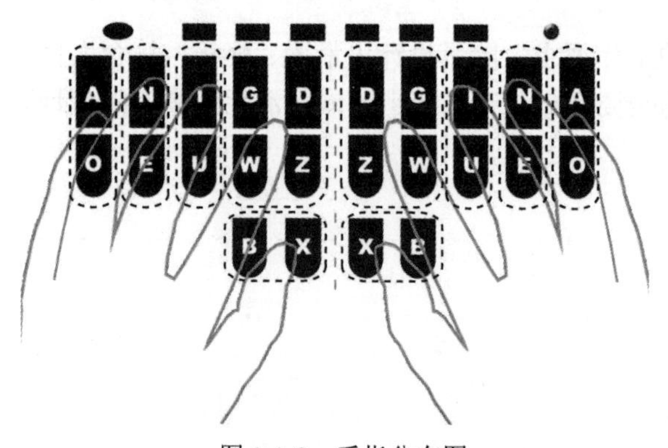

图 1-1-3　手指分布图

图 1-1-4　双手标准摆放位置

（三）亚伟中文速录机操作的基本要求

亚伟中文速录机操作的基本要求如下。

1）四项基本原则：坚持抬头盲打；放松臂膀腕指；按键用力适中；悬腕维持手形。

2）指法要准确，双手自然呈八字形，不要刻意将手腕并拢；肩膀要放松，双肘随上臂自然下垂，不要向两边撇开；手腕要微微外展，不要平压在键盘上，避免扭曲和损伤腕部。

3）要轻按键盘，手指自然回弹，不要用力敲击键盘，再双手用力弹起。

4）按键时双手并击做同步运动，不要交替按键。

5）训练时，每次击键动作结束后，手指一定要重新回到标准准备位置，再开始下一次击键，反复训练相同的词语时更要注意。

【拓展训练】

要求学生坐好，蒙上双眼。先将速录机翻过来放在腿上，然后听口令，迅速将速录机摆正，双手放在标准指法位置上，观察动作是否规范。

【学习评价】

填写学习评价表，如表 1-1-6 所示。

表 1-1-6　学习评价表

考核知识点	考核标准	分值	自评分	小组评分	综合得分
基础坐姿	正确说出基本坐姿规范	10			
	准确、熟练演练正确的坐姿	20			
基本指法规范	正确说出指法规范	10			
	准确、熟练完成十指基本摆放	20			
基本操作要求	正确说出基本操作要求	10			
	准确、熟练进行按键操作	30			
总分		100			
教师指导意见					

任务二　中文速录基础训练

【学习目标】

1）熟练掌握中文速录的基本键位。
2）熟练掌握速录声码的读音、指法和操作。
3）熟练掌握韵码的指法。

一、基本键位训练

基本键位训练针对速录键位码进行，通过训练，学生可以熟悉亚伟中文速录机键盘键位码的位置、手指分配，建立手指与键位之间的联系。训练内容为双手并击键位码及其组合，教师采用引导、口念的方式带领学生训练。

【学习步骤】

学习、掌握并初步熟练所有基本键位的指法。

方法 1：先做单一手指分别训练，再做两两手指相互组合训练，完成分手指依次训练。

方法 2：先按照横行或竖列反复看打练习，再以斜行或打乱顺序反复看打练习，完成基本键位综合训练。

方法 3：根据自身的手指条件，本着轻松、舒适、快捷、准确的原则，反复练习，提高全部基本键位的指法熟练度。

（一）分手指依次训练

分手指依次训练要一个手指一个手指地依次训练，并累计组合，最后做所有键位码的综合练习。使用练习系统的键位练习模块进行训练（按键操作结果会如实显示在键盘图上），让学生不看键盘确认自己的按键是否正确。

1. 单一手指的分别训练

1）让学员自己用手指按一按相应的键位以获得感觉（屏幕键盘键位指法图配合，老师用语言解释、引导，时间 10～30 秒）。

2）在老师带领下练习，先左右手相同键位码组合，再左右手不同键位码组合（所有组合都练到），打乱顺序反复训练，速度缓慢（等学生完成一击再做下一击），时间 30 秒～2 分钟。X、B 两键组合如下：

BB、XX、XX、BB、BX、XB、XB、BX

2. 两个手指的组合训练

1）单一手指训练。

2）用曾经练习过的手指操作其所管辖的键位复习。

3）两个手指训练内容相互混合（组合码不变）。

4）两个手指键位码混合组合练习。

5）依次将其余曾经练习过的手指所管辖的键位码与正在练习的手指所管辖的键位码混合练习。

6）手指训练次序参考如下（数字代表从拇指到小指的编号分别为 1～5）：

1、2、12、3、23、13、4、34、24、14、5、45、35、25、15

特别提醒

1）训练时要一气呵成，连绵不断，否则达不到应有的记忆效果。

2）教师随时观察、讲解、纠正学生的坐姿、指法、手形、力度，反复提醒，一开始就强化规范、准确、严谨的指法，防止学生养成错误的按键习惯。

3）一定不要看键盘，仅凭手指的感觉来判断按键，以从一开始就培养正确的键位位置感觉。

4）可以空练，不开电脑，也可以在练习系统 2.0 的键盘键位码自由训练模块中进行，最好不要进入速录系统（因为系统的显示不是键位码，也会有略码词的出现，还可能什么显示都没有，会对键位码的掌握造成干扰）。

知识链接

练习的编制

1）循序渐进，由易到难，自简到繁。

2）逐渐增加“颠倒”练习。

举例：

DD、ZZ、GG、WW，DD、GG、ZZ、WW（重叠法）

DD、DZ、DG、DW（变尾法）

ZD、ZZ、ZG、ZW

GD、GZ、GG、GW

WD、WZ、WG、WW

DD、ZD、GD、WD（变头法）

DZ、ZZ、GZ、WZ

DG、ZG、GG、WG

DW、ZW、GW、WW

DZ、GW、DG、ZW、GD、WZ（排列组合法）

DW、ZD、GZ、WG

可以看出，仅仅 D、Z、G、W 就可以编制如此多的训练内容，足以让学生在短时间内集中重复练习，强化记忆，效率高、效果好。

这是 D、Z、G、W 的自我组合，方法同样适用于不同手指键位码之间的组合。

训练的目的是建立声音和键盘键位及手指之间的联系，这是通过反复刺激来实现的。所以，只要不断正确地重复练习，就可以达到目的。

学生找到规律，可以方便其事后以自我默写的方式强化复习。

因此，教师念，学生练是必须的，学生自己看打，声音的概念不强，不是“全息”熟练，尤其是最关键的声音–手指的联系没有被强化。

总结：

上述训练，反复组合，全程至少花费 30 分钟。通过以上训练，学生基本可以轻松完成综合练习。

（二）基本键位综合训练

经过前面的分手指训练，已基本建立各个手指与键位之间的联系，进一步通过基本键位综合训练，能够巩固基本功，完成动作记忆的过程。为了达到真正的熟练，还需要用练习系统中的键位练习来强化。但首先要按照横行或竖列反复看打练习，其次以斜行或打乱顺序反复看打练习，最后进行键位练习。

把下列词语读准，然后用亚伟码双手并击，打准、打熟。

德德 得知 德格 得以 德乌 的恩 的额 的啊 德沃 得不
值得 制止 制革 旨意 植物 知恩 之额 之啊 知我 支部
歌德 搁置 各个 各异 歌舞 戈恩 个恶 个啊 葛沃 葛布
医德 一直 一个 意义 义务 一恩 抑恶 伊阿 一窝 异步
武德 物质 吴哥 无疑 无误 吴恩 无恶 五阿 无我 无不
恩德 恩之 恩格 恩亿 恩物 恩恩 恩额 恩啊 恩我 恩不
额的 遏制 额个 恶意 讹误 厄恩 谔谔 鄂啊 额我 颚部
阿德 啊之 阿哥 阿姨 阿武 啊恩 啊额 啊啊 啊我 阿布
我的 我支 我哥 我一 我无 沃恩 我额 我啊 喔喔 我不
不得 布置 布格 不宜 不无 布恩 不额 不啊 不我 步步

【拓展训练】

1）在键盘上尝试找到两个键位组合而成的拼音编码。
2）通过查询附录中的速录音节码与汉语拼音对照表，确认正确的亚伟音节码。
3）尝试在键盘上击打经确认的简单的亚伟拼音编码（双手击打相同的编码）。

【学习评价】

填写学习评价表，如表 1-2-1 所示。

表 1-2-1　学习评价表

考核知识点	考核标准	分值	自评分	小组评分	综合得分
分手指依次训练	能够将单一手指的键位码进行组合并击打	25			
	能够将两个手指的键位码进行组合并击打	25			
基本键位综合训练	能够准确击打出键位综合词语	50			
总分		100			
教师指导意见					

二、速录声码训练

声码是音节码的基础。声码大部分使用拇指和食指击打，少量使用中指击打。声码的学习是分组进行的，按照其发音规律的不同分为 6 组。学完 6 组 21 个声码后，学习、掌握音节码就不那么困难了。

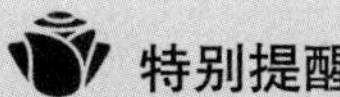

特别提醒

所有声码在单独使用时都代表相应的汉语拼音声母与韵母 i、e、u 相拼所构成的音节，初学者很容易出错，经常发生不需要击 I、U、E 键的时候却击了的情况，结果造成错误。

学习、掌握并初步熟练所有速录声码的指法。

方法 1：按照声码的分组，一组一组地熟悉声码的指法。

方法 2：将每组声码互相组合，进行声码词语训练。

方法 3：根据自身的手指条件，本着轻松、舒适、快捷、准确的原则，反复练习，提高所有声码的指法熟练度。

（一）速录声码的操作技能训练要领

开始学习声码时，使用的手指变多，双手并击的难度也相应增加。练习应该循序渐进，即从双手并击相同的声码开始，把相应的声码全部练熟。在此基础上，再进行声码词语的练习。练习时首先应该逐词反复练习，不要求按键的频率有多快，但是一定要努力保证能准确地盲打。

练习的过程包括“找键”“按键”两个步骤。一旦找到了键位，手指都放在了相应的位置上并做好准备，按键的动作就非常简单。可见，按键只是找键的延续，其成功主要取决于找键的准确与否。

因此，练习的诀窍是，把重点放在找上，通过反复地找，牢记找的感觉，熟悉找的过程，缩短找的时间，提高“找键—按键”组合的综合熟练程度。

在刚开始练习时，由于指法不熟练，不可能快速找到所有的键位，这很正常。一般情况下，可以采用先找一只手的键位，再找另一只手的键位的方法。但是，一定要注意，等所有键位都找齐后再双手同时按键，不要找一个键按一个键，也不要先按一只手再按另一只手，只要坚持反复练习，就能逐渐熟练找键的操作。

特别提醒

因为声码大部分是与汉语拼音声母使用不同的字母标识，总体难度稍大，所以需要更多地采用单独练习声码的方法安排训练。但是，声码的指法主要集中在大拇指和食指，单纯练习声码有可能会过分地依靠手腕的运动而不是通过手指的运动去按键。因此，基本熟练一组声码的指法后，可以试着用它们与简单的韵码，如 I、U、N、E、A、O 等进行组合，通过组合，找到声码指法的正确感觉。

（二）速录声码的指法分组训练

以下内容均应按照本任务“基本键位训练”中的方法进行训练。下面分别介绍各组声码。

1. 声码 B、BG、XB、XBU

本组声码是在 B 的基础上组合而成的，每个声码中都含有 B。

本组声码单独使用所代表的音节为相应的声母与韵母 U 的组合，即 bu、pu、mu、fu。

本组声码中比较复杂、指法稍难的是 XBU（fu），要求大拇指按 XB，同时中指弯曲用指尖轻点 U，如图 1-2-1 所示。

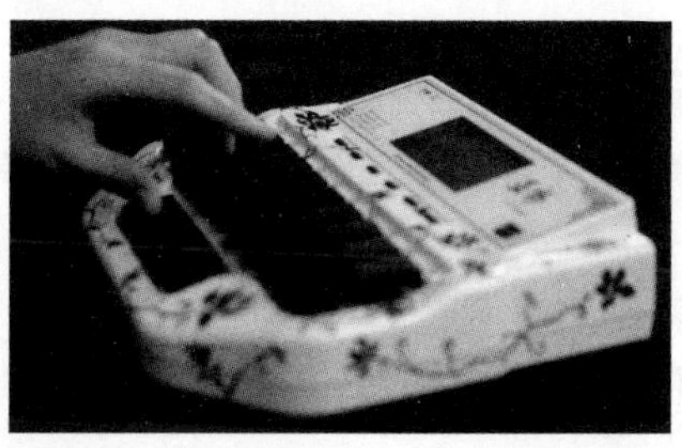

图 1-2-1　声码 XBU（fu）指法示范

本组声码的发音与汉语拼音中相应声母的发音不同，都含有 u，练习时一定要注意强化每个声码的读音，是不（bu）、铺（pu）、木（mu）、副（fu）。

2. 声码 D、BD、XBD、XD

本组声码是在声码 D 的基础上与 X、B 组合而成的，每个声码中都含有 D。

本组声码单独使用所代表的音节为相应的声母与韵母 E 的组合，即 de、te、ne、le。

本组声码中的 XBD（ne）和 BD（te）在击打时要注意不要完全靠手腕的运动来找键，即按键时向两边撇开手腕。因为这样会使中指、无名指和小指完全离开原来的位置，跑到键盘的上面，根本无法同时按键。正确的按键方法是把食指和中指分开来击打 D，把大拇指弯曲来击打 XB 和 B，并适当地把手腕抬高，尽量不要改变两个手腕的角度，如图 1-2-2 所示。

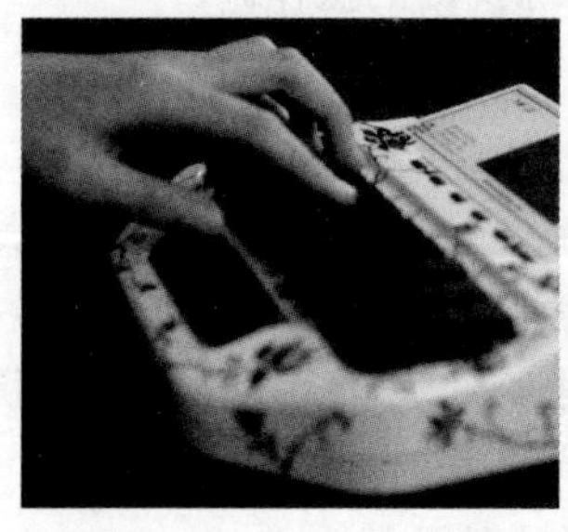

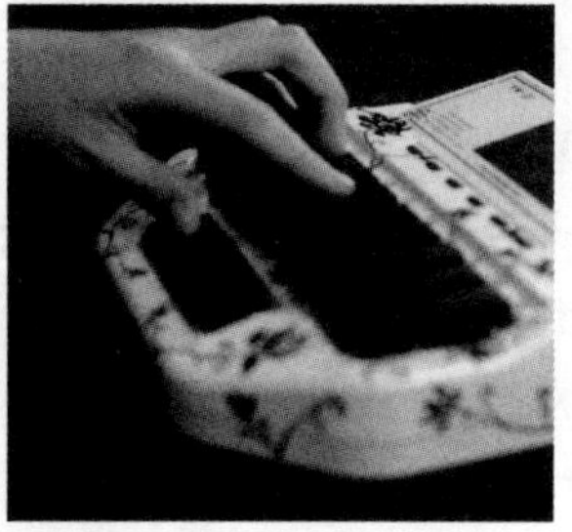

图 1-2-2　声码 BD（te）和 XBD（ne）指法示范

本组声码的发音虽然与声母的发音相同，但在练习时也一定要注意强化它们的读音，是的（de）、特（te）、呢（ne）、了（le）。

3. 声码 Z、BZ、XZ、XBZ

本组声码是在声码 Z 的基础上与 X、B 组合而成的，每个声码中都含有 Z。

本组声码单独使用所代表的音节为相应的声母的读音，汉语拼音的写法为 zhi、chi、shi、ri。

本组声码中的 XBZ（ri）和 BZ（chi）的击打方法与 XBD（ne）和 BD（te）的击打方法相似，只需将食指弯曲击打第二排的键位 Z。

本组声码的发音虽然与声母的发音相同，在练习时应一定要注意强化它们的读音，是之（zhi）、吃（chi）、是（shi）、日（ri）。

4. 声码 DZ、BDZ、XDZ

本组声码是在 Z（zhi）、BZ（chi）、XZ（shi）的基础上增加一个构成——D，每个声码中都含有 DZ。

本组声码单独使用所代表的音节为相应的声母的读音，汉语拼音的写法为 zi、ci、si。

本组声码中的 XDZ（si）和 DZ（zi）的击打方法与 XBD（ne）和 BD（te）的击打方法相似，但食指要击打在“D”“Z”两键的连接处，如图 1-2-3 所示。

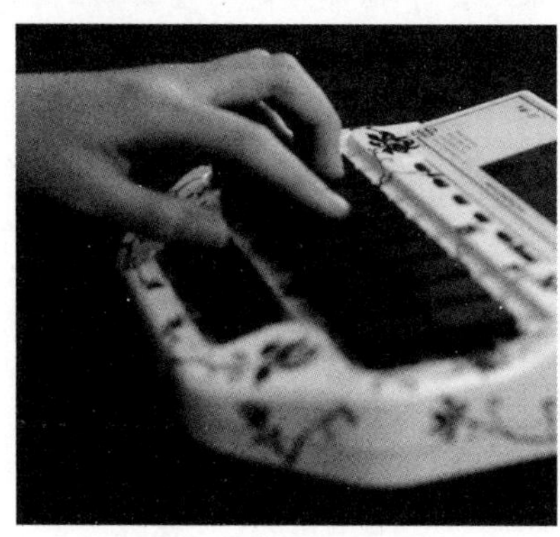
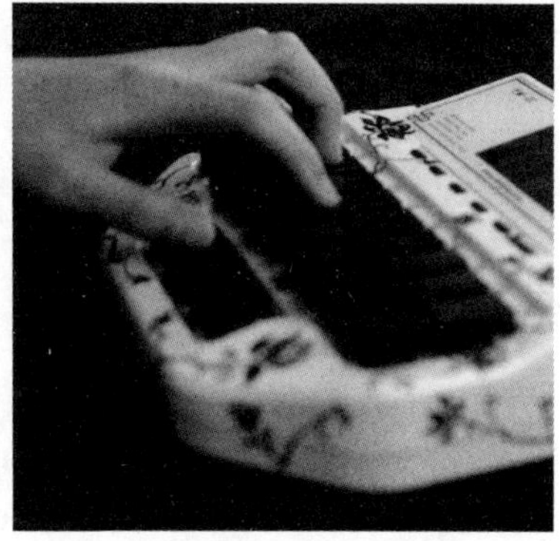

图 1-2-3　声码 DZ（zi）和 XDZ（si）指法示范

本组声码的发音虽然与声母的发音相同，但在练习时也一定要注意强化它们的读音，是子（zi）、此（ci）、四（si）。

5. 声码 G、XBG、XG

本组声码是在声码 G 的基础上与 X、B 组合而成的，每个声码中都含有 G。

本组声码单独使用所代表的音节是相应的声母与韵母 E 的组合，即 ge、ke、he。

本组声码中的 XBG（ke）的击打方法同 XBD（ne）和 BD（te）的击打方法。

本组声码的发音虽然与声母的发音相同，但在练习时也一定要注意强化它们的读音，是个（ge）、可（ke）、和（he）。

6. 声码 GI、XGI、XI

本组声码是在键位码 I 的基础上与 X、G 组合而成的，每个声码中都含有 I。

本组声码单独使用所代表的音节是相应的声母的读音，汉语拼音的写法为 ji、qi、xi。

请注意本组声码中的 GI（ji）、XGI（qi）与声码 G（ge）、XG（he）的区别与联系。如果直接拼读，它们的音节分别是 gi、hi，在标准汉语拼音中，属于有音无字，不会发生冲突；另外，它们的发音与 ji、qi 十分接近，并且在过去的拼音方案中，就曾使用 gi、ki、hi 来代表 ji、qi、xi。

本组声码的发音虽然与声母的发音相同，但在练习时也一定要注意强化它们的读音，是及（ji）、其（qi）系（xi）。

特别提醒

1）正确理解声码的发音代表相应的同音汉字。

2）指法要准确，双手尽量不要向两边撇开。

3）要轻按键盘，手指自然回弹，不要用力敲按键盘，再双手用力弹起。

4）按键时要双手多指同步运动，不要交替按键。

5）训练时坚持盲打，每次按键动作结束后，手指都一定要重新回到标准准备位置，再开始下一次按键，反复训练相同的声码或词语时更要注意。

6）声码的学习是分组进行的，每组都有相应的手形规律，一定要通过反复击打而最终熟练，不要采取死记编码的方法。

（三）全部声码的综合训练

1）把下列词语读准，然后用亚伟码双手并击，打准、打熟。

步步　扑扑　幕幕　夫妇　德德　忑忑　讷讷
乐了　制止　迟迟　事实　日日　兹兹　此次
死死　各个　苛刻　荷荷　积极　七七　细细
不得　得不　制革　搁置　铺木　木铺　特了
了特　吃食　市尺　子和　合资　积习　袭击
副呢　呢副　刺死　特此　齐思　其次　瓷器

2）补充练习。

扶持　复制　腐蚀　师傅　支付　迟福　弗戈
克服　复课　和服　符合　基辅　负极　起伏
夫妻　客气　起科　可歌　客气　和气　淇河
气息　吸气　窒息　细致　起来　纸盒　何止

贺词　歌词　得失　是的　匍匐　木荷　和睦
字母　母子　得不　拇指　知母　牧歌　搁置
普特　特制　特使　史特　资格　各自　字符
夫子　自欺　妻子　企慕　木器　铺砌　棋谱
搁起　气割　志气　旗帜　奇特　其实　时期
河西　西和　期日　日期　乐呵　和乐　乐事
吃了　隔日　池日　扑克　科普　朴直　质朴
噗嗤　朴实　食谱　隔阂　各个　铺子　戈弗
符合　制革　师傅　合格　复习　吸附　父母
市尺　知识　实质　合适　适合　习武　物系

【拓展训练】

1）将所有声码和键位码中的 I、U、N、E、A、O 进行组合，根据附录中的速录音节码与汉语拼音对照表，确认正确的拼音组合并记录。

2）尝试在键盘上击打上述音节码（双手击打相同的内容）。

【学习评价】

填写学习评价表，如表 1-2-2 所示。

表 1-2-2　学习评价表

考核知识点	考核标准	分值	自评分	小组评分	综合得分
认识声码	准确说出 21 个声码	20			
声码录入	准确说出 21 个声码的键位	20			
	准确录入 21 个声码	20			
声码词语	能够双手并击相同声码	20			
	能够双手并击声码组合	20			
总分		100			
教师指导意见					

三、速录韵码训练

韵码是重要的速录元素，多数与汉语拼音所用的字母相同。韵码的指法略微复杂，需要掌握一定的技巧。学生可以按与汉语拼音“相同”和“不同”来分别掌握全部 34 个韵码。注意韵码对汉语拼音的 3 对韵母进行了合并，简化了拼写与识别。

【学习步骤】

学习、掌握并初步熟练所有韵码的指法。

方法 1：绘制韵码键位示意图，分析韵码键位组合的指法规律及录入技巧。

方法 2：按照上述规律进行分组，循序渐进地分别训练。

方法 3：用声码分别与韵码进行拼音组合，并进行指法训练。

方法 4：根据自身的手指条件，本着轻松、舒适、快捷、准确的原则，反复练习，提高所有韵码指法的熟练度。

（一）速录韵码的操作技能训练要领

韵码的练习应该分组进行，按照是否与汉语拼音相同可分为两大组，按照难易程度两个大组又可分为 5 个小组，每组 3～5 个韵码。练习的重点是重新编码的韵码及包含 U 和 IU 的指法较难的韵码。因此，在练习韵码时指法的训练很重要。很多韵码的指法有一定的难度，必须根据自己手指的特点找到最合适的击打方法，并反复不断地强化练习，才能够运用自如。

在练习中应该特别注意的问题：单独练习韵码本身，有时会因为指法难度大而被迫采用手腕向外撇开的方法。这样做对于极个别指法很难且基本上是单独使用的韵码来说，是可取的。但是，很多韵码需要和声码组合使用，这样做是不可取的。为了避免养成错误的指法习惯，应该在初步熟练各组韵码的前提下，将韵码与简单的声码，如 XI、B、D、Z、G、GI 等组合成相应的简单音节码来练习，以找到合适的指法感觉。

（二）速录韵码的指法分组训练

以下内容均应按照本任务“基本键位训练”中的方法进行训练。下面分别介绍各组韵码。

1. 与汉语拼音相同的韵码

与汉语拼音相同的韵码中多数是与汉语拼音中相应韵母的字母组合完全一致的，有一些是与汉语拼音音节的拼写完全一致的，共有 5 组。

（1）韵码 I、U、E、A、O

本组韵码是键盘键位码，使用单一手指按键，很简单，必须保持双手同步并击。

（2）韵码 IN、AN、IU、AO

本组韵码虽然仍属于单韵码，但都使用了两个键位。其中的 IU（yu）虽然与汉语拼音中的相应韵母写法不同，但其单独使用时，代表音节 yu。

本组韵码中的 IU（yu）和 AO（ao）的指法是分别用中指或小指准确地按在 I、U 或 A、O 两键的中缝处，同时击下上下两个键，如图 1-2-4 所示。

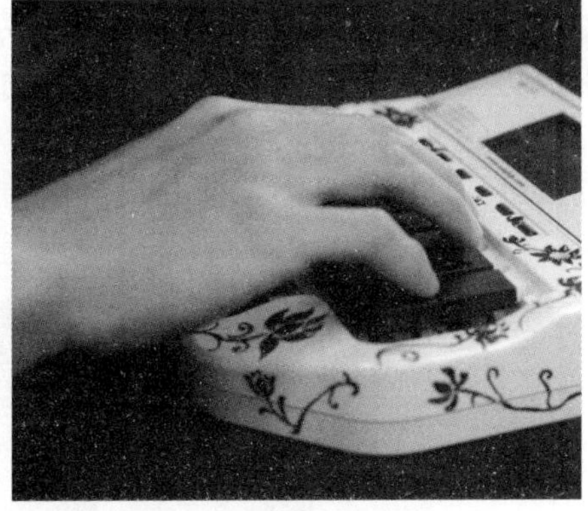

图 1-2-4　韵码 IU（yu）和 AO（ao）指法示范

（3）韵码 IAO、IAN、IE、IA

本组韵码是包含 I 的复合韵码，与汉语拼音完全相同。

本组韵码中的 IA（ya）和 IAO（yao）的指法都是用中指和小指按键，无名指不按键。但是，无名指容易无意识地按键，这叫作带键。练习中要注意克服无名指的带键现象，要有意识地让无名指伸直或微微抬起，如图 1-2-5 所示。

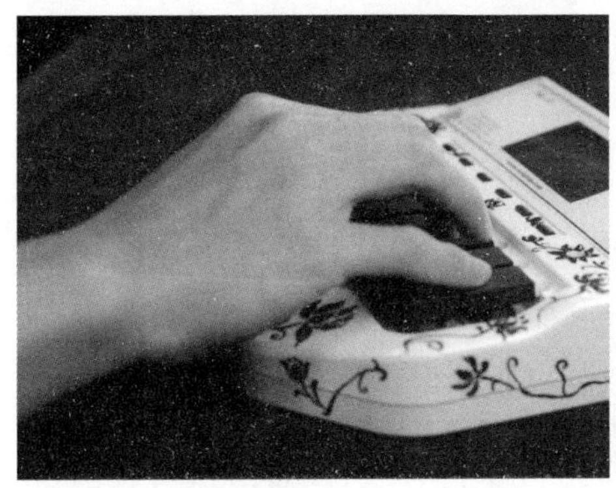

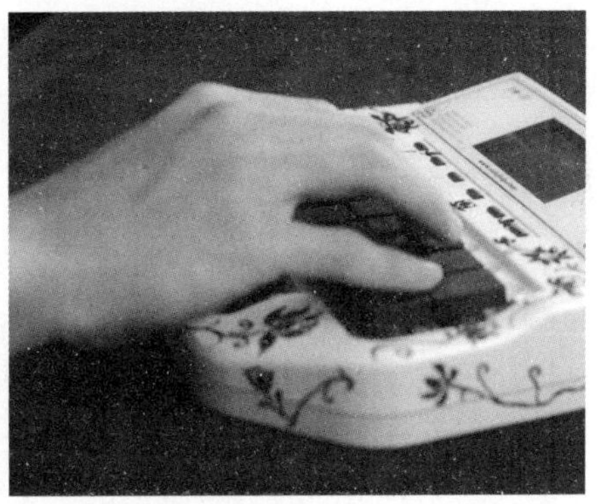

图 1-2-5　韵码 IA（ya）和 IAO（yao）指法示范

（4）韵码 UN、UE、UA、UAN

本组韵码是包含 U 的复合韵码，与汉语拼音完全相同。

本组韵码中，UN（wen）、UA（wa）、UAN（wan）的指法都是中指在下排按键，其他手指在上排按键。这样的指法有一定的难度，尤其是 UA 的指法，是最长的中指和最短的小指的配合，更加别扭。在击打这些韵码时，首先应该放松，重点在中指的按键方法上。一般采取把手心适当抬高，中指弯曲向下，用中指尖侧面轻按 U 键的方式按键，这样就能够让无名指和小指轻松地够着相应的键位。这是含 U 音节码的按键技巧，请学生注意细心体会。

（5）韵码 IUN、IUE、IUAN

本组韵码都是包含 IU 的复合韵码，与汉语拼音音节相同。本组韵码的指法困难与含 U 韵码类似，但是由于中指需要击两键，无法用指甲盖尖按键，因此比起含 U 韵码来要更加困难。如果采用转动手腕的方法，可以方便击打。但是在与声码，尤其是 GI、XGI 组合时，手腕就不能转动。除了强制中指第一指关节伸直，第二指关节弯曲以外，还可以让手腕稍稍向键盘的外侧翻转，以便让无名指和小指够着相应的键位（图 1-2-6）。

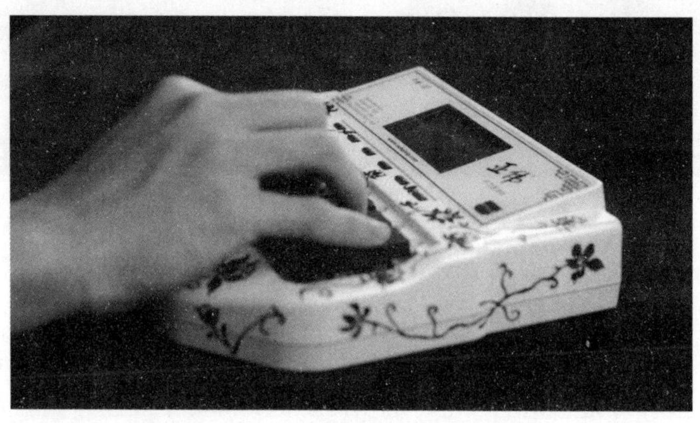

图 1-2-6　韵码 IUAN 指法示范

练习这组韵码要注意，尽量放松，不要集中练习太多，强度不宜太大，避免引起中指酸痛。

2. 重新编码的韵码

由于受到字母数量的限制，重新编码的韵码中有的是与汉语拼音韵母和汉语拼音音节非常不一致的，其他的都是以上述这些韵码为基础构成的，共有 5 组。

（1）韵码 N、NE、INE

本组韵码是在 N 的基础上组合的。其中的 NE（eng）和 INE（ying）稍微难一些，这主要是因为无名指的力量略微不足，又需要击打上下两键，有时会感觉击不实。

（2）韵码 IO、NO

本组韵码是在 I 的基础上组合的。其中的 IO（ai）有时会出现小指击不实，丢键的现象，练习时需要注意。

（3）韵码 EO、UEO

本组韵码中的 UEO（ong、weng）与其他声码组合时代表韵母 ong，单独使用时则代表音节 weng（翁）。因此，不存在 UNE（u+eng）这个组合，请一定注意。

（4）韵码 XE、EA

本组韵码只能单独使用。其中的 EA（yo）在全部亚伟音节中最难击打，但是在实际中使用的频率也最低，录入讲话和文稿时几乎用不到。因此，不论用什么按键方式，只要会击打就可以了。

（5）韵码 IEO、IUEO、UIO、INO、UNO

本组韵码是含 I、U 的复合韵码。其中 UNO（wang）适用于含 U 韵码的指法要点。

IUEO（yong）和 UIO（wai）虽然拼音中没有 IU，但其键码组合中有 IU。因此与含 IU 韵码的指法要点基本相同，但又相对容易，主要是中指的位置在无名指和小指的上面，比较好按键，击打韵码 UIO（wai）时还要注意无名指不要带键。

特别提醒

1）指法要准确，双手视情况而定，尽量不要向两边撇开。

2）手指自然弯曲，要轻按键盘，不要用力敲按键盘，也不要在键盘上弹跳按键。

3）按键时尽量双手多指同步运动，不要交替按键。

4）初学练习时，每次按键动作结束后，手指一定要重新回到标准准备位置，再进行下一次按键。

5）在反复训练相同的音节码或词语时，若双手不回位，一直重复按键，则与按键一次的效果是一样的，达不到反复感知键位位置的目的。

（三）全部韵码的综合训练

亚伟中文速录机韵码共 34 个（其中 e、ei 合并为 E，o、wo 合并为 O，ong、weng 合并为 UEO），编成全部韵码词语如下（共 60 个）：

阿姨　握有　忘我　厄运　余额　咿呀　义务　无疑　洋务　预约　暗喻　爱问
胃癌　安慰　文安　熬夜　偶尔　昂扬　恩怨　恩爱　遥远　渔翁　而已　婴儿
压抑　油压　业余　渔业　无由　油污　谣言　扼要　因为　原因　英语　沿岸
御侮　舞阳　一样　用于　有用　蛙泳　围岩　无味　外延　额外　万安　夜晚
汪洋　无望　文言　耳闻　越野　爱月　冤案　孕育　押韵　而外　愿意　由于

【拓展训练】

1）将每个声码与所有的韵码相互组合，根据附录中的音节码表，确认有效的音节码并记录。

2）尝试逐个击打上述音节码（双手击打相同的音节码）。

【学习评价】

填写学习评价表，如表 1-2-3 所示。

表 1-2-3　学习评价表

考核知识点	考核标准	分值	自评分	小组评分	综合得分
认识韵码	准确说出 34 个韵码	20			
韵码录入	准确说出 34 个韵码的键位	20			
	准确录入 34 个韵码	20			

续表

考核知识点	考核标准	分值	自评分	小组评分	综合得分
韵码词语录入	能够双手并击相同韵码	20			
	能够双手并击韵码组合	20			
总分		100			
教师指导意见					

任务三　中文速录音节码强化训练

【学习目标】

1）了解速录音节码的概念，熟练掌握速录音节码的编码和指法。
2）掌握常用标点符号的速录编码及指法。
3）熟悉音节码词语，准确率能够达到100%且速度能够达到80字/分。

一、音节码的指法适应性训练

速录音节码是汉语音节的速录编码，每个汉字的读音都是一个音节。标准汉语拼音中共有400多个音节，因此，速录音节码也有400多个。我们已经学习过的声码和韵码本身就是音节码，其余的300多个音节码绝大部分是由这21个声码和34个韵码直接组合而成的。因此，掌握了声码和韵码后，就比较容易掌握速录音节码。

【学习步骤】

学习并掌握所有音节码；熟练所有音节码的指法。

方法1：根据汉语拼音原理，用速录机击打出相应的音节码，学习并掌握特殊的音节码编码，了解并掌握兼容码的指法。

方法2：根据自身的手指条件，本着轻松、舒适、快捷、准确的原则，反复练习，提高所有音节码的指法熟练度。

（一）学习并掌握所有音节码

声码和韵码构成的音节码绝大多数是直接组合而成的，但需要注意以下问题。

1. 音节特定码

音节特定码是为某些音节而特别编订的音节码，主要是为了区分按照声韵直接组合

后相重的编码。音节特定码是相应音节唯一的键位组合，必须单独加以记忆，并熟练操作，以免在录入时出错。

在全部音节码中只有 4 个音节特定码，全部都与汉语拼音中的韵母 ei（韵码为 E）相关。例如，XBIU（mei）与 XBE（me）区分，XZIE（shei）与 XZE（she）区分，DZIE（zei）与 DZE（ze）区分，ZIE（zhei）与 ZE（zhe）区分，如表 1-3-1 所示。

表 1-3-1　音节特定码表

音节特定码	音节（读音）	mei（美）	shei（谁）	zei（贼）	zhei（这）
	音节码	XBIU	XZIE	DZIE	ZIE
区分音节码	音节码	XBE	XZE	DZE	ZE
	音节（读音）	me（么）	she（社）	ze（则）	zhe（着）

2. 兼容码

兼容码是把指法难度很高且相对常用的速录音节码重新编码，达到调整按键手形、方便击打的效果。兼容码与原音节码同时存在，互相兼容。学生可根据自身手指条件、习惯和喜好选择使用与否及使用哪些兼容码，一旦决定使用，从开始练习时就要一直使用兼容码按键，以便提高击打的速度和准确率，帮助形成条件反射。兼容码共 30 个，兼容码表如表 1-3-2 所示。

表 1-3-2　兼容码表

兼容码	音节码	读音
WIU	GIU	据
XWIU	XGIU	去
WIUN	GIUN	军
XWIUN	XGIUN	群
WIUE	GIUE	决
XWIUE	XGIUE	却
WIUNA	GIUNA	卷
XWIUNA	XGIUNA	全
XBWIU/XBZIU	XBDIU	女
BWIU/XZIU	XDIU	率
XWIUO	XGIUO	坏
WIUEO	GIUEO	迥
GWA	GUA	挂
XBGW	XBGUA	跨
ZIU	ZUA	抓
XZWU	XZUA	刷
GWI	GUNA	管

续表

兼容码	音节码	读音
GWIU	DZUNA	钻
BGWIU	XDZUNA	酸
WUNO	ZUNO	装
BWIUE	XDIUE	略
XBWIUE	XBDIUE	虐
XWIUEO	XGIUEO	穷
XBGI	XBGIUO	快
XDN	XDNE	冷
BDN	BDNE	腾
BDIN	BDINE	听
DIN	DINE	定
BIU	XBUA	法
XGW	XGUA	华

特别提醒

在30个兼容码中可以找出一定的记忆规律。例如，包含IU键位的音节码，兼容码在设置过程中，基本是把食指击打的D、G键位调整为W键位，即缩短食指与中指之间的按键跨度。

其余兼容码也可以从手指间跨度问题来抓住要领从而方便记忆，或采用谐音的方法记忆，如兼容码GWA（挂）中的W在汉语拼音中也可作为u。

（二）熟练所有音节码的指法

音节码的指法的训练与声码和韵码的指法的训练的基本原则是一样的。实际上，声码和韵码都是速录音节码。在训练时对指法的要求及应该注意的方面也都类似。但是，由于多数的音节码是由声码和韵码组合而成的，用到的手指较多，难度相对较大，因此，有一定的特殊性。

1）音节码训练的第一个步骤是将一个一个的音节码依次击打准确、熟练。练习指法要领与声码和韵码完全相同。一般先采用双手同时并击相同音节码的方法进行练习。

由于构成音节码的键位数量不同，使用的手指组合不同，因此击打的难度有很大差别，应重点加强高难度音节码的练习，使其熟练程度与其他音节码相当。

初学音节码时可首先找到声码的键位，将手指放好；其次找到韵码的键位，将手指全部放好；最后同步按键，完成一次准确的按键训练。随着熟练程度提高，最终达到声

码、韵码双手全部同步按键状态。

2）特定码和兼容码都是单独编码的组合键，与其他音节码的构成规律不同，因此必须对这些码的指法进行有意识的强化训练，以保证熟练而准确地按键。

3）音节码词语训练时，应先反复练习词语练习中的每个词，然后反复练习整个练习中的所有词，从而熟练掌握这些音节码的指法。

特别提醒

1）指法要准确，双手视情况而定，尽量不要向两边撇开。

2）手指自然弯曲，要轻按键盘，不要用力敲按键盘，也不要在键盘上弹跳按键。

3）按键时尽量双手多指同步运动，不要交替按键。

4）初学练习时，每一次按键动作结束后，手指一定要重新回到标准准备位置再进行下一次按键。

5）音节码词语初步训练熟悉后，尽量把每个练习所包含的词语顺序打乱，再反复练习，以达到最佳的训练效果。

6）音节码词语练习的目的是熟练音节码的指法。因此在练习时只要并击的词语与练习中的词语同音即可。

【拓展训练】

1）学生对照击打所有兼容码和音节码，根据自己的感觉决定今后重点使用的兼容码，并重点练习，熟练掌握。

2）小组学生分工，快速且准确地录入所有音节码词语。

【学习评价】

填写学习评价表，如表 1-3-3 所示。

表 1-3-3　学习评价表

考核知识点	考核标准	分值	自评分	小组评分	综合得分
认识全部音节码	准确说出所有音节码的编码	20			
音节码录入	准确录入特殊音节码	20			
	准确击打全部音节码	20			
音节码词语录入	能够双手并击所有音节码词语	40			
总分		100			
教师指导意见					

二、音节码组合准确率训练

经过音节码词语的适应性练习，速度一般能达到甚至超过 60 字/分，相当于两秒钟之内按键一次。但这个速度太慢，熟练度还远远不够，几乎全部的精力用来使各个手指准确地找到各个键位。这种状态是无法进行速录工作的。要想进一步提高音节码指法的熟练度，就需要使用亚伟中文速录练习系统进行专业测评训练。

【学习步骤】

在亚伟中文速录练习系统中对所有系列的音节码词语进行测试训练。

方法 1：在亚伟中文速录练习系统中选择“准确率练习”，对系列音节码进行测试训练。

方法 2：在亚伟中文速录练习系统中选择“速度练习”，自行设置录入速度，进行测试训练。

（一）基础编码键位练习流程

1）进入亚伟中文速录练习系统，执行“打字练习”→“键位练习”命令，进入“键位练习”界面，如图 1-3-1 所示。

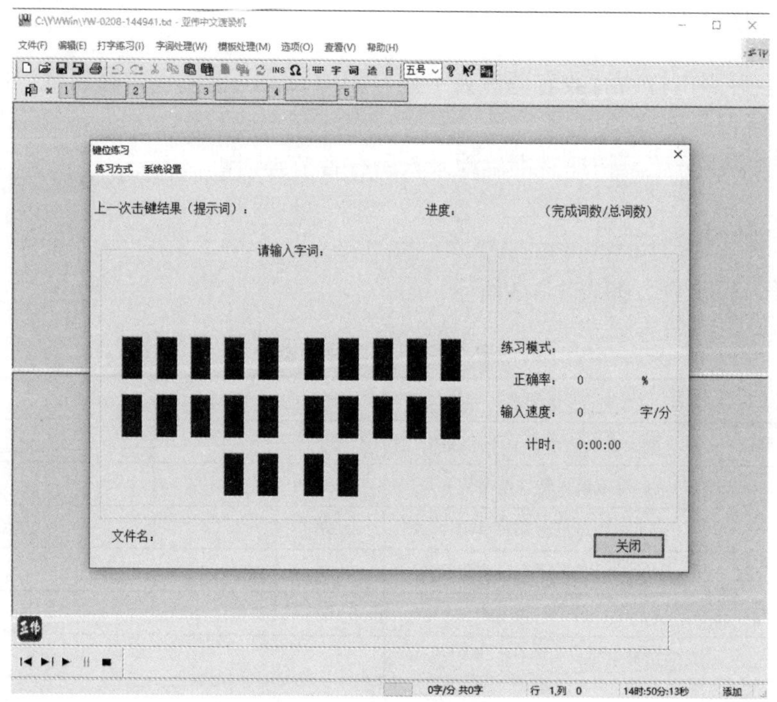

图 1-3-1　键位练习界面

2）执行“练习方式”→“准确率练习/速度练习”（速度练习自行设置速度）命令，

进入“打开”对话框界面，如图 1-3-2 所示。

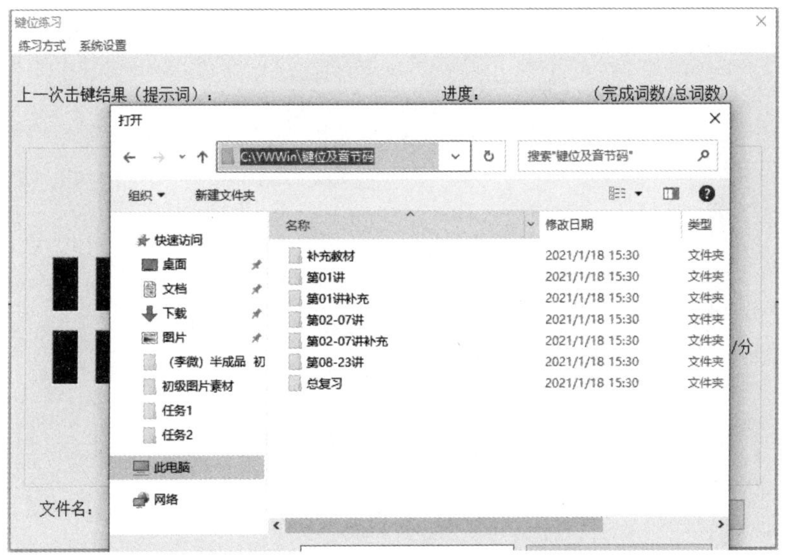

图 1-3-2　“打开”练习文件对话框界面

3）选择需要练习的对应音节码文件，单击“开始”按钮或速录机操作“DGI:DGI”，开始练习，如图 1-3-3 所示。

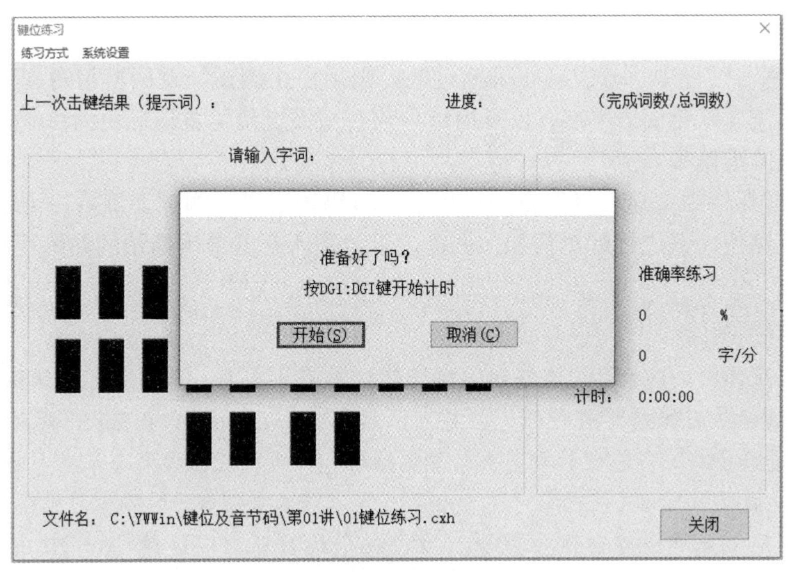

图 1-3-3　开始练习界面

4）全部词语录入完毕，自动结束，右侧呈现最终录入成绩。记录成绩并直接单击“开始”按钮，再次开始练习，如图 1-3-4 所示。若不能保证准确率达到或接近 100%，则应暂停“准确率练习”，返回“自由练习”方式进一步强化指法。

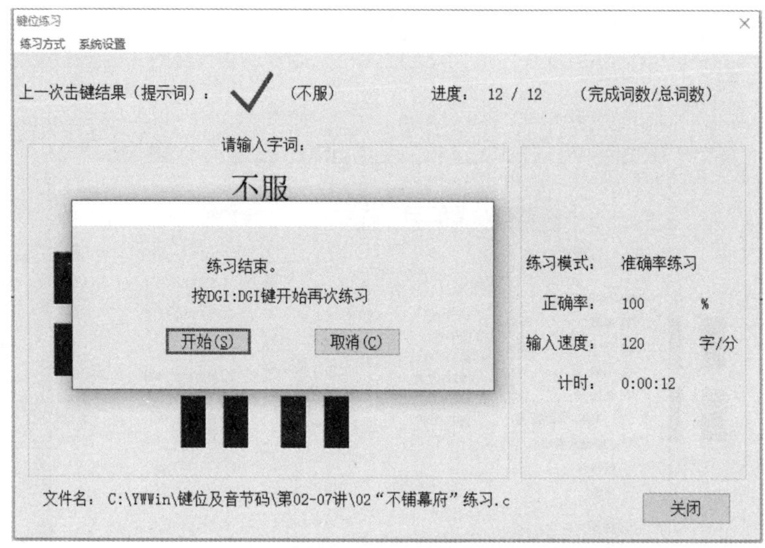

图 1-3-4 练习结束界面

（二）基础编码键位练习要点

1）必须保证正确率达到100%，录入速度可随熟练程度加强自然提升，无须刻意追求。

2）亚伟中文速录练习系统词语是随机出现的，当录入错误后，会以黄色键位作为提示，可供学生参考对照速录机液晶显示屏所显示自身按键音节码，找出易错点，加以纠正。

3）在练习过程中，若发现正确率过低，则须停止测试，返回再将对应词语进行熟练后方可再测，以免词语不熟，反复出错导致对错误键位位置记忆更为深刻，不利于后续高速录入的准确率。

4）通过亚伟中文速录练习系统对每个音节码词语进行测试训练后，可轻松筛选出易错词语及键位，再进行针对性加强训练，以达到所有音节码指法的熟练程度相同。

特别提醒

1）在亚伟中文速录练习系统的准确率键位练习状态下，若结果达不到90%，则需要在自由键位练习状态下进行强化训练，依然不顺手，就必须停下来，对相应的音节码及词语进行多次、多遍数的重复击打并熟练后，再进行亚伟中文速录练习系统测试，方可快速完成学习目标（准确率可达100%）。切不可本末倒置，影响学习效率和准确率。

2）不能满足于偶尔达到准确率标准，每个练习题应以连续10～20次达标为一组，并记录每一次的成绩作为参考。当所有的练习题成绩基本一致后，还要进行第二轮训练，进一步提高熟练度。

3）应以准确率练习为主要训练手段，适当进行速度练习即可。进行速度练习时，要根据准确率练习的成绩记录，将速度设定为低于平均成绩的数值，以保证训练的有效性。

【拓展训练】

1）小组成员通过键位练习测试，找出自己认为容易出错的词语并与其他成员分享，同时观察其他成员的击打情况，进行交流讨论。

2）学生将所有音节码词语进行键位练习汇总，将此综合键位成绩与每个单独系列音节码键位练习成绩进行对比，分析成绩差距的主要原因。

【学习评价】

填写学习评价表，如表 1-3-4 所示。

表 1-3-4　学习评价表

考核知识点	考核标准	分值	自评分	小组评分	综合得分
逐个声码键位练习测试	正确率达到 100%；录入速度达到 80 字/分	20			
全部声码总复习键位练习测试	正确率达到 100%；录入速度达到 80 字/分	10			
逐个韵码键位练习测试	正确率达到 100%；录入速度达到 80 字/分	60			
全部韵码总复习键位练习测试	正确率达到 100%；录入速度达到 80 字/分	10			
总分		100			
教师指导意见					

三、常用标点符号的速录编码

常用标点符号的速录编码主要由 D、Z、G、W、I、U 等键位码构成。相对比较好记忆使用。

【学习步骤】

在句子中熟练击打常用标点符号。

方法 1：根据常用标点符号速录编码及对应键位图，反复练习。

方法 2：根据大部分常用标点符号成对出现的特点来进行分组记忆击打练习。

方法 3：一边看着大段文字一边挑选标点符号进行快速录入。

为了方便录入，标点符号的速录编码充分利用了速录键盘的对称性，把一些相关联的标点符号设计成同样的速录编码，以左右手进行区分，如逗号、句号、顿号、问号、叹号、分号、前后引号、前后书名号等。常用标点符号的编码及指法如表 1-3-5 所示。

很多标点符号的指法需要借指。因为速录键盘的设计是左右横向相邻键位的间距大，使用单一手指横向并排按相邻的键，既不舒适又容易漏键。所以速录指法规定不可横向单指并击相邻两键。因而当需要横向并击食指所管辖的两排键时，就需要其他手指临时离开自己的本位以供“借”用。例如，逗号需要用中指击打 G，无名指击打 I，等等。

标点符号只能单独使用。在速录系统中，规定所有的标点符号都必须单独使用，既不可以与其他标点符号并击，又不可以与其他音节码并击。标点符号直接上屏，同时将提示行中未上屏的内容全部上屏，标点符号位于文字最后。

表 1-3-5　常用标点符号的编码及指法

标点符号	编码	指法说明
，	:DGI	右手食指、中指、无名指靠指平击
。	DGI:	左手食指、中指、无名指靠指平击
、	:ZG	右手食指、中指靠指斜击
？	ZG:	左手食指、中指靠指斜击
！	:DGIN	右手食指、中指、无名指、小指靠指平击
；	DGIN:	左手食指、中指、无名指、小指靠指平击
—	:DGIU	右手食指、中指、无名指靠指斜击
……	DGIU:	左手食指、中指、无名指靠指平击
：	XBDG:	左手拇指、食指、中指靠指并击
“”	DW	前、后双引号分别用左手、右手的食指、中指靠指斜击
《》	DZIU	左、右书名号分别用左手、右手的食指、中指并击上下两键

特别提醒

1）标点符号一般无须单独练习，要在录入文章中注意区分不同标点符号的指法，适当加上标点，使记录文字具有可读性。

2）在速录系统中，执行“查看”→“符号栏”命令，可选择输入常用标点符号及一些特殊符号。

知识链接

常用标点符号的用法

常用标点符号的用法如表 1-3-6 所示。

表 1-3-6　常用标点符号的用法

名称	符号	用法说明	举例
句号	。	① 用于陈述句的末尾	北京是中华人民共和国的首都。
		② 用于语气舒缓的祈使句末尾	请您稍等一下。
问号	？	① 用于疑问句的末尾	他叫什么名字？
		② 用于反问句的末尾	难道你不了解我吗？

续表

名称	符号	用法说明	举例
叹号	！	① 用于感叹句的末尾	为祖国的繁荣昌盛而奋斗！
		② 用于语气强烈的祈使句末尾	停止射击！
		③ 用于语气强烈的反问句末尾	我哪里比得上他呀！
逗号	，	① 句子内部主语与谓语之间如需停顿，用逗号	我们看得见的星星，绝大多数是恒星。
		② 句子内部动词与宾语之间如需停顿，用逗号	应该看到，科学需要一个人贡献出毕生的精力。
		③ 句子内部状语后边如需停顿，用逗号	对于这个城市，他并不陌生。
		④ 复句内各分句之间的停顿，除了有时要用分号，都要用逗号	据说苏州园林有一百多处，我到过的不过十多处。
顿号	、	用于句子内部并列词语之间的停顿	正方形是四边相等、四角均为直角的四边形。
分号	；	① 用于复句内部并列分句之间的停顿	语言，人们用来抒情达意；文字，人们用来记言记事。
		② 用于分行列举的各项之间	中华人民共和国行政区域划分如下： （一）全国分为省、自治区、直辖市； （二）省、自治区分为自治州、县、自治县、市； （三）县、自治县分为乡、民族乡、镇。
冒号	：	① 用于称呼语后边，表示提起下文	同志们，朋友们：现在开会了……
		② 用于“说、想、是、证明、宣布、指出、透露、例如、如下”等词语后边，提起下文	他十分惊讶地说：“啊，原来是你！”
		③ 用于总说性话语的后边，表示引起下文的分说	北京紫禁城有四座城门：午门、神武门、东华门、西华门。
		④ 用于需要解释的词语后边，表示引出解释或说明	外文图书展销会 日期：10 月 20 日至 11 月 10 日 时间：上午 8 时至下午 4 时 地点：北京朝阳区工体东路 16 号 主办单位：中国图书进出口总公司
		⑤ 用于总括性话语的前边，以总结上文	张华考上了北京大学；李萍进了中等技术学校；我在百货公司当售货员：我们都有光明的前途。
引号	“ ”	① 用于行文中直接引用的部分	，故未列入上表，它们是几、儿、力、又、至少有两千年了。
		② 用于需要着重论述的对象	古人对于写文章有个基本要求，叫作“有物有序”。“有物”就是要有内容，“有序”就是要有条理。
		③ 用于具有特殊含义的词语	这样的“聪明人”还是少一点好。
		④ 引号里面还要用引号时，外面一层用双引号，里面一层用单引号	他站起来问：“老师，‘有条不紊’是什么意思？”
括号	（ ）	用于行文中注释的部分。注释句子中某些词语的，括注紧贴在被注释词语之后；注释整个句子的，括注放在句末标点之后	① 中国猿人（全名为“中国猿人北京种”，或简称“北京人”）在我国的发现，是对古人类学的一个重大贡献。 ② 写研究性文章跟文学创作不同，不能摊开稿纸搞“即兴”。（其实文学创作也要有素养才能有“即兴”。）

续表

名称	符号	用法说明	举例
破折号	——	① 用于行文中解释说明的部分	迈进金黄色的大门，穿过宽敞的风门厅和衣帽厅，就到了大会堂建筑的枢纽部分——中央大厅。
		② 用于话题突然转变	“今天好热啊！——你什么时候去上海？”张强对刚刚进门的小王说。
		③ 用于声音延长的拟声词后面	“呜——”火车开动了。
		④ 用于事项列举分承的各项之前	根据研究对象的不同，环境物理学分为以下五个分支学科： ——环境声学； ——环境光学； ——环境热学； ——环境电磁学； ——环境空气动力学。
省略号	……	① 用于引文的省略	她轻轻地哼起了《摇篮曲》：“月儿明，风儿静，树叶儿遮窗棂啊……”
		② 用于列举的省略	在广州的花市上，牡丹、吊钟、水仙、梅花、菊花、山茶、墨兰……春秋冬三季的鲜花都挤在一起啦！
		③ 用于话语中间，表示说明断断续续	“我……对不起……大家，我……没有……完成……任务。”
连接号	—	① 两个相关的名词构造成一个意义单位，中间用连接号	我国秦岭—淮河以北地区属于温带季风气候区，夏季高温多雨，冬季寒冷干燥。
		② 相关的时间、地点或数目之间，用连接号，表示起止	鲁迅（1881—1936）原名周树人，字豫才，浙江绍兴人。
		③ 相关的字母、阿拉伯数字等之间，用连接号，表示产品型号	在太平洋地区，除了已经建成投入使用的HAW—4 和 TPC—3 海底光缆，又有 TPC—4 海底光缆投入运营。
		④ 几个相关的项目表示递进式发展，中间用连接号	人类的发展可以分为古猿—猿人—古人—新人这 4 个阶段。
间隔号	·	① 用于外国人和某些少数民族人名内各部分的分界	烈奥纳多·达·芬奇、爱新觉罗·努尔哈赤。
		② 用于书名与篇（章、卷）名之间的分隔	《中国大百科全书·物理学》《三国志·蜀志·诸葛亮传》
书名号	《 》	用于书名、篇名、报纸名、刊物名等	《红楼梦》的作者是曹雪芹。课文里有一篇鲁迅的《从百草园到三味书屋》。他的文章在《人民日报》上发表了。桌上放着一本《中国语文》。《〈中国工人〉发刊词》发表于 1940 年 2 月 7 日。

特别提醒

1）非并列关系（如转折关系、因果关系等）的多重复句，第一层的前后两部分

之间，也用分号。

2）竖排文稿引号改用双引号“﹃﹄”和单引号“﹁﹂”。

3）此外还有方括号“[]”、六角括号“〔〕”、和方头括号“【】”。

4）如果是整段文章或诗行的省略，可以使用十二个小圆点来表示。

5）连接号还有另外 2 种形式，即半字线“-”（占半个字的位置）和浪纹“～”（占一个字的位置）。

6）专名号只用在古籍或某些文史著作里面。为了跟专名号配合，这类著作里的书名号可以用浪线“﹏﹏”。

【拓展训练】

1）学生快速且准确击打出所有常用标点符号码。

2）以小组为单位出题互换。为一篇没有添加任何标点符号的文章添加标点符号。最后小组之间互相评分，找出用时最短，且添加最合理的优秀小组。

【学习评价】

填写学习评价表，如表 1-3-7 所示。

表 1-3-7　学习评价表

考核知识点	考核标准	分值	自评分	小组评分	综合得分
常用标点符号码手形	准确摆放出常用标点符号码的手形	50			
常用标点符号码录入	能准确录入常用标点符号码	50			
总分		100			
教师指导意见					

任务四　速录系统应用

【学习目标】

1）了解速录机的结构、参数设置及其与计算机的连接与调试，能够自行解决速录机的一般故障。

2）掌握速录软件的安装、调试、设置与使用，能够应用速录软件进行中文速录。

3）掌握语音伴侣软件的安装、调试与使用。

一、亚伟中文速录机

速录机的主要构造是电脑速录专用键盘。它与我们通常使用的计算机标准键盘不同，我们要通过观察了解速录机与标准键盘的不同；同时也要通过学习，清楚速录机与计算机连接的有线连接方式和无线连接方式。

为适应多变的工作环境及一些特殊情况的处理，亚伟中文速录机除基本的打字功能外，还设置了一些功能性操作。例如，在一些光线较暗的环境下可以把液晶显示屏背景灯打开，在没有计算机的情况下可以把文件直接存储在速录机内部等。掌握这些操作可以提高速录工作的效率。

在使用速录机的过程中，偶然出现一些小故障，我们作为使用者应该具备一定的识别与排除故障的能力，从而更好地运用速录机辅助我们完成工作。

【学习步骤】

了解速录机的结构；正确连接速录机与计算机；了解 YW-Ⅶ型弱音机参数，能够自行设置与调试；了解速录机可能出现的一般故障，学会对应的解决方法。

方法 1：对照图片与速录机认识并找到部件。

方法 2：按照步骤使用两种方式分别将速录机与计算机连接。

方法 3：对照速录机参数说明，了解其功能并实际操作。

方法 4：对照教材先了解可能会出现的故障的解决方法，再模拟操作出现故障后的应对处理方法。

（一）了解速录机的结构

1）亚伟中文速录机 YW-Ⅶ型弱音机的结构与外观如图 1-4-1～图 1-4-5 所示。

图 1-4-1　速录机正面

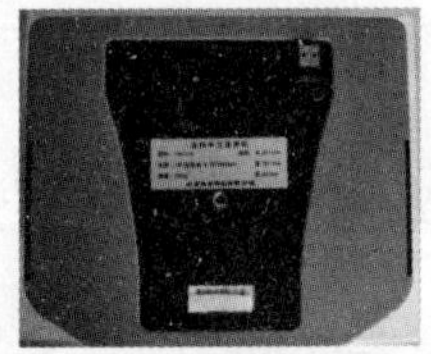
图 1-4-2　速录机背面

图 1-4-3　无线接收器

图 1-4-4　数据线

图 1-4-5　充电适配器

2）亚伟中文速录机 YW-Ⅶ型弱音机的液晶显示屏如图 1-4-6 所示。

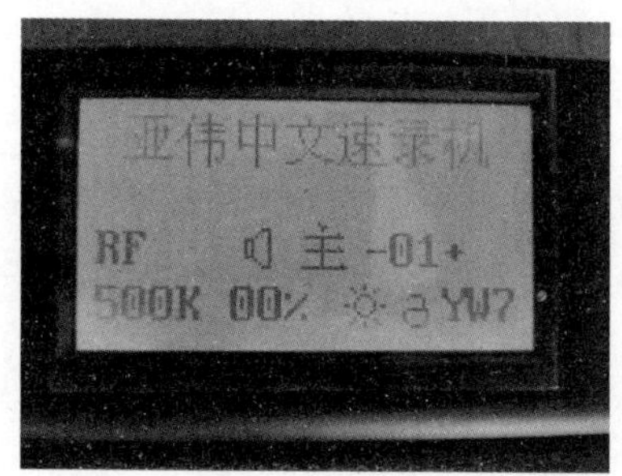

图 1-4-6　YW-Ⅶ型弱音机的液晶显示屏

（二）正确连接速录机与计算机

亚伟中文速录机 YW-Ⅶ型弱音机与计算机的连接

（1）有线连接方式

1）取出 YW-Ⅶ型弱音机及数据线。

2）将数据线的插头插入 YW-Ⅶ型弱音机的相应接口，如图 1-4-7 和图 1-4-8 所示。

图 1-4-7　YW-Ⅶ型弱音机接口

图 1-4-8　YW-Ⅶ型弱音机数据线插头

3）将数据线的扁头插入计算机的 USB 接口，如图 1-4-9 和图 1-4-10 所示。

图 1-4-9　速录机数据线扁头

图 1-4-10　与计算机的 USB 接口连接

（2）无线连接方式

1）从 YW-Ⅶ弱音机背面取出无线接收器。

2）将无线接收器与计算机的 USB 接口连接，如图 1-4-11 所示。

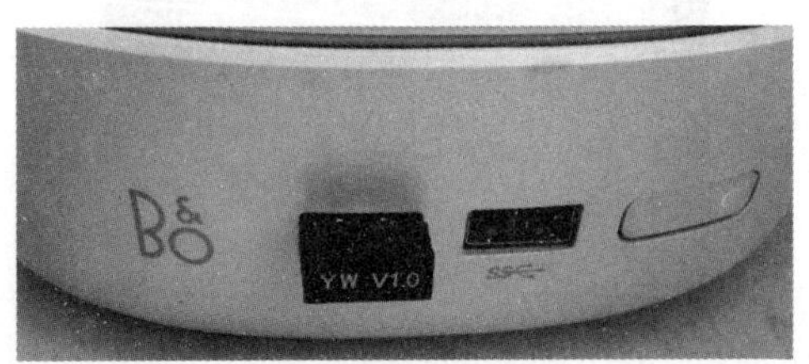

图 1-4-11　将无线接收器插入计算机的 USB 接口

3）使用速录机无线通道设置软件进行调整和设置如图 1-4-12 和图 1-4-13 所示。

图 1-4-12　无线通道设置快捷方式

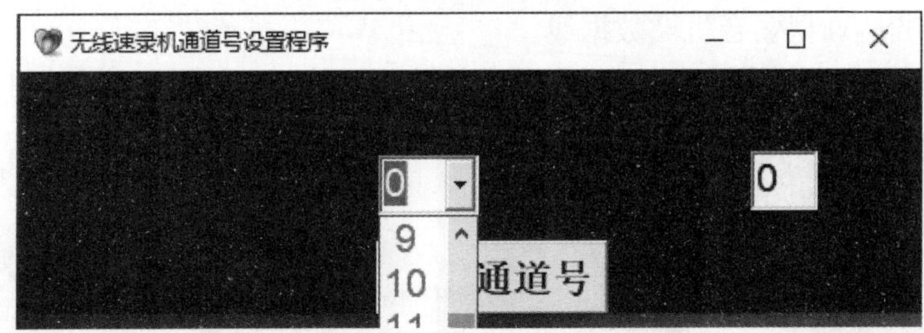

图 1-4-13　亚伟中文速录机无线通道设置程序

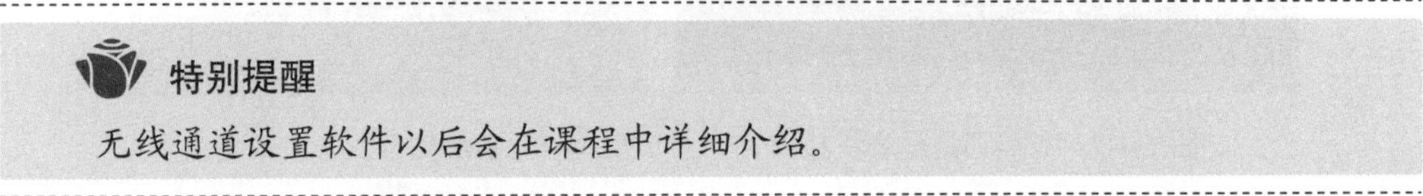

特别提醒

无线通道设置软件以后会在课程中详细介绍。

（三）了解 YW-Ⅶ型弱音机参数并能够自行设置与调试

1. 亚伟中文速录机 YW-Ⅶ型弱音机的开关机操作及部件说明

（1）亚伟中文速录机 YW-Ⅶ型弱音机的开关机操作

长按电源按钮 1 秒钟即可完成开/关机操作。当亚伟中文速录机处在开机状态时，按“电源开关”按钮可切断电源，关闭亚伟中文速录机；反之，可接通电源，打开亚伟中文速录机。当打开中文速录机工作在非保存状态时，指示灯为红色慢闪（亮 1 秒，灭 1 秒）；当正在保存文件时，指示灯为红色常亮。

（2）亚伟中文速录机 YW-Ⅶ型弱音机的部件说明

1）电源。亚伟中文速录机 YW-Ⅶ型弱音机只可使用 18650 标准锂离子或锂聚合物充电电池，电池自身可不带保护电路（速录机上有保护电路）。重新安装电池后，如果不能开机，说明速录机进入自我保护状态。此时，可将速录机通过 USB 连接充电器或计算机主机，再断开，即可开机。

亚伟中文速录机 YW-Ⅶ型弱音机与计算机的 USB 接口连接时，可直接由计算机供电/充电（充电时指示灯绿色常亮），不消耗电池电量。

脱机或与计算机无线连接时，使用锂离子电池，可使亚伟中文速录机工作 30～60 个小时。当电池电量快要使用完时，蜂鸣报警器有规律长鸣，提醒用户更换电池或与计算机连接。

2）数据线。亚伟中文速录机 YW-Ⅶ型弱音机与计算机连接使用标准 USB 线，已随机配备，也可以根据需要更换同型号的 USB 线使用。

3）指示灯。指示灯位于电源开关按钮上，其状态及含义如下。

① 绿色常亮：正在充电，否则充电完成。

② 红色慢闪：一般工作状态（非保存文件工作状态）。

③ 红色常亮：内存记录工作状态（保存文件工作状态）。

④ 红色快闪：提示电池电压低。

⑤ 橙色或者黄色：边充电边工作状态，红绿灯同时亮。

 **特别提醒**

指示灯慢闪速度为亮 1 秒，灭 1 秒；快闪速度为 1/4 秒亮一次。

2. 亚伟中文速录机 YW-Ⅶ型弱音机的功能参数设置

（1）进入和退出设置页面

1）进入设置页面的方法（两种）。

① 快速同时击打两侧的长键 4 次。

② 快速点击屏幕空白区域 4 次。

2）退出设置页面并返回主页的方法（5 种）。

① 快速同时击打两侧的长键 4 次。

② 快速点击屏幕空白区域 3 次。

③ 点击屏幕左上角的“<”。

④ 在速录机键盘上击打组合键“XAN:O”。

⑤ 在速录机键盘上击打组合键“:O”。

（2）参数设置操作方法

1）光标上移：在速录机键盘上击打组合键“XNA:I”或“:I”。

2）光标下移：在速录机键盘上击打组合键“XNA:U”或“:U”。

3）改变设置值：在速录机键盘上击打组合键“XAN:G”或“:G”或“:N”。

4）返回：在速录机键盘上击打组合键“XAN:O”或“:O”。

5）确认：在速录机键盘上击打组合键“XNA:G”或“:A”。

 **特别提醒**

速录机液晶屏在普通的工作界面时，可以通过单击报警器、主/从、频道号两侧的加减符号，以及最下行的背光符号，设置一些常用参数，而不必进入速录机设置界面。

（四）了解速录机可能出现的一般故障及解决方法

1. 速录机一般故障

1）电源系统烧毁或断路。

2）液晶显示器故障。

3）触摸屏失灵。

4）键芯触点老化失效等。

2. 速录机故障的识别

1）如果速录机莫名其妙地丢字，有可能是键盘的问题。

2）若是不能录入文字，则有可能是速录机短路。

3）若速录机不能开机，则有可能是速录机电源系统故障。

3. 速录机故障的排除

1）运用替换法判断故障。若有多台速录机或计算机，则可以让同一台速录机在不同的计算机上进行录入；若都不能录入，则速录机故障的可能性极大。

2）速录机指示灯不亮，检查速录机电源。

3）通过更换信号线的方法判断故障。

【拓展训练】

1）学生正确介绍说明速录机各部件的名称，并将速录机与计算机正确连接（采用两种连接方式）。

2）学生对 YW-Ⅶ型弱音机进行基本的参数设置（至少设置 3 种及 3 种以上）。

3）以小组为单位，模拟速录机故障，并解决。

【学习评价】

填写学习评价表，如表 1-4-1 所示。

表 1-4-1　学习评价表

考核知识点	考核标准	分值	自评分	小组评分	综合得分
速录机结构与连接	正确说出速录机各部件名称	25			
	能以两种方式连接速录机与计算机	25			
速录机设置与故障排除	正确识别速录机状态并设置速录机参数	25			
	能识别并排除速录机一般故障	25			
总分		100			
教师指导意见					

二、亚伟中文速录软件系统

速录机之所以录入速度快，不仅因为键盘的设计，而且很多设计细节非常科学而巧妙。

【学习步骤】

系统了解亚伟中文速录软件系统的安装；掌握速录软件、练习系统、外挂系统常用关键功能的操作和使用；掌握软件词库的设置方法；了解常见故障及排除方法。

方法 1：对照教材了解速录软件安装步骤并实际操作。

方法 2：对照教材了解软件中的相关功能并实际操作了解应用场景。

方法 3：对照教材学习练习系统的相关功能，实际操作并熟悉应用场景。

方法 4：对照教材学习外挂系统的相关功能并实际操作。

方法 5：对照教材先学习速录软件词库设置的步骤，再操作建立个人词库。

方法 6：对照教材了解软件常见故障及排除方法，再模拟常见故障并解决。

（一）速录软件的安装步骤

1）运行亚伟中文速录机安装包程序，如图 1-4-14 所示。

图 1-4-14　亚伟中文速录机安装包版本 6.2.3

2）进入安装向导，单击“下一步”按钮，如图 1-4-15 所示。

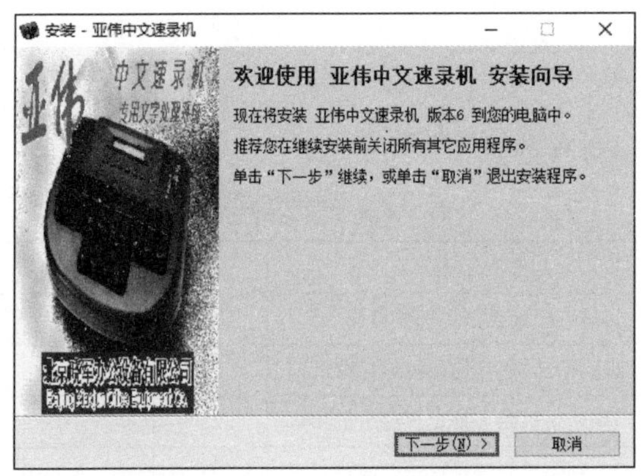

图 1-4-15　安装向导界面

3）查看许可协议，选择“我同意此协议（A)”选项，再单击“下一步”按钮，如图 1-4-16 所示。

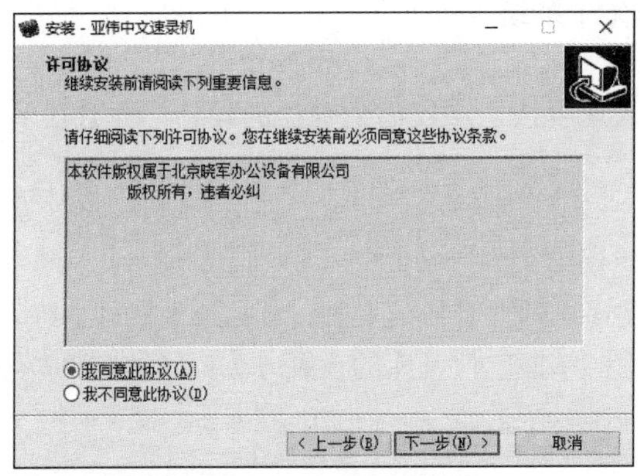

图 1-4-16　安装许可协议界面

4）选择目标位置（通常不需要选择其他文件夹），单击“下一步”按钮，如图 1-4-17 所示。

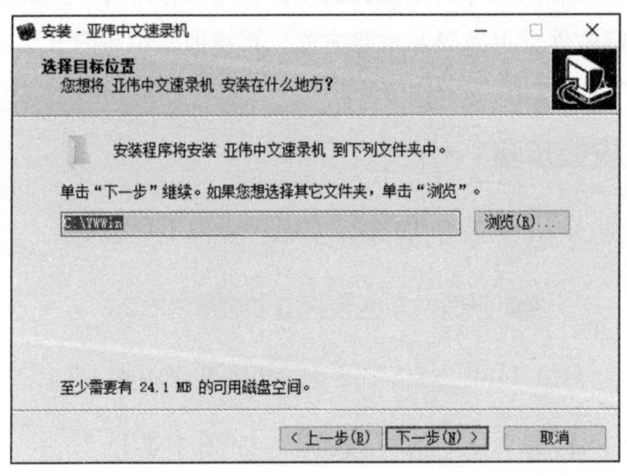

图 1-4-17　安装路径选择界面

5）选择开始菜单文件夹（通常不需要选择其他文件夹），单击“下一步”按钮，如图 1-4-18 所示。

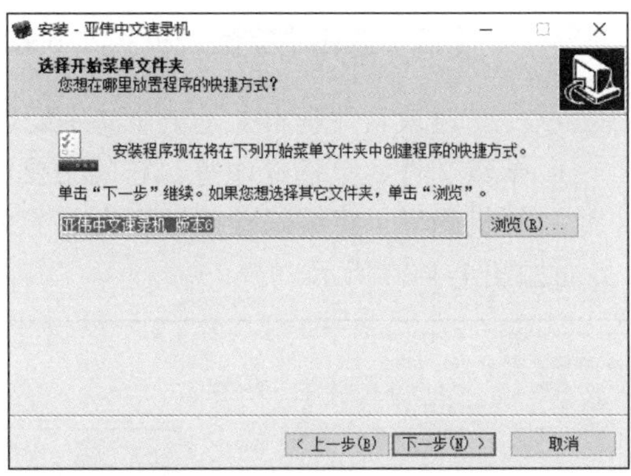

图 1-4-18　速录软件快捷方式放置路径选择界面

6）单击“安装”按钮，开始安装，如图 1-4-19 所示。

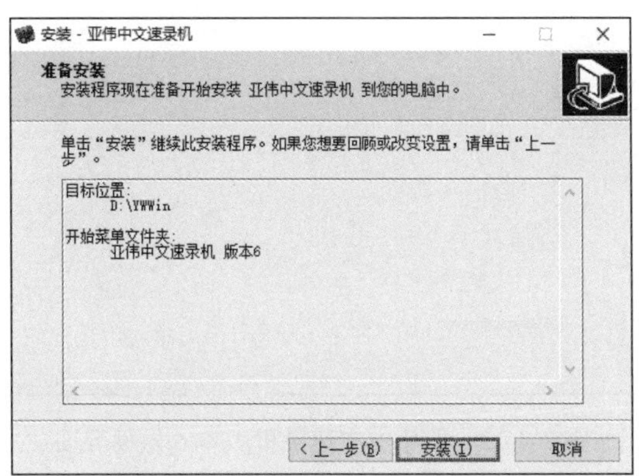

图 1-4-19　速录软件安装准备界面

7）安装完成界面如图 1-4-20 所示，单击“完成”按钮。

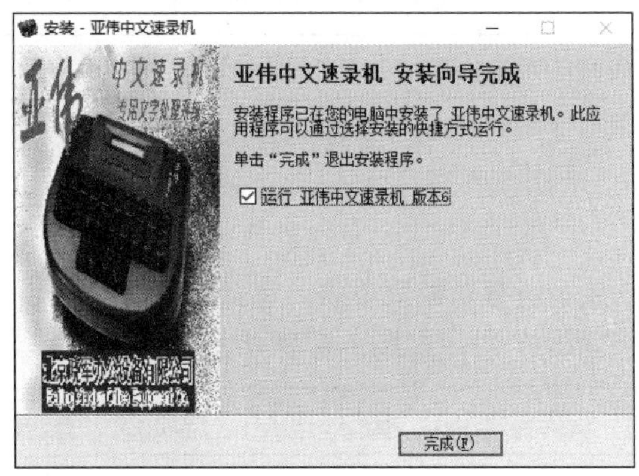

图 1-4-20　速录软件安装完成界面

图 1-4-21　速录软件快捷方式

8）双击桌面上的“亚伟中文速录机版本 6”快捷方式（图 1-4-21）即可启动软件。

（二）亚伟中文速录机版本 6 软件概览

速录软件基本上是一个文字处理软件，可以打开文件、编辑文件、草稿打印等。它的主要任务是进行亚伟码的计算机翻译，将编码直接转换为电子文本。

启动速录软件后，界面如图 1-4-22 所示。

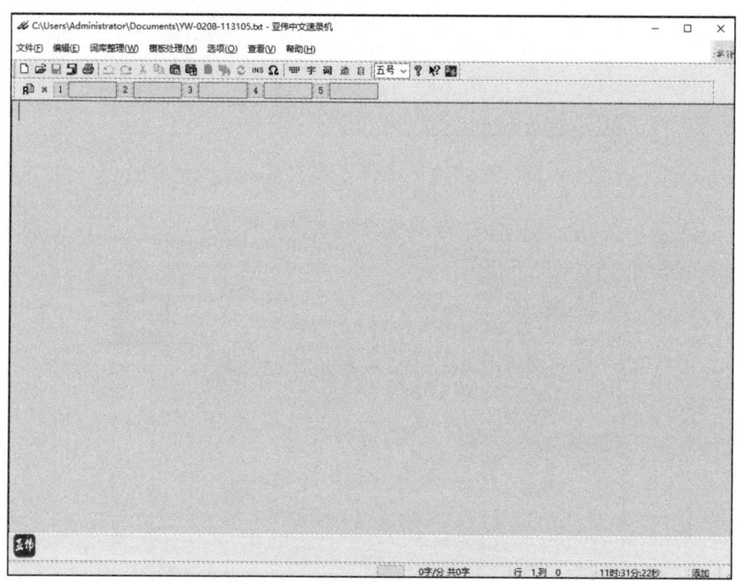

图 1-4-22　亚伟中文速录机版本 6 软件界面

1. 标题栏

在窗口的最上方，显示当前打开的文件的位置和名称，如图 1-4-23 所示。

C:\Users\Administrator\Documents\YW-0204-091636.txt - 亚伟中文速录机

图 1-4-23　标题栏

2. 菜单栏

在标题栏的下面，显示所有功能菜单项，包括“文件”“编辑”“词库整理”“模板处理”“选项”“查看”“帮助”等，如图 1-4-24 所示。

文件(F)　编辑(E)　词库整理(W)　模板处理(M)　选项(O)　查看(V)　帮助(H)

图 1-4-24　菜单栏

3. 工具栏

工具栏在菜单栏的下面，排列着许多按钮，可以迅速地执行相应的操作，如图 1-4-25 所示。

图 1-4-25　工具栏

4. 快捷键栏

工具栏下面是快捷键栏，如图 1-4-26 所示。

图 1-4-26　快捷键栏

执行“选项”→“设置亚伟速录机选项”→“快捷键个数”→“确认”命令，即可设置“快捷键个数”，如图 1-4-27 所示。

图 1-4-27　快捷键栏个数设置

支持 10 个无须自定义的快捷键，方便用户输入人名、会议场景等用语。使用时，左手固定为功能键 XW；右手按 D、Z、G、W、I、U、N、E、A、O 的顺序录入 1～10 快捷键（与阿拉伯数字右手键位编码相同）。在没有定义快捷键的具体内容时，快捷键在文件中以①～⑩显示。

快捷键的定义采用复制与粘贴的方法进行。定义后，再使用该快捷键则自动录入相应内容。

快捷键栏“刷新”按钮：将文件中所有快捷键全部替换为快捷键栏中所定义的内容，无定义的快捷键用①～⑩显示，该操作可以反复进行。

快捷键栏“清除”按钮：将快捷键栏中的所有快捷键定义清空。

5. 符号栏

执行“查看”→“符号栏”命令，即可打开符号栏，如图 1-4-28 所示。

图 1-4-28　符号栏

符号栏是为了方便录入一些特殊符号设置的，包括一些常用的特殊符号，需要时可以双击插入当前文件。

6. 编辑区

编辑区是本窗口中最大的区域，显示当前文件中的内容，如图 1-4-29 所示。

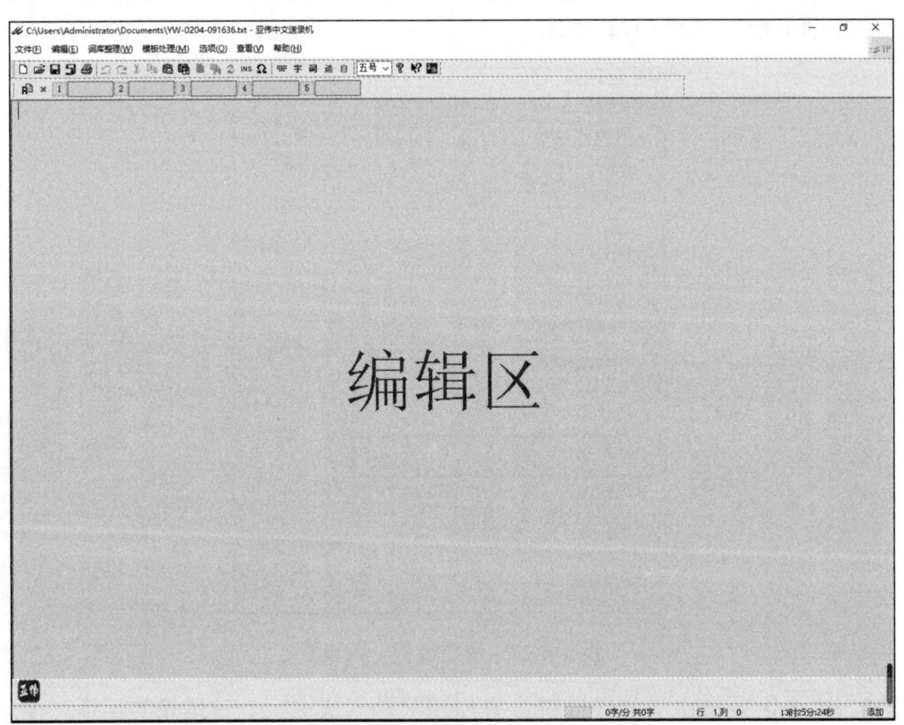

图 1-4-29　编辑区

7. 滚动条

当文字显示超过一屏时，在编辑区的右边出现滚动条，由上、下移动按钮和滚动滑块组成。用鼠标单击上、下移动按钮可以使文件上、下移动；拖拽滑块上下移动可以快

速移动文件，如图 1-4-30 所示。

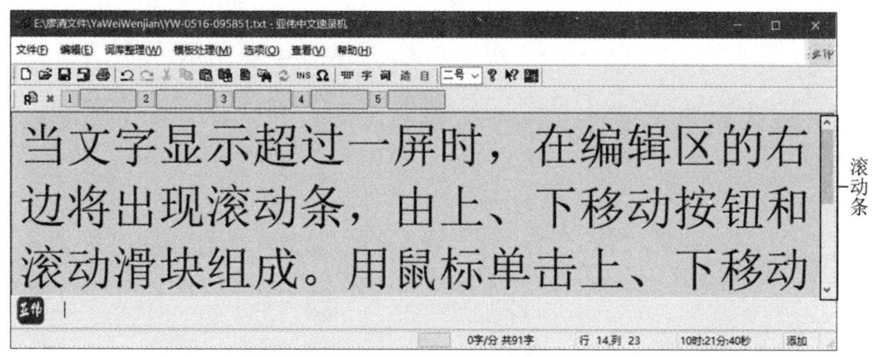

图 1-4-30　滚动条

8. 主键盘录入框

当只有一台亚伟中文速录机工作时使用主键盘录入框提示行；当两台亚伟中文速录机共同工作时，主机使用该提示行，如图 1-4-31 所示。

图 1-4-31　主键盘录入框

9. 辅键盘录入框

当两台亚伟中文速录机共同工作时，辅机使用辅键盘录入框提示行，如图 1-4-32 所示。

辅键盘录入框默认隐藏，在菜单栏中执行“查看”→“辅键盘录入框”命令，即可打开辅键盘录入框。

图 1-4-32　辅键盘录入框

10. 状态栏

状态栏在窗口的最下方，显示滚动信息、录入的即时速度和总字数，提示当前的光标位置是哪行哪列、当前的时间和当前速录机录入的状态（添加/插入）等，同时还提示鼠标指向的操作项和工具栏的简要说明，如图 1-4-33 所示。

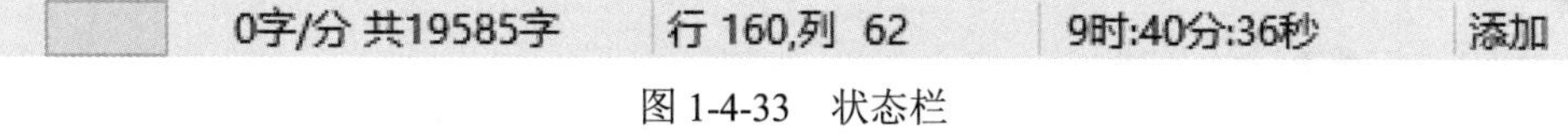

图 1-4-33　状态栏

（三）亚伟练习系统基本操作

1）创建快捷方式至桌面。找到亚伟软件的安装路径——“C:\YWWin”，选择文件

“YwExercise”（图 1-4-34），右击选择“创建快捷方式”选项后，将快捷方式拖动至桌面。请勿直接拖动“YwExercise”文件，以免造成软件部分功能不能正确设置使用。

2）双击桌面上的“YwExercise”快捷方式，如图 1-4-35 所示。

图 1-4-34　亚伟练习系统安装位置

图 1-4-35　YwExercise 快捷方式

3）亚伟练习系统界面，如图 1-4-36 所示。

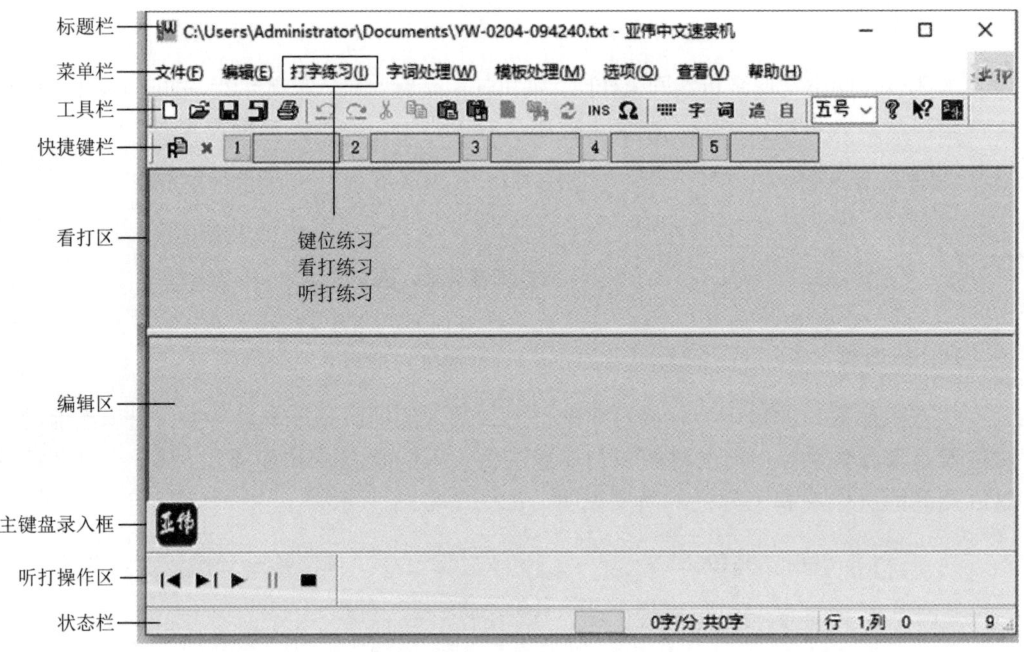

图 1-4-36　亚伟练习系统界面

（四）外挂系统使用说明及操作

1. 外挂系统简介

亚伟中文速录机外挂系统可在 Windows 操作系统中绝大部分需要录入汉字的场合使用亚伟中文速录机进行中文输入，使亚伟中文速录机的应用突破了“专用文字处理系统”的限制，为广大亚伟中文速录机的使用者提供了更加灵活的应用方式，将亚伟中文速录机的应用范围扩展到了网络。从这个意义上来说，亚伟中文速录机外挂系统是亚伟中文速录机的“网络版”。

2. 外挂软件安装

亚伟速录系统软件已经包括外挂软件，无须单独安装。

3. 外挂系统运行

只需要把速录系统窗口最小化即可开启外挂模式，最小化后在右下角的系统栏内显示速录机的图标，如图 1-4-37 所示。

右击系统栏中最小化后的速录软件图标，选择“输入框开启”选项，即可显示外挂系统录入框，如图 1-4-38 和图 1-4-39 所示。

图 1-4-37　速录系统窗口最小化

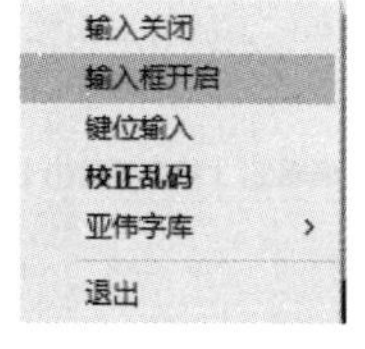

图 1-4-38　外挂系统操作菜单

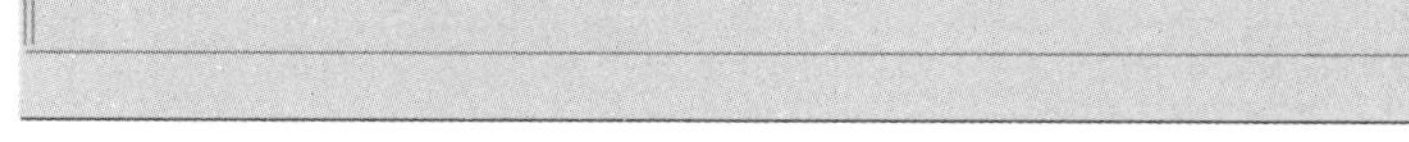

图 1-4-39　外挂系统录入框

4. 外挂系统使用

外挂程序运行后，即可用亚伟中文速录机输入文字。双手并击 DGIN:DGIN 可以显示/关闭输入提示行，输入方法与专用文字处理系统的输入方法完全相同。双手并击 XW:XW 可以打开/关闭键码输入状态，键码输入状态是直接将键位码送上屏幕，主要用于键盘练习。

由于是外挂系统，所输入的内容只向当前的活动窗口中发送。如果不上字，有可能是此窗口在后台，单击该窗口，或按 Alt+Tab 键在不同的窗口之间切换。如果显示乱码，请打开任意一个其他中文输入法（可按标准键盘的 Ctrl+空格键，或击打亚伟中文速录机的 XWU:X 组合键），单击“校正乱码”功能即可。

在外挂系统中，速录机模拟标准键盘键位的功能将起到相对重要的作用，通过这个功能，基本上可以实现大部分需要通过操作标准键盘才能完成的操作，如菜单命令、光标移动、基本编辑等。这些功能键绝大部分已经被定义，在专用文字处理系统中已经存在，只要了解 Windows 的操作习惯就可以使用。

“亚伟字库”菜单和“打开编辑器”菜单，在亚伟字库菜单下可以进行造词、自定义和设置亚伟词库操作，单击“打开编辑器”即可返回速录系统。

在亚伟速录软件外挂状态下还可用速录机直接进行造词、自定义等基本操作。

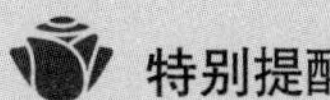

特别提醒

“造词”“自定义”“设置亚伟词库”将在后续课程中详细介绍，此处只做了解。

（五）掌握速录软件词库的设置方法

亚伟中文速录系统精简了系统词库的容量以提高运行效率、降低速录师的记忆强度。同时又提供了个人词库和个人自定义库的功能。方便速录师在实际应用时，对词库进行必要的补充。

1. 速录软件原始词库的位置

1）找到亚伟软件安装根目录（如“C:\YWWIN”）

2）“YwdanLib”为造词词库，“YwselLib”为自定义词库，如图 1-4-40 所示。

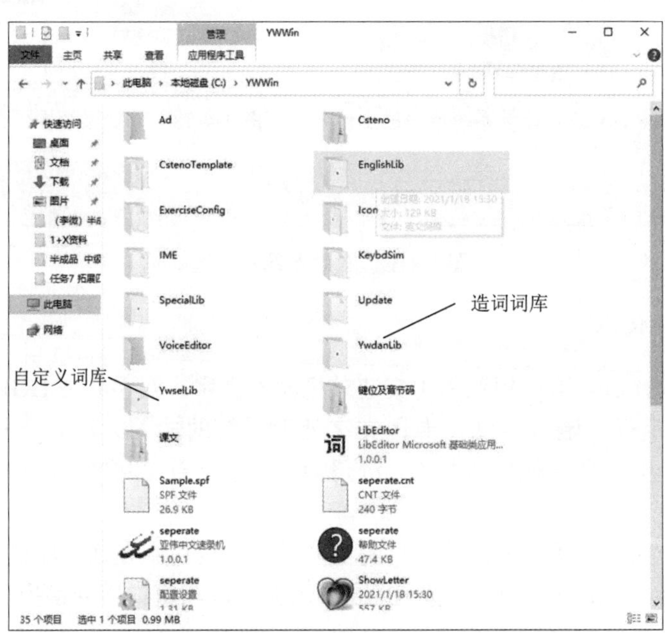

图 1-4-40　造词词库、自定义词库的位置

2. 新建个人造词词库

1）在“亚伟中文速录机版本 6”软件工具栏中单击“造”按钮或执行“词库整理”→“造词词库”命令，新建个人造词词库，如图 1-4-41 和图 1-4-42 所示。

图 1-4-41　单击“造”按钮

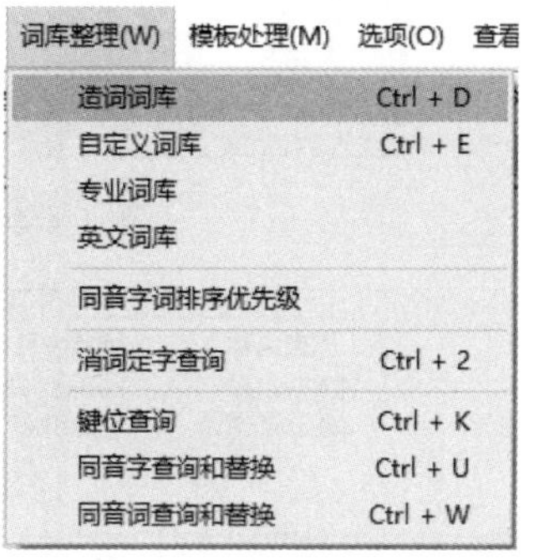

图 1-4-42　执行“词库整理”→“造词词库”命令

2）在“造词词库编辑器”界面下，单击左上角“词库”选项卡，选择左下部分“新建词库”选项进行新建个人造词词库，并命名。如图 1-4-43 所示。

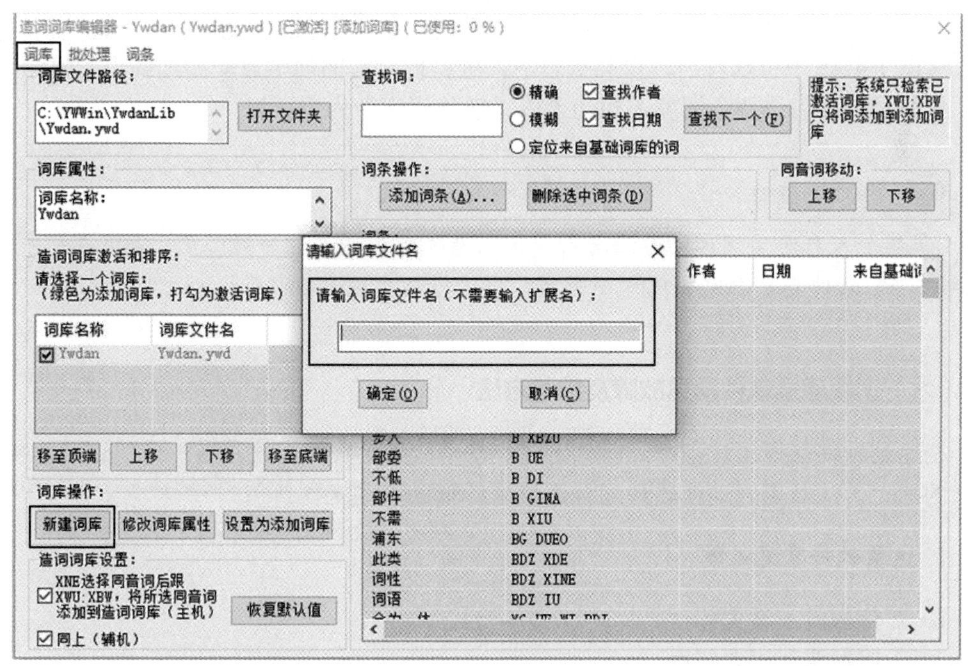

图 1-4-43　新建词库界面

3）新建词库成功后，会在“造词词库编辑器”界面中看到新建的词库出现在词库列表中，如图 1-4-44 所示。

4）选择“新建词库”选项，然后单击右下部分“设置为添加词库”，如图 1-4-45 所示。

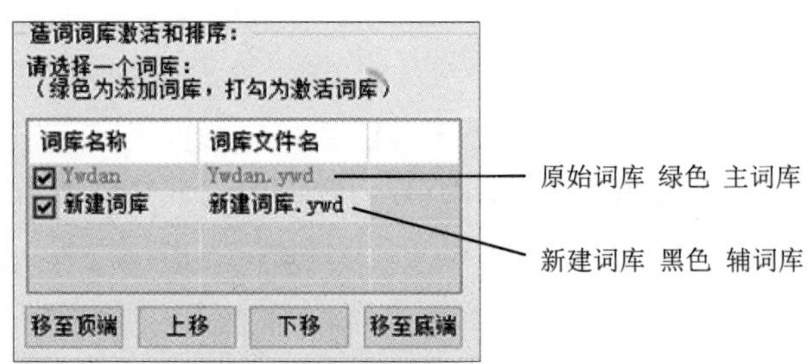

图 1-4-44 新建词库成功

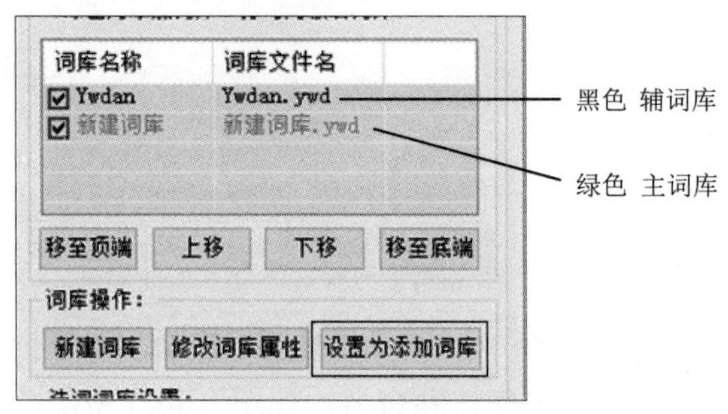

图 1-4-45 设置为添加词库

从图 1-4-45 中可以看出，在此状态下，可以把新造的词语自动添加到“新建词库”中。使用时需要勾选两个词库，相当于以“新建词库”为主、以“Ywdan”为辅。

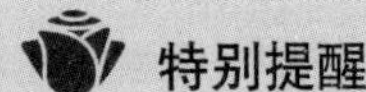

特别提醒

新建个人自定义词库的方法与新建个人造词词库的步骤一致。在“亚伟中文速录机版本 6”软件的“自定义词库编辑器”中进行相应设置操作。

（六）了解速录软件常见故障及排除方法

在速录软件的使用过程中，偶有出现一些小故障，我们应该具备一定的识别与排除故障的能力，从而更好地使软件配合速录硬件辅助完成工作。

1. 速录软件常见故障

1）亚伟根目录设置错误。
2）无线通道号设置错误。
3）USB 驱动安装错误等。

2. 速录机故障的识别

1）若不能录入，针对速录软件，则有可能是速录软件系统的故障。

2）若启动速录软件时出现错误信息，则可能是亚伟根目录设置错误。

3）若速录机完好，也没有错误信息提示，但不能录入上屏，则可能是无线通道号设置错误或USB驱动安装失败。

3. 速录机故障的排除方法

1）启动软件时报告初始化错误是为什么？这通常与计算机的接口有关，有可能是该接口被别的设备占用，导致无法使用或根本没有这个端口，只要使这个端口保持空闲并正常工作，就可以正常录入。

2）启动软件时提示无法打开“ZIKU”是为什么？这是因为软件没有找到相应的文件，需要进行适当的设置，请关闭对话框，进入速录系统界面，执行“选项”→“设置亚伟词库”命令，观察第一行亚伟根路径是否正确，只要其与您所安装软件的路径一致，就可以打开“ZIKU”。

3）没有任何提示，但不能录入是为什么？如果是在有线连接的情况下，在操作系统“设备管理器”中检查“人体工学输入设备”是否正常；如果是在无线传输的情况下，检查无线通道号设置。

【拓展训练】

1）学生自行安装速录软件，并录入一小段文字，然后对照教材，实际操作所有功能，进行体验并做出相应记录，结束后与其他小组成员进行交流探讨。

2）使用外挂系统，小组成员利用速录机在微信群中进行文字聊天。

3）新建个人词库，小组成员搜集流行且速录软件原始词库中不存在的词汇，添加到个人词库。

4）以小组为单位，模拟速录软件故障，并解决。

【学习评价】

填写学习评价表，如表1-4-2所示。

表1-4-2　学习评价表

考核知识点	考核标准	分值	自评分	小组评分	综合得分
速录软件安装与基本使用	能够正确安装和使用速录软件	25			
速录软件辅助功能使用	能使用速录外挂系统	15			
	能使用练习系统	15			
速录软件词库设置	能设置软件词库	25			
速录软件故障应对	能应对软件故障	20			
总分		100			
教师指导意见					

三、速录听校系统调试与使用

亚伟中文速录语音伴侣目前是市场上唯一将语音流、时间流和文字流进行精密捆绑，提供全面编辑控制的软件、硬件一体化的速录系统。正确掌握和使用语音伴侣，不但对速录人员的工作有很大帮助，而且大大方便了对音频文件的整理。

【学习步骤】

认识语音伴侣硬件；掌握语音伴侣软件的安装与调试；掌握语音伴侣系统的现场应用及整理音频的相关步骤；掌握一般故障的排除与解决方法。

方法 1：对照图片及实物认识语音伴侣硬件。

方法 2：对照教材，了解语音伴侣的安装步骤并实际操作。

方法 3：对照教材，先了解语音伴侣系统在现场应用中的使用步骤，再模拟现场会议对话并应用语音伴侣系统进行现场速录。

方法 4：对照教材，先了解应用语音伴侣系统整理音频的步骤，再找出一段音频文件，实际操作并应用语音伴侣系统进行整理。

方法 5：对照教材，了解常见故障及排除方法，再模拟常见故障并解决。

（一）亚伟速录语音伴侣介绍

亚伟速录语音伴侣的硬件系统采用专用麦克风和专用USB声卡（图1-4-46和图1-4-47），可以在不需要任何其他设备的情况下进行会议现场的高品质录音。亚伟专用麦克风可提供超过360度的全方位高灵敏度录音，采用软件、硬件结合的降噪技术可自动过滤背景中的噪声，以保证达到专业级的、高品质的录音效果。

图 1-4-46　语音伴侣专用麦克风

图 1-4-47　语音伴侣专用 USB 声卡

（二）亚伟速录语音伴侣的安装步骤

首先，保证系统中已经安装亚伟中文速录系统。将语音伴侣专用 USB 声卡插入电脑的 USB 接口，然后双击语音伴侣软件的安装文件，以默认方式完成安装，桌面会出现亚伟速录语音伴侣快捷方式，如图 1-4-48 所示。

图 1-4-48　亚伟速录语音伴侣快捷方式

特别提醒

1）安装语音伴侣系统前，计算机必须安装亚伟中文速录软件，否则不能正常安装。

2）如果您使用的是台式机，前置 USB 口可能会供电不足，建议插到机箱后边的 USB 接口)。

1. 设置录音放音设备

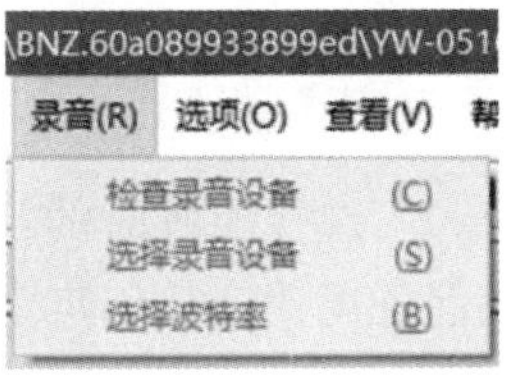

程序首次运行，需要进行录音、放音设备的设置。在语音伴侣软件界面中，执行“录音”→“选择录音设备”命令，进行设置，如图 1-4-49 所示。

图 1-4-49　录音/选择录音设备

在“播放”选项卡中选择除了“C-Media”的声音播放设备，即计算机自身的声音播放设备，然后单击“确定”按钮。选择播放设备，如图 1-4-50 所示。

在“录制”选项卡中选择“C-Media”设备作为录音设备，然后单击“确定”按钮。选择录音设备，如图 1-4-51 所示。

图 1-4-50　选择播放设备

选择“侦听”选项卡，如图 1-4-52 所示。

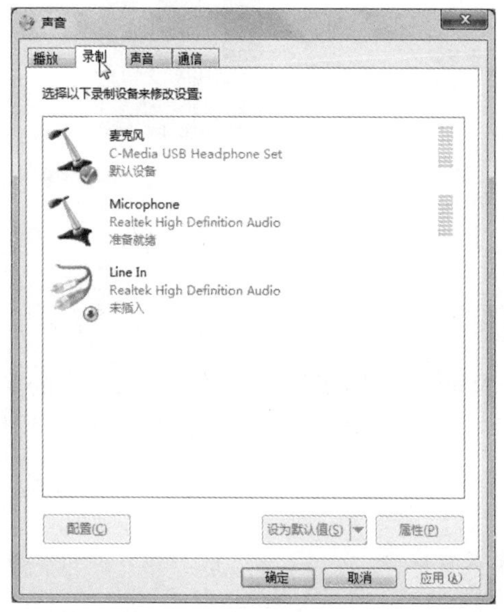

图 1-4-51　选择录音设备

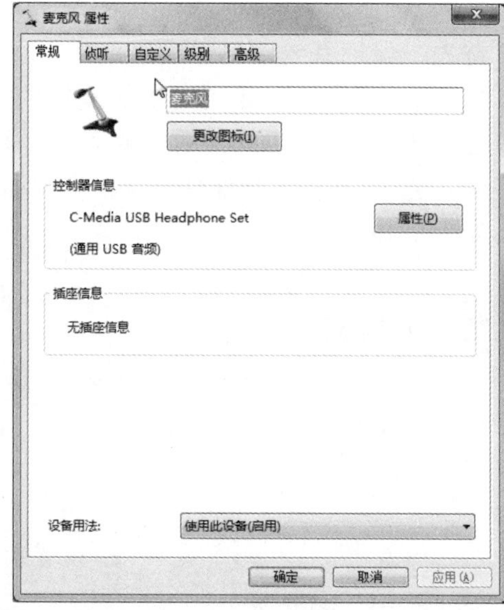

图 1-4-52　选择“侦听”选项卡

勾选“侦听此设备”选项（只有这样设置才可以听到同期音），选择侦听时的播放设备为扬声器，然后单击“确定”按钮（只有这样设置，才可以保证用语音伴侣声卡上的绿色插口听同期音，避免干扰），侦听设置如图 1-4-53 所示。

选择“自定义”选项卡，勾选“AGC”选项（可能仅有一个选项），然后单击“确定”按钮（相当于选择了“麦克风增强”，保证录音的灵敏度），自定义设置如图 1-4-54 所示。

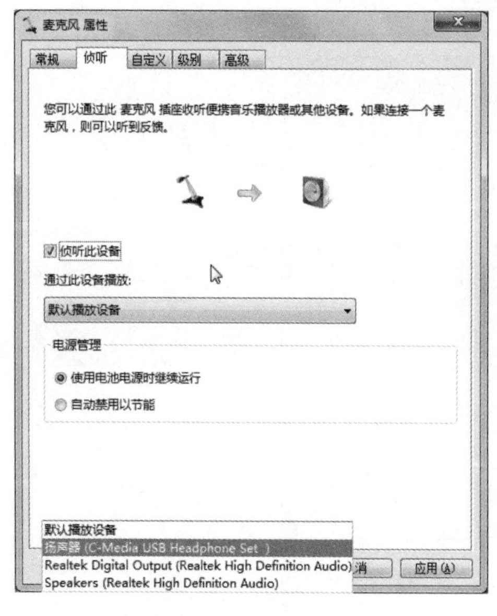

图 1-4-53　侦听设置

图 1-4-54　自定义设置

 **特别提醒**

如果不修改声音播放和录音设备的设置，程序仍可以运行，但不能保证声音录制的稳定性和正确性。

2. 硬件连接

使用语音伴侣进行工作时，将麦克风插到 USB 声卡的红色插孔，耳机插到计算机本身的耳机插孔，如图 1-4-55 所示。

亚伟专用麦克风是专门为语音伴侣设计的电容式麦克风，具有高灵敏、高清晰度的特点，通常速录师将其放置在面前的工作台上即可，尽量接近主讲人。

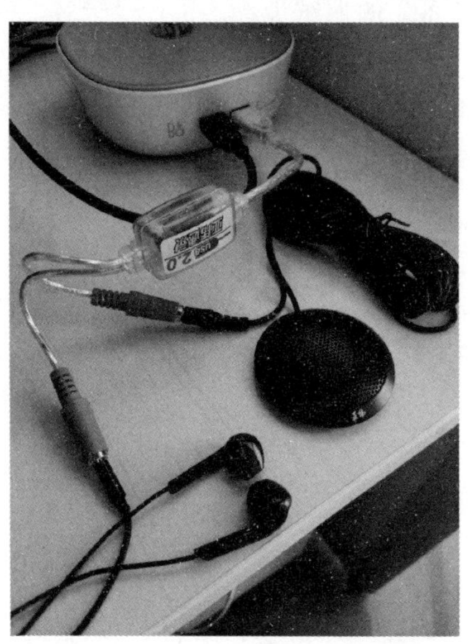

图 1-4-55　语音伴侣完整连接图

 **特别提醒**

1）电脑的硬件配置应高于一般办公用电脑。

2）在安装语音伴侣之前需要安装亚伟中文速录机软件。

3）工作盘内 500 兆的空间可以保证容纳 8 个小时的录音。根据硬盘的实际使用情况决定是否删除或另外保存、备份声音文件，以节省空间。

（三）掌握语音伴侣系统现场应用

语音伴侣的主要功能包括录音与回放。使用语音伴侣的注意事项：要正确设置语音伴侣，保证现场录音效果及音频文件的转录效果；要正确使用语音伴侣速录软件，保证文字和声音的对应关系；要学会双人双速录机操作的方法，以发挥语音伴侣的强大功能；要正确使用语音伴侣回访，对记录进行整理和补充。

1. 会议现场录音准备

（1）设备连接

将 USB 声卡插入计算机的 USB 插口，麦克风插入 USB 声卡的红色插孔，按下录音开关开始录音。将麦克风尽量靠近讲话人，如听现场声音，可将耳机插入 USB 声卡的绿色插孔中，测试耳机是否能正常收听现场声音，记录时，主打速录师可通过耳机实时听现场声音来记录。

（2）检查录音设备

按照“设置录音放音设备”的调试步骤，执行“录音”→“选择录音设备”命令，即可进行设置。

每次使用前应检查设备，如果设置不正确可能会造成录音失败。如果不修改声音播放和录音设备的设置，程序仍可以运行，但不能保证声音录制的稳定性和正确性。

特别提醒

在 Windows 7 及以上系统中，检查录音设备一般显示正常，但仍需要按照“设置录音放音设备”的调试步骤中语音伴侣系统的设置来进行调试，并在每次使用前都检查一遍相关设置项，确保万无一失。

2. 会议现场录音操作

（1）录音

将录音设备设置好后，要在会议正式开始前按下录音键（点击最左边的红色按钮）开始录音，录音时间显示区会显示录音的累计时间，如图 1-4-56 所示。

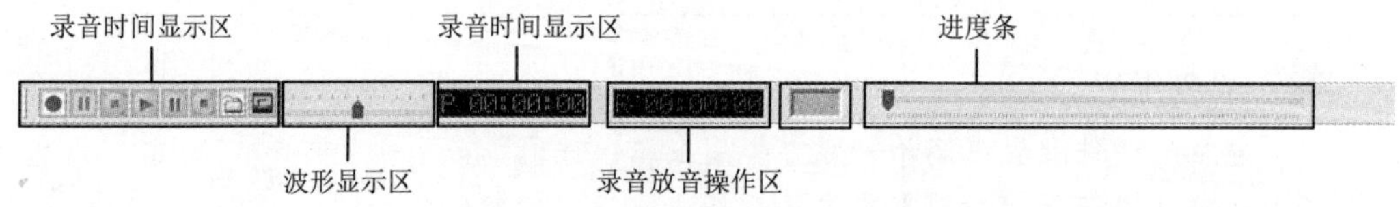

图 1-4-56 语音伴侣录放音工具栏

（2）实时放音和编辑

在录音的同时写入文字，文字就会和声音同步保存下来。在播放录音时，文字会随着声音的播放而变色，光标会紧随着变色的文字向后移动。若在播放录音的过程中，人为移动了光标的位置或修改了文件内容，则文字不再变色，但声音继续播放。在录音的同时可以单击“放音”按钮播放刚刚录制的语音，系统将自动根据目前光标所在位置选定开始播放的录音内容。例如，主打速录师因为各种因素没有来得及输入的文字，校对速录师可以在录音的同时播放这段语音，将漏掉的文字补充完整。

在主辅机联机操作时，主机为“添加”状态，辅机为“插入”状态。对于“插入”模式输入的文字，系统会自动将播放时间与该文字进行对应。

（四）语音伴侣音频文件整理

1）亚伟语音伴侣软件只支持“wav”声音格式。首先将音频文件转化成“wav”格式，单击录音放音操作区中的“文件夹打开”按钮，选择需要整理的录音文件，单击“打开”按钮。在菜单栏中执行“文件”→“另存为”命令，给将要整理的文件命名（建议与音频文件名相同，以方便查找）。

2）整理声音文件时，将速录录入状态设置为“添加”状态，这样整理过的文字可以和声音同步。

3）保证记录完整。听不清楚的部分要有时间标记，如用“…”做标记，并在后面标注时码（如“00：12：54”）；在记录过程中如果出现不知道的人名，需要标注为“（音）”；在记录过程当中如果有不熟悉的词汇或专有名词，需要用引号标注并标注时码，如果有查询条件，可以通过网络进行查询，尽量将不确定的地方录入准确。

 **特别提醒**

1）语音伴侣系统常用快捷键：①XAO:BG（播放/暂停）；②XAO:BD（停止）；③XAO:XBZ（当前声音位置往前倒退5秒）。

2）若需要用语音伴侣整理非“wav”格式的声音文件，则可先使用音频格式转换软件或音频编辑软件等将音频转化为“wav”格式。

（五）掌握语音伴侣系统常见故障及排除方法

语音伴侣系统是速录工作者不可或缺的好帮手，在使用语音伴侣的过程中我们应该具备识别与检测、排除常见故障的能力，从而更好地运用语音伴侣系统辅助完成工作。下面重点介绍语音伴侣系统常见故障及排除方法。

1）点击播放却总是短暂播放后马上停止。这通常是因为录音的时间太短，小于5秒钟。录到5秒钟以后再开始播放，一般不会出现此问题。所以建议在讲话人说话之前10～20秒，先打开录音，以方便听音。

2）录音时效果不好，噪声偏大。这通常是由录音设备的参数设置不正确造成的。每次录音前都应检查录音设备，保证录音放音设备的设置正确。

另外，也可能是因为语音伴侣设备与计算机之间各连接部位有静电，可以在相关接口处放上一张纸，必要的情况下可以使其稍潮湿，来消除静电。

3）文字和语音不对应，文字比语音滞后一点。这通常是由于敲击键盘的速度没有赶上声音的速度，可以使用微调区将声音播放略微提前几秒。

4）放音的时候声音很小。先检查音量设置，如果音量已经调到最大，声音仍然很小，建议更换 USB 声卡。

5）整理声音文件时，出现播放不全的现象。例如，文件时长 3 小时，播放到 2 小时就不播放声音了。出现这种情况的原因可能是电脑缓存空间不够。只需要把 3 小时长的声音文件利用音频制作软件切割分段，例如，分解成两段 1.5 小时的录音，再分别播放整理完成即可。

6）有时候一下午开 6 个小时的会议，可是语音伴侣软件到后来无法录制声音。这个问题也与电脑缓存空间相关。为避免出现此类问题，建议使用语音伴侣记录，录音达到 4 小时需要另外新建文件，分段记录以保证语音伴侣的正常使用。

【拓展训练】

小组成员模拟上会场景，完成语音伴侣的安装及调试，以及在整个会议记录过程中一系列的操作和使用流程。试着模拟语音伴侣系统可能会出现的一些故障并解决。

【学习评价】

填写学习评价表，如表 1-4-3 所示。

表 1-4-3　学习评价表

考核知识点	考核标准	分值	自评分	小组评分	综合得分
语音伴侣系统安装、调试	能正确安装语音伴侣系统	30			
	能正确调试相关使用参数	30			
语音伴侣系统的使用	了解语音伴侣系统做现场速录的方法	15			
	了解语音伴侣系统录音整理的方法	15			
语音伴侣系统的故障排除	了解一般故障及解决方法	10			
总分		100			
教师指导意见					

模块二　办 公 速 录

在日常办公过程中会接触大量需要录入文字的任务，如各种文件文稿的录入、各种数据资料的录入、各种材料的归档整理录入等。这些工作都可以采用中文速录技术通过看打高速完成。

本模块通过标准文稿速录、手写文稿速录、数据速录及档案速录等任务的训练，在熟练掌握亚伟速录基础要素和基本指法的基础上，学生可以进一步熟练并提高看打速录的技能，学习和掌握速录方法，了解和熟悉速录技巧的运用。

任务一　文稿速录训练

【训练目标】

1）能够达到 80 字/分左右的录入速度。

2）能够熟练掌握看打速录印刷体文稿的相关技巧，完成速录及校对任务。

3）掌握常用符号的识别与录入方法。

一、文稿看打录入

初级速录阶段要求具备基础文案中文文字信息录入的能力。看打训练是速录速度训练的必经阶段，通过反复练习看打录入，学生可以不断增强掌握音节码的熟练程度及提高击键的录入速度。通过以下相关训练，学生可以更好地掌握文稿速录。

【训练情景】

小文是一名在公司实习的在校大学生，她参加了 1+X 中文速录职业技能等级证书的培训，学习了“亚伟中文速录”课程。小文已经掌握全部音节码的录入，开始通过看打练习强化音节码的记忆，提高录入速度，学习录入技巧。

【训练步骤】

根据训练材料要求完成速录任务。

方法 1：先以准确率为前提，不考虑录入速度。

方法 2：在规定时间内完成录入后，可继续反复练习，做到既准又快。

（一）看打录入练习

下面这篇短文共 523 个字。首先要求读准，然后使用亚伟码反复规范地看打，要求在 6 分 35 秒内完成看打录入（80 字/分），并且准确率达 95%以上。

秘书的角色意识是对秘书的责任、义务自觉感知的心理活动。鲜明、强烈的角色意识是秘书工作不可或缺的灵魂。淡化或削弱这种心理活动，秘书人员就无法发挥主观能动性。秘书人员只有认识到秘书工作的光荣感、使命感，才能培养主动服务的思想、甘当配角的意识、任劳任怨的精神、无私奉献的品格。如果秘书人员有过分强烈的自我表现欲望，就容易离开自己的角色要求，产生对工作的自我干扰。因此，秘书人员只有树立正确的角色意识，才能成为合格的秘书工作者。

第一，必须培养和强化高度的责任意识。秘书人员身处领导身边，直接为领导服务，且负有重要责任。只有培养强烈的责任意识，在为领导服务的过程中认真履行自己的职责，才能实现自己的角色价值。

第二，必须培养和树立强烈的服从意识。秘书是领导决策的坚定执行者和维护者，秘书必须坚定不移地贯彻领导的决策，执行领导的决定。秘书在执行领导的决策过程中的创造性只能是形式上的创造和丰富，而不能是内容上的偏离和改造。服从是秘书基本的角色意识和职业道德素质，秘书应学会适应不同的领导，保持心态的稳定和平衡。

第三，必须树立和培养明确的服务意识。秘书必须把服务作为基本职能，充分认识和理解服务的崇高性，树立自觉服务的角色意识，甘当领导配角，甘于奉献，不图名利。

（资料来源：赵中利，赵昕，2014. 现代秘书心理学[M]. 3 版. 北京：高等教育出版社.）

录入技巧

1）联词消字：负（责）、性（子）。

2）单音词需特定的：有（X:IEO）、就（X:GIEO）、者（W:ZE）、和（X:XG）。

3）须分开单击的：在为。

4）可自动捆绑的：不可或缺、光荣感、使命感、工作者、执行者、维护者。

5）须在提示行进行选词的：意识（2）、身处（5）。

特别提醒

1）录入技巧可以进一步提高录入的效率，但一定要经过记忆、熟练后方可应用自如。因此，学员可视情况酌情选用，不要求一定全部掌握。为方便学习和选用，本书中有略码及录入技巧的相关标记和提示，供学员参考。附录中有录入技巧的相关讲解。

2）联词消字：全称为联词消字定字，是亚伟中文速录机准确录入技巧中最常用和最重要的一种。联词消字的原理是以一个确定的高频词来录入一个确定的字。例如，需要录入“负”或“责”，可录入“负责”（联词）后，立即右手单击 W 消去“责”（消字），保留“负”（定字），或左手单击 W 留下“责”。

3）可自动捆绑的词语，即打全音码可以捆绑的词语。只要是词库中收录的词语都可以自动默认正确捆绑。录入时，须按顺序连续准确地双手并击录入词语中所有音节码或兼容码。系统规定，词库中的词语最多为 7 个汉字。

4）须在提示行选词的：即在重码提示行中进行选择。选词须左手按 XNE 键，右手同时并击重码提示行中字、词前的阿拉伯数字“1～0”（即 XNE:对应数字）。本书中用小括号内的数字进行提示。如“夯实（2）”，录入方法为 XGNO:XZ-XNE:Z（在提示行选“2”），“夯实”即上屏。提示行的翻页方法：XNE:X 前翻页、XNE:B 后翻页。

5）W 键略码均用双下划线表示，X 键略码、三音、四音、多音略码均用单下划线表示，后置成分词语用波浪线表示，后同。各种略码详见附录。

（二）看打录入小测试

下面这篇短文共 573 个字。首先要求读准，然后使用亚伟码反复规范地看打，要求在 7 分 8 秒内完成看打录入（80 字/分），并且准确率达 95%以上。

第四，必须树立和培养积极的参与意识。秘书要在坚决服从和执行领导决策的前提下，把强烈的社会责任感和事业心转化为积极的参与意识，为领导出主意、想办法，当好参谋，成为一个富有主动性和创造性的出色秘书。

第五，必须树立和培养较强的公关意识。秘书处于一个组织的枢纽地位，需要处理好上下级之间的关系，沟通联系各个部门，要有很强的公关能力，要全面培养自己的学识、才能，学会处理各种复杂关系，善于处理各种突如其来的紧急情况，化难为易、化险为夷。同时，还要注意加强仪表、风度、语言修养，讲求整洁的仪表、潇洒的风度、优雅大方的谈吐举止、严谨的作风、高雅的气质等。

第六，必须树立强烈的法规意识。秘书部门和秘书人员在工作中承担着起草行政公文和制定规章制度的任务，因而必须具有鲜明的法规意识，用以指导自己的工作和约束自己的社会行为。要认真学习和掌握党和国家的方针政策，掌握和了解上级与本级单位颁发的各项行政法规，在法律规定的范围内开展各项活动。

第七，必须树立强烈的原则意识。秘书人员发现领导工作尤其是决策上的问题和错误，要通过正当的渠道、妥善的方法向有关领导反映；对领导政治生活中的违纪问题，要坚持原则，并及时向有关部门举报揭发；对领导个人生活小节、工作细节方面的问题，适时进行善意的批评和规劝。对领导要做到既服从又坚持原则，不盲目顺从，做一个原则性强、作风正派的秘书人员。

（资料来源：赵中利，赵昕，2014. 现代秘书心理学[M]. 3 版. 北京：高等教育出版社.）

录入技巧

1）联词消字：既（然）。

2）单音词需特定的：想（W:XINO）、等（X:DNE）、党（W:DNO）、又（XW:IEO）、不（X:B）、做（W:DZO）。

3）须分开单击的：较强、正当。

4）可自动捆绑的：出主意、创造性。

5）须在提示行选词的：风度（2）、举止（2）、严谨（3）、本级（3）、颁发（2）、违纪（6）、适时（5）。

6）可以造词的：化难为易。

特别提醒

造词的步骤如下。

1）在亚伟中文速录系统中将所需的词语正确录入上屏。

2）选中所需要的词语。

3）鼠标单击工具栏中的“造”按钮。

知识链接

亚伟中文速录系统的高级操作

用亚伟中文速录机工作时，往往会经常用到移动光标等编辑操作或需要使用计算机快捷键，如果频繁地在速录机和计算机键盘之间切换，对工作效率有一定的影响，于是亚伟中文速录系统设计了一些高级操作，一般编辑工作及计算机快捷键可以用速录机直接完成，如果熟练掌握，使用将非常顺畅。

1. 亚伟中文速录机编辑键盘

为了方便地使用速录机键盘在速录系统中进行简捷、基本的编辑操作，速录机的软件系统特意设计了编辑键盘，如图 2-1-1 所示。

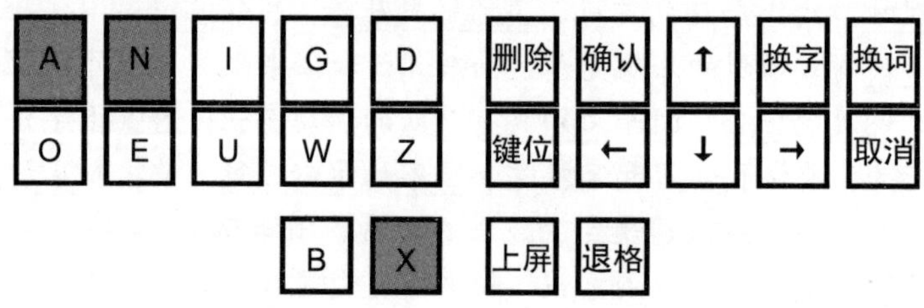

图 2-1-1　速录机编辑键盘的键位分布

2. 编辑键盘的转换

编辑键盘用左手的功能键 XNA 实现转换，当左手按 XNA 时，速录机的右手部分就转换为编辑键盘。当左手松开 XNA 键时，速录机又自动恢复音节码状态。

在连续使用编辑功能时，左手的转换功能键既可以按住不动，也可以与右手同步按键，视自己的使用习惯而定。这点与阿拉伯数字、数学符号及拉丁字母的使用方法基本相同。

3. 编辑键盘的键位功能

编辑键盘的键位功能如下。

1）X：强制上屏。

2）B：退格（相当于标准键盘的 Backspace 键）。

3）D：删除（相当于标准键盘的 Delete 键）。

4）Z：查“速录码”（当前光标处及前后各 10 个汉字的速录码）。

5）G：确认（相当于标准键盘的 Enter 键）。

6）W：左移光标。

7）I：上移光标。

8）U：下移光标。

9）N：打开同音字窗口，可修改当前光标位置上的同音字。

10）E：右移光标。

11）A：打开同音双音词窗口，可修改当前光标位置上的同音双音词。

12）O：取消操作（相当于标准键盘的 Esc 键）。

4. 编辑功能的使用

1）光标的上下左右移动、退格、删除、取消、确认等功能，与标准键盘的功能一致，使用方法也相同。在按住不动超过一定时间后，可实现该功能的连续操作。

① 退格：用于删除光标前面的字符。

② 删除：用于删除光标后面的字符。

③ 确认：用于选择同音字词后确认替换和“回车”功能。

④ 取消：用于放弃同音字词的修改，关闭速录机打开的对话框。

2）速录系统特有的功能如下。

① 强制上屏：用于将提示行中的文字强行送上屏幕，中断系统的捆绑工作。

② 同音字：弹出同音字窗口，用于替换当前光标处的字的同音字。

③ 同音词：弹出同音词窗口，用于替换当前光标前后的双音词的同音词。

④ 查速录码：弹出窗口，显示当前光标前后 10 个汉字的速录码，供速录人员查阅。

5. 亚伟中文速录机与标准键盘快捷操作对照

亚伟中文速录机的大多数常用功能快捷键能与标准键盘相对应，如表 2-1-1 所示。

表 2-1-1　亚伟中文速录机与标准键盘操作对比

功能	键盘对比	
	标准键盘	亚伟中文速录机
新建	Ctrl+N	XWU:N
打开	Ctrl+O	XWU:O（外挂状态）
保存	Ctrl+S	XWU:XZ
剪切	Ctrl+X	XWU:XI
复制	Ctrl+C	XWU:BZ
粘贴	Ctrl+V	XWU:UE
从外部应用程序粘贴	Ctrl+Q	XWU:XGI
插入/添加	Ctrl+R	XU:BZA、XEO:XN
查找/替换	Ctrl+F	XWU:XBU
撤销	Ctrl+Z	XWU:Z
反撤销	Ctrl+Y	XWU:IA
选中内容	Shift+光标移动	XWU:I、W、U、E
键位查询	Ctrl+K	XNA:Z
替换同音字	Ctrl+U	XNA:N
替换同音词	Ctrl+W	XNA:A
造词	Ctrl+D	XWU:XBW
自定义	Ctrl+E	XWU:D
分段	Enter	XAN:G/XBW
向前/后删除	Backspace/Delete	XAN:B、W:W/XAN:D
形码	（亚伟中文速录机操作）	XN:XN
行首	Home	XU:XZEO、XEO:XG
行尾	End	XU:XBO、XEO:XW
上屏	（亚伟中文速录机操作）	XAN:X、X:W、W:X

【拓展训练】

找出下面这篇短文中所有的略码及技巧，进行反复看打训练，速度可以放慢，一次上屏，中途不修改，准确率必须为99%～100%。（终极目标：录入速度300字/分以上。）

儿童是祖国的未来，民族的希望。亿万儿童能否健康成长，关系到国家的前途命运，关系到党的事业的兴衰成败。做好儿童工作，发展儿童事业，培养造就一代新人，是提高民族素质的一项基础工程，是实现我们宏伟目标的重要保证，是社会主义现代化建设事业兴旺发达的必然要求。我们党和政府历来关心和重视儿童的成长，关心和重视儿童工作和儿童事业。中华人民共和国成立以来，特别是改革开放以来，我国的儿童工作取得了很大成绩，儿童事业有了长足的发展。为了适应新形势的需要，进一步发展儿童事业，国务院制定了《九十年代中国儿童发展规划纲要》。这是我国儿童工作的一件大事，是我国政府促进儿童事业发展的重大步骤。改革开放和现代化建设事业的发展，为儿童工作创造了有利的环境和条件，注入了生机和活力，同时也向儿童工作提出了更高的要求。希望各级党委和政府要从战略的高度充分认识儿童工作的重要性，以强烈的使命感、责任感和紧迫感，把儿童工作提到议事日程，切实加强对儿童工作的领导。各地各部门要结合自己的实际，积极创造条件，采取有效措施，把规划纲要贯彻好、落实好。关心和促进儿童的健康成长，也是每个公民应尽的义务和神圣职责，“爱护儿童，教育儿童，为儿童做表率，为儿童办实事”，应当成为每个公民的自觉行动。在党中央国务院的领导下，在儿童工作先进集体和个人的带动下，我国的儿童工作和儿童事业一定会出现崭新的局面，我国的亿万儿童一定能够成长为有理想、有道德、有文化、有纪律的跨世纪的一代新人。

（资料来源：唐可亮，2013. 亚伟中文速录培训教程[M]. 北京：中国劳动社会保障出版社.）

 **特别提醒**

以上短文可作为“熟文章”来进行训练。“熟文章”是经过多次反复训看打练后对材料内容和录入技巧都非常熟悉的文章，可以在短期内达到比自己正常速录水平快很多的速度（通常在200字/分以上），甚至达到自己的极限速录速度（通常可达300字/分到400字/分甚至更高）。通过“熟文章”训练学生可充分体验高速准确录入的感觉，可以掌握常用的速录技巧并形成条件反射，在速录学习的各阶段都是一项必不可少的训练内容。“熟文章”的训练以绝对高的准确率（98%～100%）为第一追求，在训练过程中要注意保持舒展的手形和连贯流畅的指法。进行“熟文章”训练可以提高击键频率，“熟文章”训练的过程和方法是重复训练。初级阶段，为了取得比较好的训练效果，需要将训练材料分割为200～300字的小段落逐段训练；对于不太好打的局部语句甚至词语应单独强化训练。

【学习评价】

填写学习评价表，如表2-1-2所示。

表2-1-2 学习评价表

考核知识点	考核标准	分值	自评分	小组评分	综合得分
看打练习	录入技巧掌握情况	20			
	短文完成情况	20			
看打小测试	录入技巧掌握情况	20			
	短文完成情况	20			
拓展训练	任务完成情况	20			
总分		100			
教师指导意见					

二、印刷体规范文本信息识别与整理

文字信息采集录入是中文信息处理工作的一项重要工作内容。作为专职速录师或行政机关、企事业单位的速录从业人员，经常要接触如把没有电子稿的印刷文件进行录入并存档的速录任务，我们可将其称为看打。看打的特点是既要看得快，不能因为阅读影响速度；又要录得准，不能因为反复确认内容而停下来。

【训练情景】

公司有一批打印文稿资料缺少电子稿，公司项目小组需要根据这些文稿的电子版（图 2-1-2）重新整理组合成一个新文件。领导要求小文将其录入为电子稿，然后发给项目小组使用。

小文决定使用速录机来完成本次录入任务。

三、实施方案

1）快餐服务业的模型。以顾客为中心，以顾客满意为目的，通过使顾客满意，最终达到公司经营理念的推广。

2）目标市场的定位。大众能接受的中式快餐业。顾客群：上班族+儿童+休闲族+其他。

3）市场策略。生产工业化、产品标准化、管理科学化、经营连锁化。

虚拟公司的名称，员工的服装，经营的理念，内部管理和总公司保持统一，但它们没有过多的装饰，也没有营业餐厅，它们更像是一个快餐集装配送中心。它们接收公司的陪送中心运来的相关制成品，只要简单加工，就可以成型了。虚拟公司的快餐产品订单是提供给上班族在工作单位午餐之用。它们的前台接待服务业是虚拟的，靠的是电话订购体系和快速运送体系，我们将建立送餐专线电话运送业务并由统一的公司小巴和服务人员负责运送。

流动快餐公司——早餐策略针对早餐人口流动性大、时间紧迫的特点，我们将由模式统一的公司小巴和服务人员流动至各主要需求网点向顾客提供方便、营养的早餐。因学生人数众多，还可以推出学生营养快餐，既注重经济效益，又兼顾了社会效应。

快餐公司形象策略——在位于商业区、旅游景点区的快餐厅充分展示本公司清洁、卫生、实惠、温馨的的形象。请专业公司为我们制定一套广告计划，从公司的特点出发，力求共性中的个性。

图 2-1-2　训练文稿电子版

【训练步骤】

1）将速录机与计算机正确连接并确认可以正常上屏录入。

2）浏览印刷文稿的内容及格式，熟悉内容及结构。

3）在计算机中做好相关保存设置，开始进行看打录入，如图 2-1-3 所示。

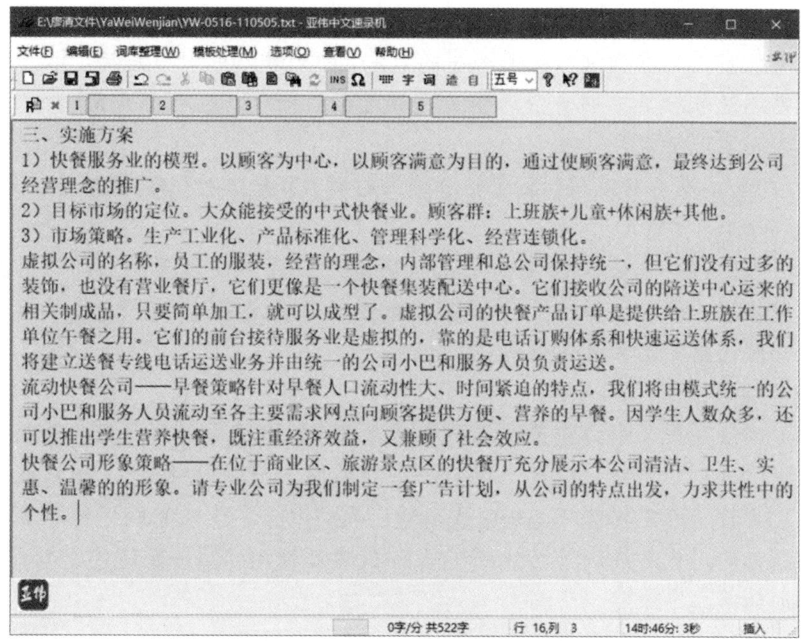

图 2-1-3 看打训练结果截屏

4）将录入文本与原稿对照，进行校对。

知识链接

同音字词的准确录入方法和技巧

中文速录采用汉语拼音编码，不可避免地会遇到同音字词的问题。亚伟中文速录系统在设计之初就考虑到这些问题，提供了相应的解决方案。掌握并合理运用这些同音字词的准确录入方法和技巧，是速录速度和质量的保证。

1. 软件捆绑法

亚伟中文速录系统采用了先进的字词捆绑技术，多数词语可由软件识别，无须选择。如“世纪末”，击打 XZ:GI 时，提示行显示的第一个词语为“实际”，继续击打 XBO 则自动捆绑为“世纪末”。只要是系统词库中收录的词语（1～7 个汉字），就可以自动捆绑。

2. 汉字特定法

汉字特定法即采用特定码对文章中出现的字词进行特定，使其不参与捆绑，从而提高准确率。例如，录入“有证据”时，“有”需用 X:IEO 进行特定，否则，会被捆绑为“邮政局”。

速录系统定义的特定码包括单音词特定码、后置成分双音词特定码、中文数字特定码及一个特高频汉字特定码，详见本书附录。

3. 以词定字法

以词定字法的专业名称叫联词消字定字，简称联词消字。这是亚伟中文速录技术特有的也是最常用的准确录入既定汉字的方法，即先录入包含所需特定汉字的词语或文字串，再迅速删除其中的多余汉字（通常是最后一个，也可以是前一个），留下所需要的汉字而实现特定。

例如，“布”，没有特定码，又需要准确击打时，可先击打“布置”一词，删除“置”（右手 W）而留下“布”。

再如，“贬义”，可采取 BINA:I-BDZ:-:W 的方法录入（这里的“词”用左手，紧跟着删除用右手，录入更加流畅）。这里用的是“三音定字”，为了方便学习，附录中收录了三音联词消字定字表供参考。

4. 以字定词法

以字定词法是亚伟中文速录技术特有的准确录入既定词语的方法，原理是通过另一个关联词“找到”目标词，两个词有一个字相同，可做“中介”，即先录入目标词的音节码，再按规则用功能码 GWU 或 GWE 代替中介字录入关联词的音节码，从而确定唯一目标词。代替规则为功能码 GWU 代替目标词的第一个汉字，功能码 GWE 代替目标词的第二个汉字。

例如，“市集”，在重码提示行的第二页，选择起来不方便，可用“市场”做关联词。中介字“市”为“市集”的第一个字，用功能码“GWU”代替。录入方法如下。

1）击打 XZ:GI（“市集”的音节码）。

2）击打 GWU:BZNO（用 GWU 代替“市”后“市场”的音节码）。

3）屏幕上显示“市集”。

再如，用以字定词法录入“集市”，还是用“市场”来确定，录入步骤则为 GI:XZ-GWE:BZNO。因为这次“市”是“集市”的第二个字，所以用 GWE 代替“市”的音节码录入“市场”。

5. 使用略码

略码是亚伟中文速录技术的灵魂。亚伟中文速录系统选择了一些高频词语，按规则对其进行音节码的省略，用来唯一确定地录入相应高频的词语，称作略码。因为略码出现的频率高，没有重码，且击打简单，所以合理地使用略码可以大大提高录入的速度和准确性。省略规则如下。

1）双音词语略码：用 X 或 W 代替词语的第二个字，即①:X 或①:W。这样，一个音节码可以确定两个高频词语为双音词语略码，如时间（XZ:X）、时候（XZ:W）等。

2）三音词语略码：用 X:X 代替词语的第二个字及第三个字，即①、X:X，一个音节码可以确定一个高频词语为三音词语略码，如事实上（XZ X:X）等。

3）四音词语略码：用 X:X 代替词语的第二个字及第三个字，即①:④、X:X。系统词库中所有四音词语都可以使用该方法进行省略，若有重码，则按词库中词语的顺序在提示行中显示供选择，如科学技术（XBG:XZU X:X）等。

4）多音词语略码：包括五音、六音和七音词语略码，用 X:X 代替词语的倒数第二个字及第三个字，即①:②、㊍:XO，如中国共产党（ZUEO:GO DNO:XO）、中华人

民共和国（ZUEO:XGW GO:XO）等。

5）含后置成分词语略码：由前置词+后置成分构成的词语，可用第一个字音节码+后置成分特定码一击完成录入，即①:后置成分，如马克思主义（XBA:ZWI）等。

6. 拆打法

速录机最大的优势就是并击。并击或连续录入时，系统会优先捆绑而不分词。如果我们要把两个字分开，就要直接拆开录入或强制上屏，以获得希望的录入结果。

例如，若需录入“人的”，则并击一次系统出“认得”。若分为两次录入，则为“人的”。通常可以采用相同的指法，左手录入第一击，待完成后，右手紧跟着录入第二击。

再如，若录入“新小区”，则连续录入系统出“新校区”。若采用“新”-上屏-“小区”（单独录入“新”并强制上屏，再并击录入“小区”）的操作方法，则可以得到“新小区”。

7. 在提示行中进行选择

有时一些常用词语不在提示行中的第一位，但是在前十位，又没有略码，均可直接选择（甚至应该记住部分词语在提示行中的位置）。

由于频繁地在重码提示行进行选择会严重影响记录的速度，容易丢字，使记录不完整、不准确，因此，应尽量先使用其他技巧对同音字词进行处理。

实际上，在正常工作中，速录员不经常在提示行中进行选择，即使选择，也是记住了常用词语的位置直接进行选择操作，根本不看提示行；或是遇到人名、地名、专业术语中非常不好处理的字词时才看一下提示行（进行选择），有时干脆留给后期校对处理。

8. 后期校对

这里的后期是指在错误的文字上屏后，但记录工作还在进行的同时，利用讲话人发言的空隙，迅速调用“同音字词查找替换窗口”进行替换。

一般情况下，需要按“迅速移动光标”→“调用同音字词查找替换窗口”→“移动光标选择正确词语”→“确认替换”的程序进行操作。有时需要利用两个空隙（第一个空隙时移动光标，第二个空隙时进行替换）甚至消耗多个空隙才能完成全部操作。

9. 造词和自定义

速录员需要多用心，维护个人词库和自定义库，既方便速录系统进行捆绑，又为“以词定字”提供方便。同时可以充分利用略码，将高频词的位置留给其他常用词，使速录工作效率更高。

注意事项

1）录入技巧的使用，以“治未病”为原则。在看到或听到相关内容时，要知道这些内容直接录入音节码会不会出错，如果会出错，就要首先设计录入方法，以保证速录结果的正确，提高速录的效率。速录员需要在平时训练中做有心人，随时在需要使用录入技巧的地方做标记，不断复习，加深记忆，做到心中有数。经过不断积累经验，终可应用自如。

2）录入技巧一定是“先掌握，后使用”。在现场记录过程中，根本没有多余的时间让速录员反复尝试各种方法。如果一时想不起来准确录入的技巧，就只能用最原始的方法：在提示行中进行选择。

3）录入技巧的掌握，首推联词消字。这种技巧虽然需要积累经验，但由于其充分发挥大脑的联想功能，灵活性强，记忆量小，容易掌握，往往有事半功倍的效果。

4）掌握录入技巧的捷径是熟文章的训练。熟文章是反复训练达到滚瓜烂熟的文章段落，这里面的技巧在训练过程中已经形成肌肉记忆，无须思考即能使用。不能采用死记硬背的方式，那样效果差，容易忘记，用的时候还想不起来。

 **特别提醒**

录入技巧以得心应手为原则，速录员要充分发挥主观能动性，勤思考，善琢磨，敢尝试，多训练，找到最适合自己的思维及操作习惯的方法，并一以贯之。

【拓展训练】

教师搜集 1000 字左右的文字资料并进行排版打印，分发给学生后进行印刷文稿看打录入竞赛。请录入又快又准的同学分享录入过程中的技巧及经验。

【学习评价】

填写学习评价表，如表 2-1-3 所示。

表 2-1-3　学习评价表

考核知识点	考核标准	分值	自评分	小组评分	综合得分
印刷稿录入要点	正确说出印刷稿录入的步骤	25			
	正确说出印刷稿录入的注意事项	25			
印刷稿录入实操	拓展训练完成情况	25			
	总结印刷稿录入难点	25			
总分		100			
教师指导意见					

三、常用符号的识别与录入

在实际工作中，除了速录基础编码课程中涉及的几组常用标点符号，还有一大部分符号也是经常使用的。我们需要对比标准键盘与速录键盘中常用符号的编码规则，并掌握常用符号在速录键盘中的录入方法，使录入工作更顺利。

【训练情景】

小文在录入资料的过程中，发现有一些符号自己不知道用速录机怎样操作，于是他找到亚伟中文速录培训材料进行查阅。

【训练步骤】

了解常用符号的识别，掌握常用符号的速录方法。

方法 1：对照本书了解不同符号的编码规则。

方法 2：实际操作速录机，将每个符号进行录入。

1）速录机模拟标准键盘录入功能主要包括符号录入功能和控制键功能。符号录入功能可以录入标准键盘上常用的符号和一些特殊符号。实际上，英文字母的输入也属于这一功能。

控制键功能最常用的是模拟 Ctrl、Alt 和 Shift，分别是左手的 XWU、XAO 和 XUE。

2）符号录入功能的编码方法。这些符号的录入方法有一个普遍的规律，即左手按 XU，右手按音节码。右手的音节码又根据符号的特征采用名称、象形、谐音等方法编定，非常好记。尽量成对编排，如左方括号为 XU:XBUNO（fang）；右方括号谐音为 XU:XBUN（fen）等。

知识链接

亚伟中文速录机的常用符号录入功能键

表 2-1-4 和表 2-1-5 列出了亚伟速录的符号录入功能键及功能，请参照学习。

表 2-1-4 符号录入功能键（对应标准键盘）

屏显符号	速录码	解释
!	XU:BDAN	叹（号）
@	XU:AO	奥（象形联想）
#	XU:GINE	井（象形）
$	XU:XBIU	美（元）
%	XU:BIO	百（分号）
^	XU:GIAO	角[象形]
<	XU:GIAN	尖[象形]
>	XU:GIN	今[谐音]
：（全角状态字符）	XU:XBAO	冒（号）
，（全角状态字符）	XU:DEO	逗（号）
。（全角状态字符）	XU:GIU	句（号）

续表

屏显符号	速录码	解释
？（全角状态字符）	XU:UN	问（号）
“	XU:IN	引（号）
&	XU:AN	按[谐音]
*	XU:XINE	星[象形]
（	XU:IUAN	圆（括号）
）	XU:IUN	云[谐音]
-（中横线、减号或连接符）	XU:XGNE	横（线）
_（下横线）	XU:XGN	很[谐音]
+	XU:GIA	加（号）
=	XU:DNE	等（号）
|	XU:XZU	竖（线）
\	XU:XBUAN	反（斜杠）
/	XU:ZNE	正（斜杠）
{	XU:DA	大（括号）
}	XU:DIA	嗲[谐音]
[	XU:XBUNO	方（括号）
]	XU:XBUN	分[谐音]

表 2-1-5　符号录入功能（其他符号录入）

屏显符号	速录码	解释
£	XU:INE	英（镑）
α	XU:BUI	（阿尔）法
β	XU:BDA	（贝）塔
∑	XU:XBA	（西格）玛
Ω	XU:GA	（欧米）嘎
π	XU:BGIO	派
μ	XU:XIEO	米尤

注意事项

1）并不是所有的符号都安排有速录机的编码，仅仅是对一些常用的、方便录入的符号或标准键盘上可以录入的符号进行了编码。

2）遇到没有速录编码的符号，可以在排版时再从文字系统中插入。

3）速录过程中遇到无法录入的符号时，必须用文字做必要的说明，以作后期录入提示。

【拓展训练】

在速录系统中不能进行公式的编辑，现场记录时，需要先使用一些符号代替录入，事后再排版编辑。这就要用到亚伟中文速录机的符号录入功能。试着录入下面的内容(不要求编辑公式)。

cos(2α)=cos^2(α)-sin^2(α)=2cos^2(α)-1=1-2sin^2(α)

tan(2α)=2tanα/[1-tan^2(α)]

【学习评价】

填写学习评价表，如表 2-1-6 所示。

表 2-1-6 学习评价表

考核知识点	考核标准	分值	自评分	小组评分	综合得分
符号的识别	能够说出 10 种以上速录机可录入的符号	50			
符号的录入	能够把所有速录机可录入的符号进行正确录入	50			
总分		100			
教师指导意见					

任务二 手稿速录训练

【训练目标】

1）能够达到 90 字/分左右的录入速度。
2）能够独立完成手稿录入任务。
3）掌握常用校对符号的用法。

一、手稿看打录入

先通过练习看打录入文字的方式，加强速录键位熟练程度；再通过一篇短文进行小测试，巩固速录操作技能；最后完成一项与实际工作内容贴近的手稿录入任务。学生可以更好地掌握手稿速录。

【训练情景】

小文出色地完成了之前的印刷稿录入工作，对速录这项技能爱不释手。接下来小文打算开始挑战手稿速录的看打录入学习。

【训练步骤】

根据训练材料要求完成看打录入。

方法 1：以准确率为前提，不考虑录入速度。

方法 2：在规定时间内完成录入后，可继续反复练习，做到既准又快。

（一）看打录入练习

下面这篇短文共 774 个字。首先要求读准，然后通过用亚伟码反复规范地看打，要求在 8 分 36 秒内完成看打录入（90 字/分），并且准确率达 95%以上。

明确当代大学生的成才目标

成为 德智体美 全面发展的社会主义事业的建设者和接班人，是历史发展对大学生的必然要求，是党和人民的殷切期望，也是大学生需要确立的成才目标。

德是人才素质的灵魂。在今天改革开放和发展社会主义市场经济的新形势下，德在青年人成长成才的过程中发挥着越来越突出的作用。同学们应当学习和坚信社会主义核心价值体系，牢固树立社会主义荣辱观，以理想信念为核心，以爱国主义为重点，以公民基本道德规范和遵纪守法观念为基础，以全面发展为目标，自觉接受社会主义思想道德教育和法制教育，促进思想道德素质、科学文化素质和健康素质协调发展。

智是人才素质的基础。智是大学生从事社会主义现代化建设的实际本领，是能否成为对国家、对人民有用的人才的重要 基础。在智育方面，同学们需要 努力掌握科学文化知识，掌握本专业比较系统扎实的基础理论和应用技能，不断拓展自己的知识领域，提高人文素质和科学素质，培养解决理论和实际问题的能力，培养创新能力、实践能力和创业精神。

体是人才素质的条件。健康的体魄是大学生为祖国为人民服务的基本条件，是中华民族旺盛生命力的体现。在体育方面，同学们要了解体育运动的基本知识，掌握科学锻炼身体的基本技能，积极参加体育锻炼，养成锻炼身体的良好习惯。身体健康，才能胜任今天的学习任务和明天的工作职责。

美是人才素质的重要内容。美育不仅能陶冶情操、提高素养，而且有助于开发智力，对于 促进大学生全面发展具有不可替代的作用。在美育方面，同学们需要 提高文化艺术素养，认清什么是美、什么是丑，养成良好的审美观念，加强审美修养，不断提高审美水平。

大学培养目标所要求的德智体美方面的素质是相互联系、相互制约的统一体。大学生的全面发展，就是 德智体美的全面发展，是思想道德素质、科学文化素质和健康素质的全面提高。当代大学生应努力成长为主动发展、健康发展、和谐发展的一代新人。

（资料来源：唐可亮，2013. 亚伟中文速录培训教程[M]. 北京：中国劳动社会保障出版社.）

录入技巧

1）联词消字：德（国）、智（者）、育（人）、美（丽）、丑（恶）。

2）单音词需特定的：党（W:DNO）、者（W:ZE）、的（X:D）、以（X:I）。

3）可自动捆绑的：接班人、青年人、生命力、不仅能、有助于、统一体、一代新人。

（二）看打录入小测试

下面这篇短文共611个字。首先要求读准，然后通过用亚伟码反复规范地看打，要求在6分42秒内完成看打录入（90字/分），并且准确率达95%以上。

在法治实践中持续提升公民法治素养。注重公民法治习惯的实践养成，促进 人民群众广泛参与法治，用科学立法、严格执法、公正司法的实践教育人民，推动全民守法。坚持科学立法，推进党的领导入法入规，把党的主张依照法定程序转化为国家意志，把社会主义核心价值观融入法律法规的立改废释全过程，使法律法规、司法解释等更好体现国家价值目标、社会价值取向和公民价值准则，以良法保障善治。坚持严格执法，强化严格规范公正文明执法意识，促进提高依法行政能力和水平。坚持公正司法，健全公正高效权威的司法制度，促进司法文明，努力让人民群众在每一个司法案件中感受到公平正义。坚持全民守法，让依法工作 生活真正成为一种习惯，任何组织和个人都不得有超越宪法法律的特权。加大全民普法力度，在针对性和实效性上下功夫，落实“谁执法谁普法”普法责任制，加强以案普法、以案释法，发挥典型案例引领法治风尚、塑造社会主义核心价值观的积极作用，不断提升全体公民法治意识和法治素养。广泛开展民法典普法工作，让民法典走到群众身边、走进群众心里，大力弘扬平等自愿、诚实信用等法治精神，教育引导公民正确行使权利、积极履行义务。强化依法治理，从人民群众反映强烈的问题改起、从细节抓起、从小事做起，积极引导公民在日常生活中 遵守交通规则、做好垃圾分类、杜绝餐饮浪费、革除滥食野生动物陋习等，培养规则意识，培育良好法治环境。在法治轨道上应对突发事件，依法加强应急管理，引导全社会依法行动、依法办事。

（资料来源：中共中央办公厅 国务院办公厅印发《关于加强社会主义法治文化建设的意见》[EB/OL].(2021-04-05)[2021-05-01]. http://www.chinanews.com/gn/2021/04-05/9448218.shtml.）

录入技巧

1）联词消字：入（门）、规（定）、（解）释、改（变）、起（来）。

2）单音词需特定的：等（X:DNE）、 在（X:DZIO）、以（X:I）、案（W:AN）、做（W:DZO）。

3）须分开单击的：改起、抓起。

4）可自动捆绑的：诚实信用。

5）须在提示行进行选词的：执法（2）、守法（2）、意识（2）、下功夫（2）、引领（2）、法典（2）、自愿（2）、行使（4）、革除（2）。

6）可以造词的：立改废释、良法、善治、滥食。

知识链接

汉字笔画名称如图 2-2-1 所示。

笔画	名称	例字	笔画	名称	例字
、	点（diǎn）	广	㇖	横 钩 (héng gōu)	写
一	横(héng)	王	㇆	横 折 钩 (héng zhé gōu)	月
丨	竖(shù)	巾	㇈	横 折 弯 钩 (héng zhé wān gōu)	九
㇒	撇(piě)	白	㇌	横 撇 弯 钩 (héng piě wān gōu)	那
㇏	捺(nà)	八	㇡	横折折折钩 (héng zhé zhé zhé gōu)	奶
㇀	提(tí)	打	㇉	竖 折 折 钩 (shù zhé zhé gōu)	与
㇛	撇 点 (piě diǎn)	巡	㇄	竖 弯 (shù wān)	四
㇙	竖 提 (shù tí)	农	㇍	横 折 弯 (héng zhé wān)	沿
㇊	横折提 (héng zhé tí)	论	㇕	横 折 (héng zhé)	口
㇁	弯 钩 (wān gōu)	承	㇗	竖 折 (shù zhé)	山
㇚	竖 钩 (shù gōu)	小	㇜	撇 折 (piě zhé)	云
㇟	竖弯钩 (shù wān gōu)	屯	㇇	横 撇 (héng piě)	水
㇂	斜 钩 (xié gōu)	浅	㇋	横折折撇 (héng zhé zhé piě)	建
㇃	卧 钩 (wò gōu)	心		竖 折 撇 (shù zhé piě)	专

图 2-2-1　汉字笔画名称

"忄"先写点和点，最后写竖。

"匕"先写撇，后写竖弯钩。

"万"先写横，再写横折钩，后写撇。

"母"字的最后三笔是点、横、点。

"及"先写撇，再写横折折撇，后写捺。

"乃"先写横折折撇，再写撇。这个字和"及"字形相近，但笔顺完全不同。

"火"先写上面两笔，即点和撇，再写人字。

"登"的右上角先写两撇，再写捺。

"减"先写左边的点和提，再写右半部分的"咸"字。

"爽"先写横，再从左到右写四个"×"，最后写"人"。

"讯"右半部分的笔顺是横斜钩（不是横折弯钩）、横、竖（不是撇）。

"凸"第一笔先写左边的竖，接着写短横和竖，然后写横折折折，最后写下边的长横。

"凹"第一笔先写左边的竖，接着写横竖折折，然后写竖和横折，最后写下边的长横。

"出"先写竖折，然后写短竖，再写中间从上到下的长竖，最后是竖折和短竖。

"贯"上边是先写竖折，再写横折，第三笔写里面的竖，最后写长横。

"重"上面的撇和横写后，紧接着写日，再写竖，最后写下面两横（上短下长）。

"脊"字上边的笔顺是先写左边的点和提，再写右边的撇和点，最后写中间的人。

"义"先写点，再写撇和捺。点在上边或左上边的要先写，如"门、斗"等；点在右边或字里面的要后写，如"玉、瓦"等。

"匚"形字，先写"匚"上面的横，然后写"匚"里面的部分，最后才写"匚"最后的折，例如"匹、区、臣、匠、匣、匿"等。

"敝"的左边先写上部的点、撇，接着写左下角的竖、横折钩，然后写中间的长竖，最后写里面的撇、点。这些字还有"弊""蹩""憋""鳖"等。"噩"字的横、竖写后，接着写上边的左右两个"口"，再写中间的横和横下的两个"口"，最后写下面的长横。这样写符合从上到下、先中间后两边的规则，与"王"字的笔顺不同。

【拓展训练】

教师找一些手写材料让学生进行看打录入整理，或者从网页上找一些手写文稿资料供学生学习、整理录入。

【学习评价】

填写学习评价表，如表 2-2-1 所示。

表 2-2-1 学习评价表

考核知识点	考核标准	分值	自评分	小组评分	综合得分
看打练习	录入技巧掌握情况	20			
	短文完成情况	20			
看打小测试	录入技巧掌握情况	20			
	短文完成情况	20			
拓展训练	任务完成情况	20			
总分		100			
教师指导意见					

二、手写文稿的识别与整理

在日常信息录入整理过程中，除标准印刷稿件的录入整理外，还会出现一些手工校对稿或直接手写文稿需要识别后整理录入。此时我们需要清楚常用校对符号的使用和手写文稿录入的相关速录流程等，并能够在整理过程中熟练运用速录技巧，从而更优质地完成任务。

【训练情景】

公司为更好地服务顾客，公开征求顾客意见，对商场进行改造升级。顾客将写好的意见放入意见箱中，小文负责将顾客的意见整理成电子文稿后提交给领导审阅。

【训练步骤】

1）连接好设备并确认速录机可以正常上屏录入。

2）设置好相关保存路径和文件名称。

3）一切准备就绪后将手写稿找出来，部分展示如图 2-2-2～图 2-2-6 所示。

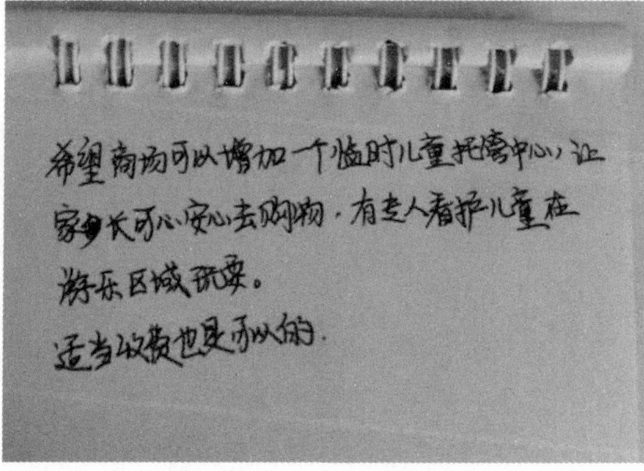

图 2-2-2 手写记事（1）

商场如果可以的话，建议多多组织各大品牌在相应的节日或者年季之类的，联合参加商场的特卖会，多给我们顾客带来一些优惠，更多选择消费。

图 2-2-3　手写记事（2）

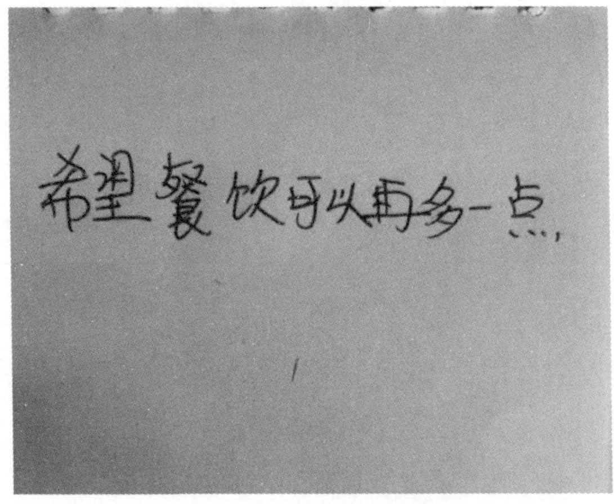

图 2-2-4　手写记事（3）

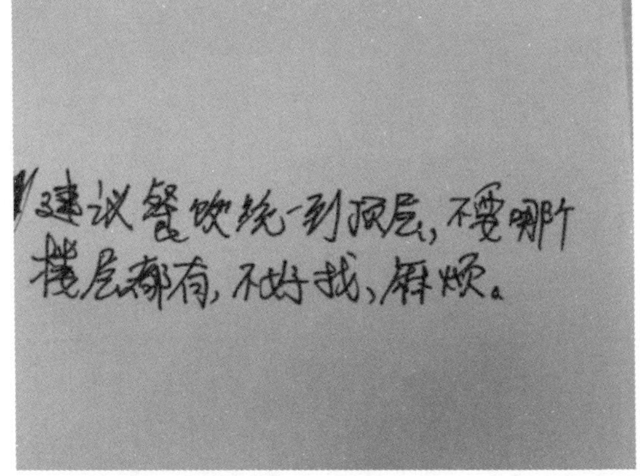

图 2-2-5　手写记事（4）

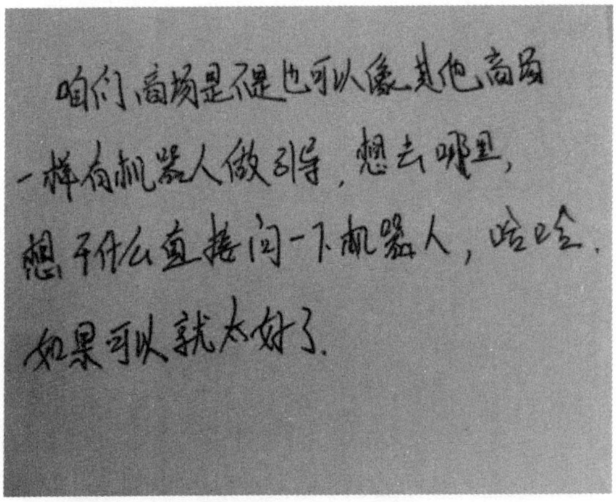

咱们商场是不是也可以像其他商场
一样有机器人做引导，想去哪里，
想干什么直接问一下机器人，哈哈。
如果可以就太好了。

图 2-2-6　手写记事（5）

4）开始录入并根据领导的要求进行相关整理。

5）全部录入完成后，对照原稿校对；按照一般规范文本格式排版并保存，如图 2-2-7 所示。

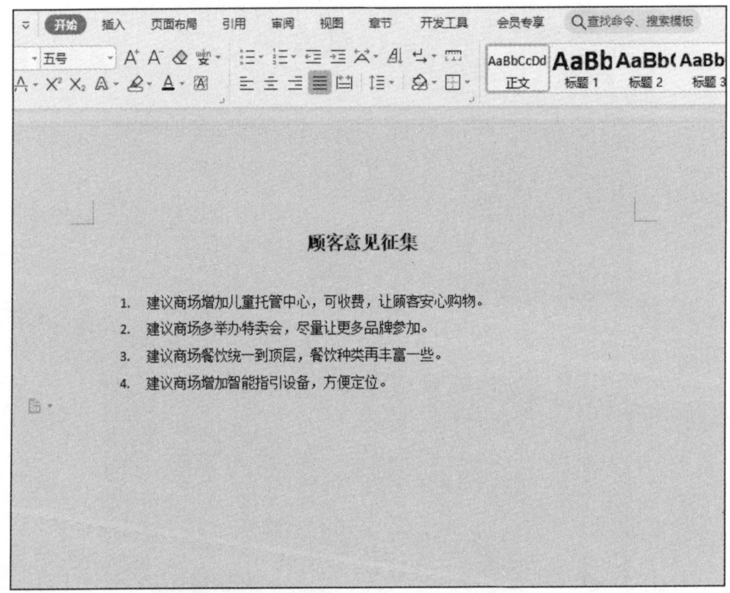

开始
插入
页面布局
引用
审阅
视图
章节
开发工具
会员专享
查找命令、搜索模板
五号
AaBbCcDd
正文
AaBb
标题 1
AaBb(
标题 2
AaBb
标题 3
顾客意见征集
1. 建议商场增加儿童托管中心，可收费，让顾客安心购物。
2. 建议商场多举办特卖会，尽量让更多品牌参加。
3. 建议商场餐饮统一到顶层，餐饮种类再丰富一些。
4. 建议商场增加智能指引设备，方便定位。

图 2-2-7　任务完成后屏幕截图

知识链接

手写文稿的识别与录入方法

1）手写文稿有时比较潦草，因此速录员应具备识别行书、草书及不规范简化字的能力。一个人所写的文字通常都有一定的规律性，仔细辨认和琢磨就能发现其中的

特点，便可以正确地识别其中大部分的文字，个别立马识别不出来的文字可以在校对时补上。

2）录入手写稿件时，手写稿中的逗号和句号有时候不太容易区分，录入时需要斟酌前后语义，正确断句。

3）录入手写稿时，遇到不认识或不确定的字或词，应做标记，如在相应位置以“*”作为标志。

4）录入有格式的文稿时，可以先不考虑格式要求，只录入文字。录入完成后，在专业排版软件中进行格式调整。

5）如果手工校对后的手写文稿识别起来非常困难且比较容易出错，可以在仔细阅读后录入，这样相对容易操作。

【拓展训练】

每位同学根据近期学习速录课程的情况写一篇心得体会。要求用作文纸手写，字数不少于300字。完成后同学间交换纸质文稿，并用速录机将手写稿录入整理成电子稿，然后提交老师。

**【学习评价】**

填写学习评价表，如表2-2-2所示。

表2-2-2 学习评价表

考核知识点	考核标准	分值	自评分	小组评分	综合得分
手写稿的识别	正确说出手写稿识别的方法	25			
	准确朗读拓展训练中手写稿的内容	25			
手写稿的录入	正确说出手写稿录入的方法	25			
	准确录入拓展训练中同学的手写稿的内容	25			
总分		100			
教师指导意见					

三、常用校对符号的用法

在日常信息录入整理过程中，尤其是为上级起草文稿的过程中，领导常常会要求打印出来，通过手写方式进行批改后重新整理打印，需要我们对手工校对稿的内容进行识别并整理录入。因此，我们要清楚常用校对符号的使用，以准确理解领导的意图顺利完成任务。

【训练情景】

小文在整理顾客意见稿时，发现有一位顾客所写内容中用到了一些校对符号。小文马上意识到，在手稿录入中，能够正确识别常用校对符号也是非常关键的。她马上翻阅学校的学习资料，找到了相关国家标准。

【训练步骤】

掌握常用校对符号的用法。

方法 1：根据本书的示例了解几种校对符号。

方法 2：准备一篇文字材料并实际动手用一用这些校对符号。

常用校对符号如表 2-2-3 所示。

表 2-2-3　常用校对符号

编号	符号形态	符号作用	符号在文中和页边用法示例	说明
一、字符的改动				
1		改正	增高出版物质量。提 改革开方 放	改正的字符较多，圈起来有困难时，可用线在页边画清改正的范围，必须更换的损、坏、污字也用改正符号画出
2		删除	提高出版物物质质量。	
3		增补	要搞好校工作。对	增补的字符较多，圈起来有困难时，可用线在页边画清增补的范围
4		改正上下角	16=42 2 H₂SO4 4 尼古拉 费欣 · 0.25+0.25=05 . 举例 2×3=6 ： X Y=1∶2 ：	
二、字符方向位置的移动				
5		转正	字符颠倒要转正	
6		对调	认真经验总结。 认真验结经总。	用于相邻的字词 用于隔开的字词
7		接排	要重视校对工作， 提高出版物质量	
8		另起段	完成了任务。明年……	

续表

编号	符号形态	符号作用	符号在文中和页边用法示例	说明
9		转移	校对工作，提高出版物质量要重视。 ”。以上引文均见中文新版《列宁全集》 编者 年 月 …… 各位编委：	用于行间附近的转移 用于相邻行首末衔接字符的推移 用于相邻行首末衔接行段的推移
10	或	上下移	序号 名称 数量 01 显微镜	字符上移到缺口左右水平线处 字符下移到箭头所指的短线处
11	或	左右移	要重视校对工作，提高出版物质量。 3 4 5 6 5 欢呼 歌 唱	字符左移到箭头所指的短线处 字符左移到缺口上下垂直线处 符号画得太小时，要在页边重标
12		排齐	校对工作非常重要 必须提高印刷质量，缩短印刷周期。 国家标准	
13		排阶梯形	RH_2	
14		正图		符号横线表示水平位置，竖线表示垂直位置，箭头表示上方
			三、字符间空距的改动	
15	∨ >	加大空距	一、校对程序 校对胶印读物、影印书刊的注意事项：	表示在一定范围内适当加大空距 横式文字画在字头和行头之间
16	∧ <	减小空距	二、校对程序 校对胶印读物、影印书刊的注意事项：	表示不空或在一定范围内适当减小空距 横式文字画在字头和行头之间
17	# ǂ ≢ ≣	空 1 字距 空 1/2 字距 空 1/3 字距 空 1/4 字距	第一章校对职责和方法 1. 责任校对	多个空距相同的，可用引线连出，只标示一个符号
18	Y	分开	Good morning!	用于外文

续表

编号	符号形态	符号作用	符号在文中和页边用法示例	说明
四、其他				
19	△	保留	认真搞好校对工作。	除在原删除的字符下画△外，还要在原删除符号上画两竖线
20	○=	代替	○色的程度不同，从浅○色到深○色具有多种层次，如天○色、湖○色、海○色、宝○色…… ○= 蓝	同页内有两个或多个相同的字符需要改正的，可用符号代替，并在页边注明
21	○○○	说明	改黑体 第一章 校对的职责	说明或指令性文字不要圈起来，在其字下画圈，表示不作为改正的文字，如说明文字较多，可在首末各三字下画圈

校对符号的使用要求如下。

1）校对校样，必须用色笔（墨水笔、圆珠笔等）书写校对符号和示意改正的字符，但是不能用铅笔书写。

2）校样上改正的字符要书写清楚。校改外文，要用印刷体。

3）校样中的校对引线要从行间画出。墨色相同的校对引线不可交叉。

校对符号应用实例如图 2-2-8 所示。

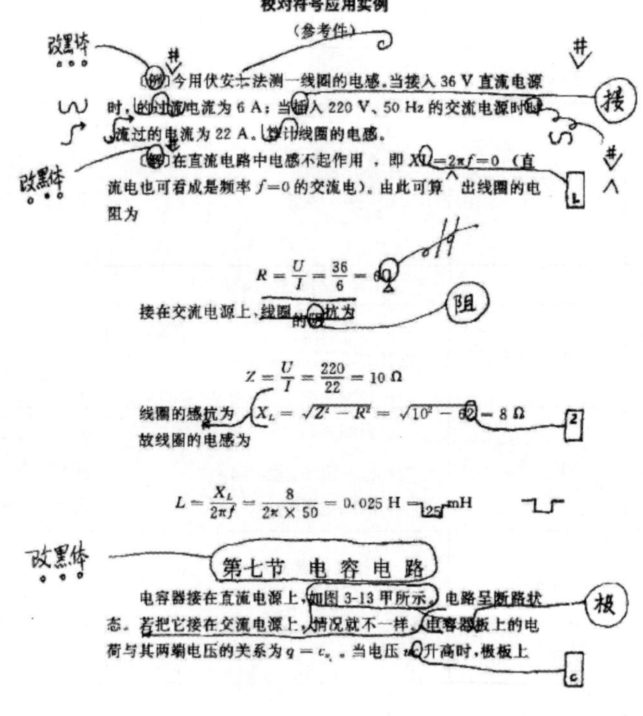

校对符号应用实例

（参考件）

（例）今用伏安表法测一线圈的电感。当接入 36 V 直流电源时，[illegible]电流为 6 A；当[illegible]入 220 V、50 Hz 的交流电源时[illegible]流过的电流为 22 A。[illegible]线圈的电感。

（解）在直流电路中电感不起作用，即 $X_L=2\pi f=0$（直流电也可看成是频率 $f=0$ 的交流电）。由此可算出线圈的电阻为

$$R=\frac{U}{I}=\frac{36}{6}=6\Omega$$

接在交流电源上，线圈的[illegible]抗为

$$Z=\frac{U}{I}=\frac{220}{22}=10\ \Omega$$

线圈的感抗为 $X_L=\sqrt{Z^2-R^2}=\sqrt{10^2-6^2}=8\ \Omega$

故线圈的电感为

$$L=\frac{X_L}{2\pi f}=\frac{8}{2\pi\times 50}=0.025\ \text{H}=25\ \text{mH}$$

第七节 电容电路

电容器接在直流电源上，如图 3-13 甲所示，电路呈断路状态。若把它接在交流电源上，情况就不一样。电容器[illegible]板上的电荷与其两端电压的关系为 $q=c_u$。当电压 u 升高时，极板上

图 2-2-8 校对符号应用实例

【拓展训练】

教师安排学生各自找一段约 1000 字的文字，保存好作为原稿。让学生在自己找的那段文字中“设计”一些错误，大约 30 处，打印出来。同学间互相交换这些有错误的录入稿，在 3 分钟内应用正确的校对符号把其中的错误修改过来。最后互相评判，看看漏掉了哪些错误，总结一下，为什么这些错误容易被忽略。

【学习评价】

填写学习评价表，如表 2-2-4 所示。

表 2-2-4 学习评价表

考核知识点	考核标准	分值	自评分	小组评分	综合得分
校对符号	能够正确识别和使用校对符号	50			
符号校对	找到校对符号对应的内容，按照校对符号进行整理	50			
总分		100			
教师指导意见					

任务三 数据速录训练

【训练目标】

1）掌握阿拉伯数字及数学符号的键位并熟练运用。
2）掌握拉丁字母的键位并熟练运用。
3）掌握数据信息录入训练的方法，提高工作效率。
4）能够对数据类文章达到 100 字/分左右的录入速度。

一、阿拉伯数字及数学符号的速录编码

阿拉伯数字及数学符号键盘实际上就是亚伟中文速录机的专用键盘。只是原大写拉丁字母键位码改换成阿拉伯数字（右边）和数学符号（左边）码。其中右边的 X 码为空格，左边的 X 码未单独定义功能；“.”码是小数点。

【训练情景】

小文发现通过不断学习速录课程，她的工作效率越来越高，也越来越喜欢亚伟中文速录机，今天又开始了数字和数学符号的学习。

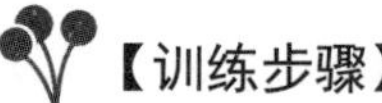

【训练步骤】

熟练录入阿拉伯数字和数学符号。

方法 1：对应阿拉伯数字及数学符号键盘图，了解阿拉伯数字及数学符号分布键位。

方法 2：操作速录机对一系列的阿拉伯数字及数学符号进行录入。

（一）阿拉伯数字及数学符号键盘的转换与操作

阿拉伯数字及数学符号键盘如图 2-3-1 所示。

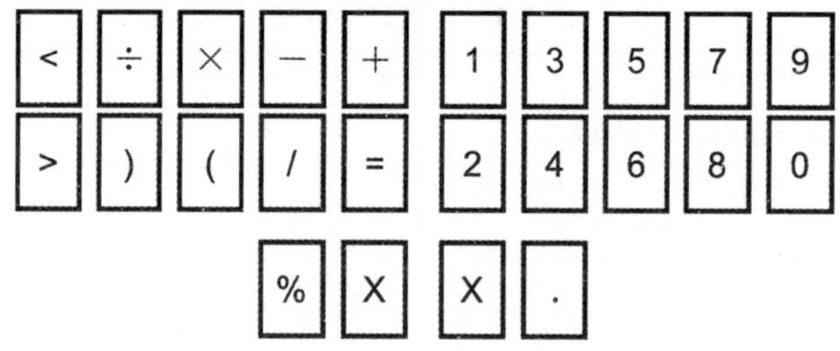

图 2-3-1　阿拉伯数字及数学符号键盘

1）左手击转换阿拉伯数字标志功能码 XN（拇指、无名指并击），右手同时击阿拉伯数字或小数点或空格，屏幕即显示阿拉伯数字或小数点或空格。双手并击后，抬手即恢复为亚伟码键盘。

2）右手击转换数学符号标志功能码 XN（拇指、无名指并击），左边按键部分即转换为数学符号键盘；同时左手击某个数学符号，屏幕即能显示相应的数学符号。双手并击后，抬手即恢复为亚伟码键盘。

（二）阿拉伯数字及数学符号的使用技巧

1）连续录入阿拉伯数字或数学符号时，为了简化操作，左手或右手可以按住 XN 键不松开，直至连续录入完成。一般根据个人习惯加以选择，一旦确定一种方式，须坚持使用，否则会影响速录的速度和准确率。

2）涉及录入百分数，需要频繁切换左右手 XN 标志功能码时，双手要协调，切换要流畅，保证所有键位都完全抬起来后再做下一次击键动作，避免符号中夹杂出现中文文字，如“恩”“不”等。

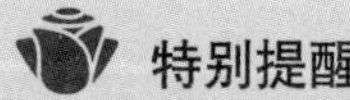

特别提醒

1）本课中的符号在录入时，指法应严格按手指的分工操作。

2）阿拉伯数字键位是从“1”到“0”按键位码的顺序排列的，正好第一横排为奇数，第二横排为偶数，方便记忆。

【拓展训练】

1）小组成员之间进行阿拉伯数字录入比赛，计时 5 分钟，开始进行录入，统计 5 分钟后哪组成员录入数字最多。

2）请学生思考工作状态中可能会出现的几种数字形式，并根据该形式展开练习录入。

【学习评价】

填写学习评价表，如表 2-3-1 所示。

表 2-3-1 学习评价表

考核知识点	考核标准	分值	自评分	小组评分	综合得分
阿拉伯数字	对应速录机准确说出各数字的位置	25			
	准确录入 0～9 这 10 个数字	25			
数学符号	对应速录机准确说出各数学符号位置	25			
	准确录入百分数	25			
总分		100			
教师指导意见					

二、拉丁字母的速录编码

亚伟中文速录机的速录对象虽然主要是中文，但是面对当代汉语语言的发展情况，有必要也具有速录拉丁字母的功能。这里录入的拉丁字母是指在汉字中夹用的，如“O2O 模式”“500K 内存”“CEO 首席执行官”“IP 地址”等。

【训练情景】

小文在掌握了阿拉伯数字及数学符号的速录编码后，又意识到自己在工作当中还经常接触一些英文的录入，小文又赶快找到拉丁字母速录编码课程进行学习。

【训练步骤】

熟练录入拉丁字母。

方法 1：对应拉丁字母速录编码表，了解拉丁字母速录码的设定规律。

方法 2：操作速录机对 26 个拉丁字母进行大小写区分录入。

（一）拉丁字母的速录编码

拉丁字母编码的规律基本上是以对应拉丁字母所代表的声码或韵码的速录码为准，并进行了个别的调整。

左手击 XU，右手同时并击下表中的亚伟码，屏幕显示相应的大写拉丁字母。这时双手离开码位即恢复为中文键盘。大写拉丁字母标志功能码如表 2-3-2 所示。

如果要输入拉丁小写字母，可用左手击 XUE，右手同时并击下表中的亚伟码，屏幕即显示小写拉丁字母。小写拉丁字母标志功能码示例如表 2-3-3 所示。

表 2-3-2　大写拉丁字母标志功能码

双手并击		屏幕显示	双手并击		屏幕显示	双手并击		屏幕显示
左手	右手		左手	右手		左手	右手	
XU	A	A	XU	GI	J	XU	XZ	S
XU	B	B	XU	XBG	K	XU	BD	T
XU	BZ	C	XU	XD	L	XU	U	U
XU	D	D	XU	XB	M	XU	UE	V
XU	E	E	XU	N	N	XU	W	W
XU	XBU	F	XU	O	O	XU	XI	X
XU	G	G	XU	BG	P	XU	IA	Y
XU	XG	H	XU	XGI	Q	XU	Z	Z
XU	I	I	XU	XBZ	R			

表 2-3-3　小写拉丁字母标志功能码示例

双手并击		屏幕显示
左手	右手	
XUE	A	a

（二）拉丁字母的使用技巧

1）连续录入夹杂拉丁字母类词语时，左手 XU/XUE 标志功能码与右手对应字母亚伟码按键动作应保持同步，以保证双手协调，准确快速切换。

2）若涉及大段、整篇的纯英文文章录入，则用标准键盘或外文专用速录机更为方便。

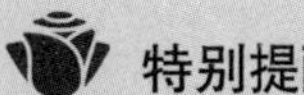

特别提醒

1）拉丁字母主要用于拼写讲话中出现的英文。亚伟中文速录软件 6.0 版本当中设计了英文词库，可以联想的方式录入词库中收录的单词。需要加强常用英文单词及缩写的学习，避免出错。

2）亚伟中文速录系统内置了录入汉语拼音的功能，方法为音节码-WUEO-:X（空格）或 XAN:X（强制上屏）。

3）亚伟外挂系统设置了录入亚伟码功能，使用双手并击 XW:XW 并作为开启和关闭该功能的开关。功能开启时，在速录机上的任何操作都直接以亚伟码方式上屏，每一击的亚伟码单独占一行。

知识链接

随着社会的发展，生活的变化，语言作为人们思想和情感交流的工具，无时无刻发生着广泛而多样性的变化。在日常生活及工作中经常出现英文词汇或缩写，速录员要想出色地胜任自己的工作，就应该在实践中不断地学习、发现和积累这方面的知识。

部分常用英语词汇及缩写如表 2-3-4 所示。

表 2-3-4　部分常用英语词汇及缩写

序号	英文缩写	英语词汇	汉语释义
1	CEO	chief executive officer	首席执行官
2	INV	invoice	发票
3	DIY	do it yourself	自己动手
4	DNA	deoxyribonucleic acid	脱氧核糖核酸
5	GDP	gross domestic product	国内生产总值
6	GNP	gross national product	国民生产总值
7	GPS	global positioning system	全球定位系统
8	ID	identity	身份
9	ICU	intensive care unit	重症监护治疗病房
10	IP	internet protocol	网络之间互联协议
11	IQ	intelligence quotient	智商
12	ISO	International Organization for Standardization	国家标准化组织
13	KB	kilobyte	千字节
14	km/h	kilometres per hour	千米/时
15	KTV	karaoke television	演艺或餐饮场所的卡拉 OK 包厢
16	PC	personal computer	个人计算机
17	pm	post meridiem	下午
18	am	ante meridiem	上午
19	TV	television	电视，也用在电视台的台标中
20	UNO	United Nations Organization	联合国组织

【拓展训练】

小组成员之间进行拉丁字母录入比赛，计时5～10分钟，统计哪些学生录入次数最多，准确率最高。

【学习评价】

填写学习评价表，如表2-3-5所示。

表2-3-5　学习评价表

考核知识点	考核标准	分值	自评分	小组评分	综合得分
拉丁字母速录编码	对应速录机准确说出各字母键位	25			
	准确录入26个大写英文字母	25			
	准确录入26个小写英文字母	25			
拉丁字母使用技巧	准确录入10个常用的英文缩写词汇	25			
总分		100			
教师指导意见					

三、数据信息录入的训练方法

在所有录入整理工作中，数据信息的录入的准确性非常关键。数字录入一个“0”的差距可能会对企业造成难以想象的巨大损失，所以作为相关速录人员，一定要掌握数据信息录入的训练方法。不仅要做到快，更要做到准。

【训练情景】

小文很快地掌握了数字、字母的录入方法，但是在练习的过程当中经常出错，小文很苦恼，毕竟数据的录入在工作当中非常关键，准确率尤其重要。小文迅速向速录老师求教。

**【训练步骤】**

数字训练可采用多种不同形式进行录入，由易到难。不可求快，一定要在保证准确的前提下，不厌其烦地反复训练，才能不断提高双手的协调性和录入的熟练度，最终达到既快又准的录入效果。以下训练为看打训练。熟练后，在听打过程中便可以运用自如。

1）按照“1，2，3，4，5……100”的形式进行录入。训练时一定要添加符号，以打乱双手录入纯数字状态，强迫双手每一次录入都重新进行协调从而准确录入。符号可用点、逗号、句号、冒号、顿号，甚至前后双引号或括号。一般建议先做100以内的数字的训练，熟练后可适当做 1000 以内的数字的训练。在训练中追求绝对准确，一定不要求快。相同的训练，每一次需要记录完成的时间做参照，切不可给自己设定一次比一次快的目标。随着训练次数的增加，用时会逐渐减少。

2）按照“1.1，1.2，1.3，1.4，1.5……”的形式进行录入，训练同样要用标点符号将每一组数字分开。在纯数字的基础上增加“.”的录入，训练小数录入的准确性和速度。训练方法参照本训练步骤 1）中的介绍即可。

3）按照“0.01%，0.02%，0.03%，0.04%，0.05%……”的形式进行录入，要求用标点符号将每一组百分数分开。要循序渐进，从整数开始，再到小数，不可盲目增加难度。这一训练，添加了“%”，在实际录入过程中双手按 XN 需要来回切换，充分训练了双手的协调性。训练方法参照本训练步骤 1）中的介绍即可。

4）对于“2/5，1/6，3/4，3/7”这类形式的分数录入，主要出现在看打中。在听打过程中建议尽量采用数字和汉字混合如“12 分之 5”或纯汉字如“十二分之五”等形式，使文字和声音的先后次序保持相同，不容易出错。

5）对于“8>5，13<25，(1+2)×(8÷2)+5−3=14”这些记录过程中相对比较少用的数据形式来说，训练也是有必要的，训练时长可适当减少。训练方法：建议随即写出一些数学算式，进行反复录入训练，加强对数学运算符号录入的熟练程度。

6）对于“100 步”“89 亩”“78 尺”“12 只”这类数字与量词一起录入的数据信息，也需要快速切换数字键盘录入与文字键盘录入，双手协调性同样很关键。不但数字要快捷准确地录入，而且文字要准确无误。训练方法：建议搜集大量数据型文章或相关类型统计表格，反复挑选内容中的这类形式数据进行练习训练，提高录入速度。

特别提醒

1）如果想学习在 Excel 表格中数据信息录入的技巧，那么可以进行专门的 Excel 相关知识学习。本节内容主要讲解提升速录机录入数据信息的速度，可辅助提高工作效率。

2）在数据信息录入的过程中，对于出现频率极高的数据，为了保证其录入的准确性，可以采用查找替换的方法，使用另外的字符代替，此字符不能与文件中其他字符重复，最后替换字符为数据信息即可。

3）在数据信息录入的过程中，最终的核准很关键，一定确认录入准确无误。

【拓展训练】

学生搜索或介绍一些第三方打字训练软件，或设计一些有趣的游戏，与其他学生分享与交流数据录入练习的方法。

【学习评价】

填写学习评价表，如表 2-3-6 所示。

表 2-3-6　学习评价表

考核知识点	考核标准	分值	自评分	小组评分	综合得分
数据信息录入	熟练并准确完成 1～100 序列数字的录入	35			
	熟练并准确完成带小数点的编号的序列的录入	30			
	正确录入数字与汉字混合的内容	25			
	正确录入分数、算式等内容	10			
总分		100			
教师指导意见					

四、数据看打录入

先通过练习看打录入数据类短文的方式，熟练文字与数据的切换录入方式；再通过一篇数据类短文进行小测试，最后完成一项与实际工作内容贴近的数据录入任务。学生可以更好地掌握数据速录。

【训练情景】

小文经过老师的点拨，终于掌握了数据速录的训练方法，经过一段时间的练习后，小文决定挑战数据类型文章的看打录入。

【训练步骤】

根据训练材料要求完成速录任务。

方法 1：将训练材料中包含相关数据信息的内容单独反复录入，注意指法的正确和录入结果的准确，不考虑录入速度。

方法 2：分句、分段练习，逐渐适应数据信息录入与汉字录入之间的切换。

（一）看打录入练习

下面这篇短文共 665 个字。首先要求读准，然后通过用亚伟码反复规范地看打，要求在 6 分 40 秒内完成看打录入（100 字/分），并且准确率达 95%以上。

CPI 负增长，利于减轻民生压力

物价回归合理乃至相对的较低水平，既可以直接减轻居民消费压力，也可以为保民生筑牢基础。

国家统计局 12 月 9 日公布数据，2020 年 11 月份，全国居民消费价格同比下降 0.5%，环比下降 0.6%。据测算，在 11 月份 0.5%的同比降幅中，去年价格变动的翘尾影响约为 0，新涨价影响约为-0.5 个百分点。梳理发现，这是有数据以来，CPI 同比涨幅第四次进入负增长区间。

作为重要的宏观经济指标，CPI 时隔 11 年再现负增长，是一个值得关注的现象，也将为后续货币政策的调整提供重要的参考依据。从国家统计局公布的详细数据来看，此次 CPI 下降的原因并不复杂，食品价格下降可谓是最重要的推手之一。数据显示，食品价格由 10 月上涨 2.2%转为下降 2.0%，影响 CPI 下降约 0.44 个百分点，是带动 CPI 由涨转降的主要原因。食品中，猪肉价格下降 12.5%，降幅比 10 月扩大 9.7 个百分点，影响 CPI 下降约 0.60 个百分点。可见猪肉价格下降也是影响食品价格涨幅变化的主因。

综合猪肉价格因素和核心 CPI 数据，可以说 11 月 CPI 的罕见表现，依然具有较强的周期性特征，它之于宏观经济的信号意义，或需要在更长的时间里才能得到更科学、准确的评判，但可以确定的是，居民消费价格的下降，是今年以来民生保障政策综合调控的一个结果，有助于在年底减轻民生压力。

众所周知，由于疫情，社会经济遭到冲击，民生承压。尽管随着本土疫情基本消失，经济也逐渐复苏，但对一些低收入人群来说，依然面临不小的生活压力。而 CPI 回落，预示着民众的消费压力降低，可以付出相对更低的成本来满足吃穿住行等基本的消费需求，对改善民生有着直接利好。尤其是，当前疫情阴影仍未完全消散，CPI 回落更具有格外现实的意义。

（资料来源：侯润芳，姜慧梓，2020.11 月全国 CPI 同比下降 专家称没有通缩风险[N]. 新京报，2020-12-10（A01）.）

录入技巧

1）联词消字：负（责）、既（然）、保（证）、（建）筑、牢（固）、隔（离）、约（会）、涨（价）、降（低）、它（的）、低（于）。

2）单音词需特定的：由（W:IEO）、和（X:XG）、之（X:Z）、于（X:IU）、第（W:DI）、时（W:XZ）。

3）须分开单击的：不小、更低、较强、更长。

4）可自动捆绑的：有助于、低收入。

5）须在提示行进行选词的：较低（3）、翘尾（2）、约为（2）、涨幅（2）、推手（2）、显示（2）、罕见（2）、疫情（2）。

6）可以造词的：主因、承压。

（二）看打录入小测试

下面这篇短文共 602 个字。首先要求读准，然后通过用亚伟码反复规范地看打，要求在 6 分 1 秒内完成看打录入（100 字/分），并且准确率达 95%以上。

注重防控疫情和支持市场主体发展协调并进，全力支持市场主体打赢疫情防控阻击战的同时，2020 年全年深市 IPO 公司 161 家，融资金额 1265 亿元，同比增长 96%，股票再融资公司 349 家，筹资金额（不包含优先股、可转债）4373 亿元，完成重大资产重组 78 家次，交易金额 3483 亿元。全年发行固定收益产品超 1300 只，固定收益产品融资额 1.8 万亿元，其中，地方政府债 6922 亿元、公司债券超 6600 亿元、政策性金融债 245 亿元、资产支持证券近 4700 亿元。公司债券注册制平稳运行，注册制下公募债券项目平均审核时限为 11 个交易日，较 2019 年提高 31%。推出公募短债产品，全年发行 15

只、规模230亿元。

健全信用保护工具机制，启动首批3单信用保护凭证试点，通过信用保护工具支持8家民企撬动融资67亿元；拓宽供应链金融ABS服务领域，全年发行1750亿元，支持上万家上游供应商企业融资发展。

在全球金融市场剧烈波动情形下，深市总体运行平稳，展现出较强韧性，反映了我国疫情防控的巨大成果和经济发展的光明前景，极大增强市场发展信心。主要指数涨幅全球领先，深证成指、创业板指、深证100全年分别累计上涨38.7%、65%、49.6%。其中，创业板指连续两年位居全球主要指数涨幅之首。市场交易活跃，全年深市股票成交123万亿元，全球排名第三，科技创新股票表现积极，电子、计算机、通信、医药生物等行业股票合计成交50万亿元，占深市成交额比重为41%。深市上市公司业绩逐季回升、由负转正，前三季度盈利增速同比增长7.5%，创业板公司前三季度业绩同比增长21.5%，远超市场平均水平。

（资料来源：姜楠，2021. 深证成指、创业板指等深市核心指数2020年涨幅位居全球前列[EB/OL]（2021-01-04）[2021-05-01]. http://stock.hexun.com/2021-01-04/202750659.html.）

录入技巧

1）联词消字：深（圳）、市（民）、债（务）、近（期）、单（位）、撬（锁）、首（先）、指（出）、逐（个）、季（节）。

2）单音词需特定的：和（X:XG）、再（W:DZIO）、不（X:B）、次（W:BDZ）、超（W:BZAO）、只（W:Z）、之（X:Z）。

3）须分开单独击打的：家次、较强。

4）可自动捆绑的：阻击战、优先股、可转债、注册制。

5）须在提示行进行选词的：防控（3）、疫情（2）、主体（2）、打赢（2）、重组（2）、债券（2）、公募（3）、时限（5）、启动（2）、首批（2）、民企（2）、韧性（2）、极大（1）、涨幅（2）、回升（2）、转正（2）。

6）可以造词的：短债、深证。

知识链接

后置成分双音词特定码及相关略码

在现代汉语中，有一些双音词，如“主义”“制度”“科学”等，因为它们不但是高频词，而且经常用作词或词组的后置成分，所以给这类词编订了特定码（可参看附录），其构成规则一般是词首声码+W+词尾韵码=后置成分双音词，如Z+W+I=ZWI（主义）。

以上短文中的“科学”即为后置成分双音词特定码，简称后置词，如“世界”“主义”均为后置词。

后置成分双音词的前面若带有附加成分，则可进一步略打，其构成规则一般是附加成分首音节码:后置成分略码=词或词组，如“社会主义”的略码为XZE:ZWI。

【拓展训练】

学生进行分组，各组分别进行关于数字、字母、数据信息类短文的录入比赛，最终统计三项录入比赛的单项成绩，以及小组总成绩和单项平均成绩。学生根据班级实际比赛得分情况，做出对应的 Excel 表格，并用速录机进行录入。

【学习评价】

填写学习评价表，如表 2-3-7 所示。

表 2-3-7 学习评价表

考核知识点	考核标准	分值	自评分	小组评分	综合得分
看打练习	录入技巧掌握情况	20			
	短文完成情况	20			
看打小测试	录入技巧掌握情况	20			
	短文完成情况	20			
拓展训练	任务完成情况	20			
总分		100			
教师指导意见					

任务四 档案及材料速录训练

【训练目标】

1）了解档案及材料整理的一般要求。

2）了解纸质归档文件的修整、装订、编页、装盒和排架规范。

3）能够运用速录机辅助完成材料整理工作。

一、归档材料看打录入

先通过练习看打录入文字的方式，加强速录键位熟练程度；再通过一篇短文进行小测试，巩固速录操作技能；最后完成一项与实际工作内容贴近的档案材料录入任务。学生可以更好地掌握归档材料的速录。

【训练情景】

小文的速录课程学习越来越多样化，同样也意味着小文的速录水平要不断提高，多种类型的训练必不可少。

【训练步骤】

根据训练材料要求完成速录任务。

方法 1：先以准确率为前提，不考虑录入速度。

方法 2：在规定时间内完成录入后，可继续反复练习，做到既准又快。

（一）看打录入练习

首先要求读准，然后通过用亚伟码反复规范地看打，要求在 3 分钟内完成看打录入（100 字/分），准确率达 95%以上。看打录入训练表格如表 2-4-1 所示。

表 2-4-1　看打录入训练表格

员工档案资料目录表			
姓名		所在部门	
职位名称		档案编号	
资料类别	内容		备注
入职前资料	应聘人员登记表	份　　页/份	
	新员工入职测试题	份　　页/份	
	员工简历	份　　页/份	
	面试审批表	份　　页/份	
入职资料	录用通知书	份　　页/份	
	员工个人档案表	份　　页/份	
	劳动合同	份　　页/份	
	薪资补充协议	份　　页/份	
	保密协议	份　　页/份	
	参保登记表	份　　页/份	
	身份证复印件	份　　页/份	
	照片	份　　页/份	
	户口本复印件	份　　页/份	
	原单位离职证明	份　　页/份	
	体检证明	份　　页/份	
	入职签收单	份　　页/份	
其他		份　　页/份	

特别提醒

如果在 Excel 表格中进行录入，就要在格与格之间来回跳动录入，除使用速录机光标移动外，还可以使用功能组合码 XU:BDIAO（跳）（兼容码为 XU:BDI）实现。

（二）看打录入小测试

表 2-4-2 中有 178 个字。首先要求读准，然后通过用亚伟码反复规范地看打，要求在 3 分钟内完成看打录入（100 字/分），并且准确率达 95%以上。

表 2-4-2 看打录入测试表格

序号	文件作者	文件标题	文号	文件日期	文件所在张号	备注
1	市中心某小学	学生宿舍系列管理制度的通知	〔2021〕14	2021.3.5	1～8	
2	市中心某小学	学生宿舍安全应急预案	〔2021〕15	2021.3.5	9～11	
3	市中心某小学	“标准化食堂”和“标准化宿舍创建活动实施方案”	〔2021〕36	2021.4.15	12～15	
4	市中心某小学	学生宿舍管理安全工作责任书		2021.9.2	16～17	
5	市中心某小学	关于请求验收我校创建标准化食堂和标准化宿舍的报告	〔2021〕44	2021.10.15	18～21	

【拓展训练】

教师找一段约 1600 字的档案文字材料，规定学生在 20 分钟内进行录入。录入完成后小组成员间可互相评判，观察哪位学生录入得最快最好。最后总结在档案材料录入过程中的难点。

【学习评价】

填写学习评价表，如表 2-4-3 所示。

表 2-4-3 学习评价表

考核知识点	考核标准	分值	自评分	小组评分	综合得分
看打练习	录入技巧掌握情况	20			
	短文完成情况	20			
看打小测试	录入技巧掌握情况	20			
	短文完成情况	20			
拓展训练	任务完成情况	20			
总分		100			
教师指导意见					

二、归档材料目录录入

在多数情况下，速录材料需要进行整理后作为文书档案归档保存。为此，学生需要了解《归档文件整理规则》（DA/T 22—2015），在此基础上，通过归档材料目录速录，学生可以加深对归档材料速录与整理的理解。

【训练情景】

一天，领导让小文整理一些需要归档的文件材料。小文需要按照《归档文件整理规则》的要求对归档材料目录进行速录。

【训练步骤】

根据训练材料要求完成速录任务。

方法 1：熟知《归档文件整理规则》。

方法 2：在规定时间内完成归档材料目录的录入。

（一）归档文件的编号

根据《归档文件整理规则》，归档文件应依分类方案和排列顺序编写档号。

1. 档号的结构

档号的结构宜为全宗号-档案门类代码•年度-保管期限-机构（问题）代码-件号。上、下位代码之间用“-”连接，同一级代码之间用“•”隔开，如“Z109-WS•2011-Y-BGS-0001”。

2. 档号的编制要求

全宗号：档案馆给立档单位编制的代号，用 4 位数字或者字母与数字的结合标识，按照《档号编制规则》（DA/T 13—1994）编制。

档案门类代码•年度：归档文件档案门类代码由“文书”2 位汉语拼音首字母“WS”标识。年度为文件形成年度，以 4 位阿拉伯数字标注公元纪年，如“2013”。

保管期限：保管期限分为永久、定期 30 年、定期 10 年，分别以代码“Y”“D30”“D10”标识。

机构（问题）代码：机构（问题）代码采用 3 位汉语拼音字母或阿拉伯数字标识，如办公室代码“BGS”等。归档文件未按照机构（问题）分类的，应省略机构（问题）代码。

件号：件号是单件归档文件在分类方案最低一级类目内的排列顺序号，用 4 位阿拉伯数字标识，不足 4 位的，前面用“0”补足，如“0026”。

（二）归档文件的编目

编目是指编制归档文件目录，包括序号、档号、文号、责任者、题名、日期、密级、页数、备注等项目。归档文件目录式样如图 2-4-1 所示。

归档文件目录

序号	档号	文号	责任者	题名	日期	密级	页数	备注

图 2-4-1 归档文件目录式样

1）序号：填写归档文件顺序号。

2）档号：档号按照《归档文件整理规则》中 5.4.2～5.4.3 编制。

3）文号：文件的发文字号。没有文号的，不用标识。

4）责任者：制发文件的组织或个人，即文件的发文机关或署名者。

5）题名：文件标题。没有标题、标题不规范，或者标题不能反映文件主要内容、不方便检索的，应全部或部分自拟标题，自拟内容外加方括号“[]”。

6）日期：文件的形成时间，以国际标准日期表示法标注年月日，如 19990909。

7）密级：文件密级按文件实际标注情况填写。没有密级的，不用标识。

8）页数：每一件归档文件的页面总数。文件中有图文的页面为一页。

9）备注：注释文件需说明的情况。

归档文件目录推荐由系统生成或使用电子表格进行编制。目录表格采用 A4 幅面，页面宜横向设置。

归档文件目录除保存电子版本外，还应打印并装订成册。装订成册的归档文件目录应编制封面。归档文件目录封面式样如图 2-4-2 所示。

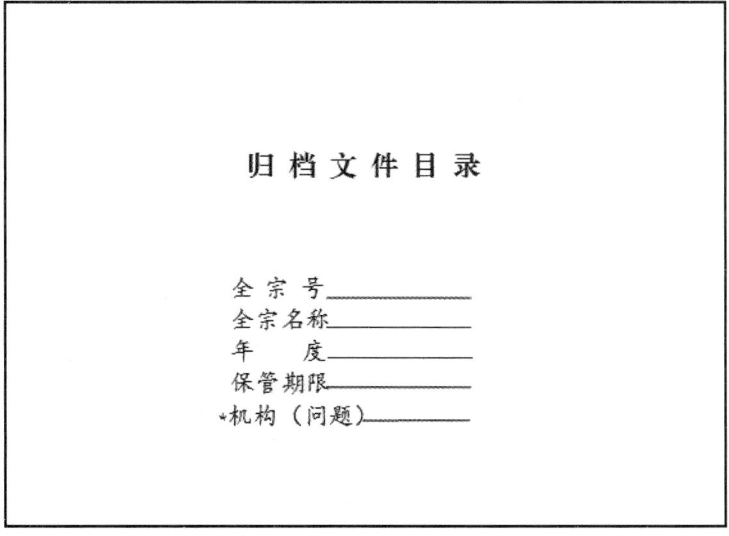

归 档 文 件 目 录

全 宗 号＿＿＿＿＿＿

全宗名称＿＿＿＿＿＿

年　　度＿＿＿＿＿＿

保管期限＿＿＿＿＿＿

*机构（问题）＿＿＿＿＿＿

比例：1∶2

图 2-4-2 归档文件目录封面式样

知识链接

归档文件整理

归档文件整理是指机关、团体、企业、事业单位的文书处理部门在文件输入完毕后，按有关规定，对其中有查考保存价值的文件，按照他们在形成过程中的自然规律和特点，进行分类、排列、编目，使之有序化，并向档案室或档案人员移交的过程。

（一）组件

1．件的构成

归档文件一般以每份文件为一件。正文、附件为一件；文件正本与定稿（包括法律法规等重要文件的历次修改稿）为一件；转发文与被转发文为一件；原件与复制件为一件；正本与翻译本为一件；中文本与外文本为一件；报表、名册、图册等一册（本）为一件（作为文件附件时除外）；简报、周报等材料一期为一件；会议纪要、会议记录一般一次会议为一件，会议记录一年一本的，一本为一件；来文与复文（请示与批复、报告与批示、函与复函等）一般独立成件，也可为一件。有文件处理单或发文稿纸的，文件处理单或发文稿纸与相关文件为一件。

2．件内文件排序

归档文件排序要求如下：正文在前，附件在后；正本在前，定稿在后；转发文在前，被转发文在后；原件在前，复制件在后；不同文字的文本，无特殊规定的，汉文文本在前，少数民族文字文本在后；中文本在前，外文本在后；来文与复文作为一件时，复文在前，来文在后。有文件处理单或发文稿纸的，文件处理单在前，收文在后；正本在前，发文稿纸和定稿在后。

（二）分类

整理文件时，应对归档文件进行科学分类。归档文件一般采用年度—机构（问题）—保管期限、年度—保管期限—机构（问题）等方法进行三级分类。

1．按年度分类

按年度分类是指将文件按其形成年度分类。跨年度一般应以文件签发日期为准。对于计划、总结、预算、统计报表、表彰先进及法规性文件等内容涉及不同年度的文件，统一按文件签发日期判定所属年度。跨年度形成的会议文件归入闭幕年。跨年度办理的文件归入办结年。当形成年度无法考证时，年度为其归档年度，并在附注项加以说明。

2．按机构（问题）分类

按机构（问题）分类是指将文件按其形成或承办机构（问题）分类。机构分类法与问题分类法应选择其一适用，不能同时采用。采用机构分类的，应根据文件形成或承办机构对归档文件进行分类，涉及多部门形成的归档文件，归入文件主办部门。采用问题分类的，应按照文件内容所反映的问题对归档文件进行分类。

3．按保管期限分类

按保管期限分类是指将文件按划定的保管期限分类。对于规模较小或公文办理程

序不适于按机构（问题）分类的立档单位，可以采取年度—保管期限等方法进行两级分类。

（三）排列

归档文件应在分类方案的最低一级类目内，按时间结合事由排列。同一事由中的文件，按文件形成先后顺序排列。会议文件、统计报表等成套性文件可集中排列。

（四）加盖归档章

归档文件应在首页上端的空白位置加盖归档章并填写相关内容。电子文件可以由系统生成归档章样式或以条形码等其他形式在归档文件上进行标识。

归档章应将档号的组成部分，即全宗号、年度、保管期限、件号，以及页数作为必备项，机构（问题）可以作为选择项。归档章中全宗号、年度、保管期限、件号、机构（问题）按照档号的编制要求编制，页数用阿拉伯数字标识。为便于识记，归档章保管期限也可以使用“永久”“30 年”“10 年”简称标识，机构（问题）也可以用“办公室”等规范化简称标识。归档章示例如图 2-4-3 所示。

单位：mm
比例：1∶1

图 2-4-3 归档章示例

【拓展训练】

表 2-4-4 是首届“亚伟杯”信息处理大赛相关纸质材料的归档文件目录，学生根据此表进行录入。

表 2-4-4 归档文件目录

序号	档号	文号	责任者	题名	日期	密级	页数	备注
1	WS・2019-Y-BGS-0001		中国中文信息学会速记专业委员会	“‘亚伟杯’全国信息处理大赛”方案	20190401		13	
2	WS・2019-Y-BGS-0002		信息处理大赛秘书处	“亚伟杯”信息处理大赛规程	20190615		15	
3	WS・2019-Y-BGS-0003		工业和信息化部人才交流中心	关于举办首届“亚伟杯”信息处理大赛的预通知	20190618		3	

续表

序号	档号	文号	责任者	题名	日期	密级	页数	备注
4	WS·2019-Y-BGS-0004		信息处理大赛秘书处	首届“亚伟杯”信息处理大赛准备工作进展情况表	20190710		2	
5	WS·2019-Y-BGS-0005	工信人才〔2019〕77号	工业和信息化部人才交流中心	关于举办第二届“亚伟杯”信息处理大赛的通知	20190715		9	二附件
6	WS·2019-Y-BGS-0006		北京市速记协会	首届“亚伟杯”信息处理大赛裁判员遴选通知	20190820		3	
7	WS·2019-Y-BGS-0007		工业和信息化部人才交流中心	首届“亚伟杯”信息处理大赛关于聘用专家组、裁判组成员的通知	20190927		1	
8	WS·2019-Y-BGS-0008		“亚伟杯”信息处理大赛秘书处	证书样本	20191101		4	
9	WS·2019-Y-BGS-0009		“亚伟杯”信息处理大赛秘书处	参赛选手名单	20191103		6	
10	WS·2019-Y-BGS-0010		工业和信息化部人才交流中心	首届“亚伟杯”信息处理大赛竞赛指南	20191103		9	
11	WS·2019-Y-BGS-0011		“亚伟杯”信息处理大赛秘书处	首届“亚伟杯”信息处理大赛成绩表	20191124		7	
12	WS·2019-Y-BGS-0012		“亚伟杯”信息处理大赛秘书处	首届“亚伟杯”信息处理大赛媒体报道	20191128		1	
13	WS·2019-Y-BGS-0013		“亚伟杯”信息处理大赛秘书处	关于设立信息处理大赛年度速录成绩排名的实施方案	20191130		3	一附件

【学习评价】

填写学习评价表，如表 2-4-5 所示。

表 2-4-5　学习评价表

考核知识点	考核标准	分值	自评分	小组评分	综合得分
归档文件编号	掌握归档文件编号的知识	30			
归档文件编目	能对归档文件进行编目	30			
拓展训练	任务完成情况	40			
总分		100			
教师指导意见					

三、归档材料装盒信息录入

纸质文件归档时，还应做好文件的修整、装订、编页和装盒。学生应根据前面已经掌握的《归档文件整理规则》速录归档材料装盒信息。

【训练情景】

小文学得很快，已经初步掌握了归档文件整理的方法，并能录入归档文件目录。接下来还有一些技能需要掌握，以更好地录入档案盒上的文字信息。

【训练步骤】

根据训练材料要求完成任务。

方法 1：了解档案盒封面、盒脊及备考表的信息。

方法 2：在规定时间内完成档案盒封面、盒脊及备考表信息的录入。

（一）档案盒封面信息

档案盒封面应录入全宗名称，如图 2-4-4 所示。

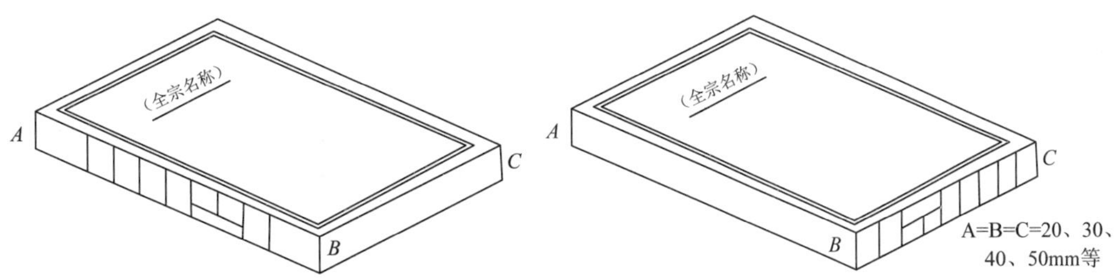

图 2-4-4 档案盒封面式样及规格

档案盒应根据摆放方式的不同，在盒脊或底边录入全宗号、年度、保管期限、起止件号、盒号等必备项，并可设置机构（问题）等选择项。其中，起止件号填写盒内第一件文件和最后一件文件的件号，起件号填写在上格，止件号填写在下格；盒号即档案盒的排列顺序号，按进馆要求在档案盒盒脊或底边编制。档案盒盒脊和底边式样如图 2-4-5 所示。

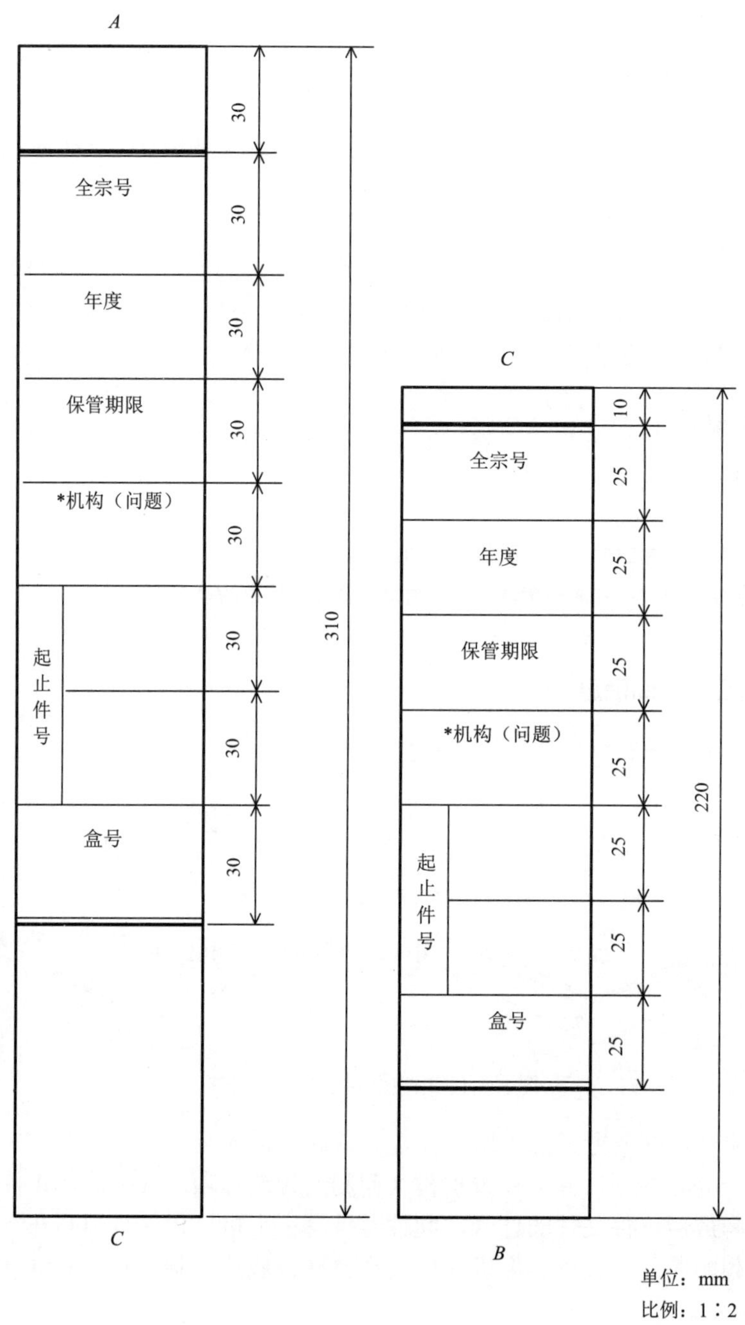

图 2-4-5　档案盒盒脊和底边式样

（二）备考表信息

备考表置于盒内文件之后，填写项目包括盒内文件情况说明、整理人、整理日期、

检查人、检查日期，如图 2-4-6 所示。

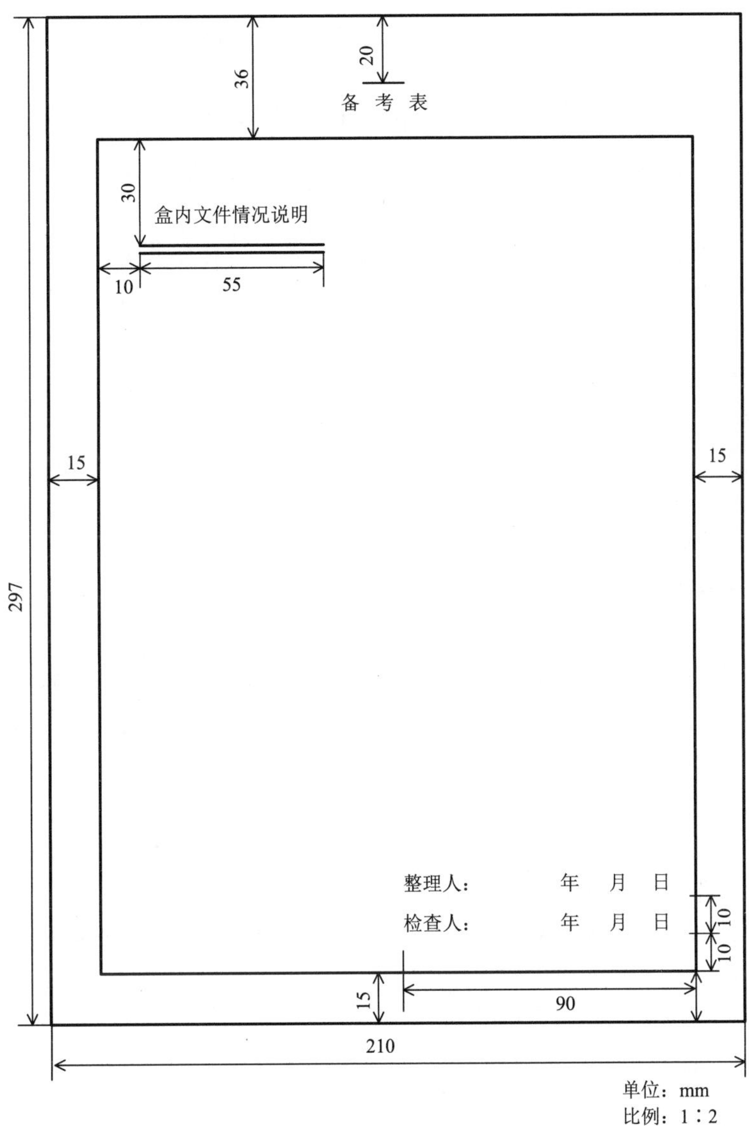

图 2-4-6 备考表式样

备考表的填写方法如下。

1）盒内文件情况说明：录入盒内文件缺损、修改、补充、移出、销毁等情况。

2）整理人：负责整理归档文件的人员签名或签章。

3）整理日期：录入归档文件整理完成日期。

4）检查人：负责检查归档文件整理质量的人员签名或签章。

5）检查日期：录入归档文件检查完毕的日期。

知识链接

纸质归档文件的修整、装订和编页

（一）修整

归档文件装订前，应对不符合要求的文件材料进行修整。归档文件已破损的，应按照《档案修裱技术规范》（DA/T 25—2000）予以修复；字迹模糊或易退变的，应予复制。

归档文件应按照保管期限要求去除易锈蚀、易氧化的金属或塑料装订用品。对于幅面过大的文件，应在不影响其日后使用效果的前提下进行折叠。

（二）装订

归档文件一般以件为单位装订。用于装订的材料，不能包含或产生可能损害归档文件的物质。不使用回形针、大头针、燕尾夹、热熔胶、办公胶水、装订夹条、塑料封等装订材料进行装订。

永久保管的归档文件，宜采取线装法装订。页数较少的，使用直角装订或缝纫机轧边装订；文件较厚的，使用“三孔一线”装订。永久保管的归档文件，使用不锈钢订书钉或糨糊装订的，装订材料应满足归档文件长期保存的需要，不使用不锈钢夹或封套装订。

定期保管的、需要向综合档案馆移交的归档文件，装订方式按照永久保管的归档文件要求执行。定期保管的、不需要向综合档案馆移交的归档文件，装订方式可以按照永久保管的归档文件要求执行，也可以使用不锈钢夹或封套装订。

（三）编页

纸质归档文件一般应以件为单位编制页码。页码应逐页编制，宜分别标注在文件正面右上角或背面左上角的空白位置。

文件材料已印制成册并编有页码的；拟编制页码与文件原有页码相同的，可以保持原有页码不变。

【拓展训练】

学生进行档案盒封面、盒脊、备考表相关栏目信息的录入练习。

【学习评价】

填写学习评价表，如表 2-4-6 所示。

表 2-4-6　学习评价表

考核知识点	考核标准	分值	自评分	小组评分	综合得分
档案盒封面信息	能正确录入档案盒封面信息	30			
备考表信息	能正确录入备考表信息	30			

续表

考核知识点	考核标准	分值	自评分	小组评分	综合得分
拓展训练	任务完成情况	40			
总分		100			
教师指导意见					

模块三　行 政 速 录

行政人员在日常工作中经常会接触大量的文字录入工作，而且经常是时间紧、任务急、要求高。所录入的信息以语言信息为主，包括领导口授、办公会议记录等，还要接受行政文书及演示文稿等文件的制作任务。

本模块安排了口授、办公会议、行政文书及演示文稿等四个速录任务的训练，均要求熟练运用亚伟中文速录机进行听打、看打，保质保量地完成速录任务。通过训练，学生可以熟悉速录听打的访法和技巧，进一步提高速录的速度和准确率，了解必要语言文字知识和行政办公知识。

任务一　口授速录训练

【训练目标】

1）能够稳定达到 100 字/分左右的录入速度。
2）掌握速录任务前与服务对象的正确沟通确认流程。
3）能够独立完成口语信息录入工作。
4）能将实时速录的口语信息整理成文字信息。

一、口授看打、听打提高训练

初级速度训练到这一阶段，除了看打练习，还需要进行必要的听打练习。若把看打视为训练的积累，听打则为积累的释放。看打、听打有益结合，方能使训练事半功倍。

【训练情景】

小文在前段时间的学习和实际工作应用中，主要以看打为主。现在小文想学习听打录入，以便为后续听录领导讲话做准备。但是速录老师告诉小文，听打、看打不分家，要结合练习，才能提高得更快。

【训练步骤】

对训练材料进行看打、听打练习和测试。

方法 1：反复看打熟悉文章掌握录入技巧。

方法 2：以准确率为前提看打，不考虑录入速度，找到录入的难点，反复看打练习，做到既准又快。

方法 3：按分句看打、分段看打、全文看打的步骤循序渐进反复练习，直至超过速度要求。

（一）看打录入练习

下面这篇短文共 952 个字。首先要求读准，然后通过用亚伟码反复规范地看打，要求在 9 分 32 秒内完成看打录入（100 字/分），并且准确率达 95%以上。

从前有一个国王做了一个梦，梦见自己的牙齿一颗颗掉光了。他很不安，于是他传了一个圆梦者来圆梦。

这个圆梦者说："陛下，这是一个不好的兆头。就像你一颗颗掉落的牙齿一样，你的家人也将一个个先于你死去。"国王听了大怒，命令将此人关入监狱，并吩咐再传一个圆梦者来。

第二个圆梦者说："陛下，这是个好兆头。这个梦的意思是，你将比你家里所有的人都长寿。"国王听了非常高兴，赏了这个圆梦者一大笔钱。听完这个小故事，很显然两个圆梦者说的都是一个意思，为什么他们的结局却截然相反？

因为他们的表达方式不同，沟通方法不同。那什么是沟通呢？我们该如何更好地与人沟通呢？

首先，沟通是人与人之间、人与群体之间思想与感情的传递和反馈的过程，以求思想达成一致和感情的通畅；是将信息由一个人传达给另一个人，逐渐广泛传播的过程。

我们每天都有二分之一的时间是在与人沟通中度过的，所以沟通尤为重要，那么我们该如何与人沟通呢？

有效沟通的第一步是学会表达。没有表达就没有沟通，可以说表达就是沟通的第一步。向其他人表达你的想法、主张，以达到我们想要的目的。所以在表达过程中我们 应该注意以下几点。

我们的准备是否充分；我们的表达是否恰当；我们是否注意所表达对象的反应；我

们沟通的时间、地点是否恰当；我们的肢体语言运用是否恰当等。

所以，为了更好地与人交流，这些 都是值得我们平时注意和学习的地方。

有效沟通的第二步是学会聆听。通过调查研究发现，在沟通中，活动比例最大的不是对话，而是聆听。有人说“耳朵是通往心灵的通路”“会聆听的人到处都受欢迎”，等等。聆听有以下好处。

聆听会使你准确了解你的沟通对象；它能使你弥补自身的不足；它能够激发沟通对象的表达欲望；从别人身上你可以发现你在沟通方面的不足；使你获得别人的信任和友谊。

所以，学会表达，懂得聆听，我们会获得更多的知识，这是我们走向成功的必经之路！

沟通是情感的桥梁，能缩短心灵的距离；沟通是情感的火焰，能够融化心灵的冰块；沟通是情感的纽带，能建立起相互的信任。沟通体现了人的一种气度，一种宽容，一种理解，更是一种工作方法。要把一件简单的事情做好，就是不简单，要把一件平凡的事做好，就是不平凡。因此，欣赏别人是一种境界，善待别人是一种胸怀，关心别人是一种品质，理解别人是一种涵养，帮助别人是一种快乐，学习别人是一种智慧。

（资料来源：佚名，2019. 以沟通为主题的演讲稿[EB/OL].（2019-06-11）[2021-03-15]. https://wenku.baidu.com/view/593d965b59f5f61fb7360b4c2e3f5727a4e92422.）

录入技巧

1）联词消字：梦（想）、传（播）、死（神）、赏（罚）、事（实）。

2）单音词需特定的：做（W:DZO）、了（X:XD）、他（X:BDA）、者（W:ZE）、于（X:IU）、再（W:DZIO）、个（W:G）、与（W:IU）、由（W:IEO）。

3）须分开单击的：先于、死去、听了、此人、与人。

4）可自动捆绑的：一颗颗、掉光了、人与人、第一步、必经之路。

5）须在提示行进行选词的：陛下（2）、掉落（2）、监狱（3）、度过（2）、友谊（2）、融化（3）、平凡（2）、涵养（2）、智慧（2）。

6）可以造词的：吩咐。

 **特别提醒**

“一直”击打 I:Z；“一致”击打 WI:Z。

（二）看打录入小测试

下面这篇短文共 777 个字。首先要求读准，然后通过用亚伟码反复规范地看打，要求在 7 分 46 秒内完成看打录入（100 字/分），并且准确率达 95%以上。

每个人的内心世界宛如彼岸与此岸，人与人之间的差距好像两岸之间滔滔不绝的江水。要想到达彼岸，就必须建造一座坚固的桥；要想走进他人的内心世界，就必须建造一座通向心灵的桥——学会沟通。自然界中的桥可以用各种石料造成，心灵的沟通也可以通过各种方式达到。

沟通可以以言相传。语言自古以来是人类文明的体现。不同国家、不同民族，有不同的语言文字，然而，语言是沟通彼此情感的纽带，这一点却是相通的。我们 现在 学习外语，不就是 为了更好地与外国人沟通，更好地认识世界吗？在现实生活中，我们可以与来自不同地方的人沟通，这都是通过语言来实现的。听朋友 说话，是沟通心灵的友谊；听老师说话，是沟通学习的内容；听父母说话，是沟通幸福爱意……每天，我们都听着各种各样的话语，其实都是心灵的沟通，它使我们认识外界，发展自我。

沟通可以以目示意。有时我们的一个眼神也是与他人在沟通。眼睛是心灵的窗户，内心情意可以通过眼神很好地表达出来，因而以目示意是心灵沟通的一种重要方式。一个带有微笑的眼神，沟通的是快乐；一个含有愤怒的眼神，沟通的是恼怒；一个目无色彩、眉头紧锁的眼神，沟通的是忧愁；一个瞳孔闪光、睫毛扬起的眼神，沟通的是惊奇……人生的喜怒哀乐都可以通过眼神与他人沟通，同他人一起体验人生。

沟通可以心领神会。没有语言，没有目光，甚至在伸手不见五指的夜晚，如果能与他人沟通，就是要靠心领神会，这或者可用一个时尚的词——“默契”来代替。这是沟通的最高境界。能心领神会对方的人，必定对对方十分了解，可以用心与心来沟通，能用心来感受到对方内心深处最深层的底蕴。希望我们能非常了解对方，能经常与对方交心，这样方能慢慢进入心领神会这一境界。

不管哪种形式的心灵沟通，都要求我们打开自己的心灵，用一颗真诚的心去接触对方，感知世界。也可以这样说，真诚、坦然是彼此心灵间的一座牢固稳定的桥，踏上它，才能到达对方心灵的彼岸。

（资料来源：佚名，2019. 以沟通为主题的演讲稿[EB/OL].(2019-06-11) [2021-03-15] . https://wenku.baidu.com/view/593d965b59f5f61fb7360b4c2e3f5727a4e92422.）

录入技巧

1）联词消字：言（语）、桥（梁）、意（思）、它（的）、目（的）、扬（言）、起（来）、方（面）、颗（粒）。

2）单音词需特定的：想（W:XINO）、以（X:I）、话（W:XGW）、之（X:Z）、使（X:XZ）、无（X:U）、间（X:GINA）。

3）须分开单击的：爱意、扬起、方能。

4）可自动捆绑的：自然界。

5）须在提示行进行选词的：江水（2）、通向（2）、石料（2）、相通（2）、示意（3）、眼神（2）、默契（2）、哪种（1）。

6）可以造词的：好像、紧锁。

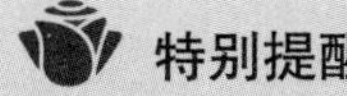

特别提醒

本书中录入技巧所列出的联词消字中的词语，可以任意联想，并不是唯一的，只要是高频先见的词语即可。

（三）听打录入练习

下面这篇短文共 990 个字。首先要求读准，然后通过用亚伟码反复规范地听打，要求在 9 分 55 秒内完成听打录入（100 字/分），并且准确率达 95%以上。

纵观世界大势，分析国情国力，“十四五”时期我国将进入新发展阶段，应在中国共产党的领导下，“以辩证思维看待新发展阶段的新机遇新挑战”，构建新发展格局、催生新发展动能、激发新发展活力、打造国际合作和竞争新优势、拓展社会发展新局面，持续推进中华民族的伟大复兴。

“十四五”时期，在“以畅通国民经济循环为主构建新发展格局”方面，我国一方面坚持以供给侧结构性改革为战略方向，以扩大内需为战略基点，使生产、分配、流通、消费更多地依靠国内市场，“把实施扩大内需战略同深化供给侧结构性改革有机结合起来，以创新驱动、高质量供给引领和创造新需求”；充分发挥国内超大规模市场优势，通过繁荣国内经济、畅通国内大循环，为经济发展增添动力，以规避强势贸易进攻或产业链“去中国化”的潜在风险。另一方面坚持国内循环与国际循环有机衔接，统筹兼顾；充分利用好国内外两个市场、两种资源，推动 双方优势互补、良性互动，以实现经济 长期 稳定增长和高质量发展的目标。

在“以科技创新催生新发展动能”方面，我国将依托超大的市场规模和完备的产业体系，加速科技成果向现实生产力的转化，“提升产业链供应链现代化水平，发展战略性新兴产业”，为新一轮科技革命和产业变革筑牢基础；“坚持创新在我国现代化建设全局中的核心地位，把科技自立自强作为国家 发展的战略支撑”，加强 基础 研究，推出更多涉及民生的科技创新成果，打好关键核心技术攻坚战，形成量子科技发展的体系化能力；促进科技资源配置的整合优化，“打造科技、教育、产业、金融紧密融合的创新体系”，加快科技强国建设；重视人才培养，全方位提高教育质量，积极发挥高校在创新人才培养中的重要 作用，破除“唯论文、唯职称、唯学历、唯奖项”，充分调动科研人员的积极性。

在“以深化改革激发新发展活力”方面，我国将坚定制度自信，坚持党的领导、人民当家作主、依法治国的有机统一，坚持和完善 人民代表大会制度、中国共产党领导的多党合作和政治协商制度、民族区域自治制度、基层群众自治制度，“营造长期稳定、可预期的制度环境”；深化机构和行政体制改革，破除深层次的体制机制障碍，加快 政府职能转变，优化政府机构职能部门的组织结构，创新行政监管方式，推进国家治理体系和治理能力 现代化；创新未来发展之路，“构建高水平社会主义市场经济体制”，完善公平竞争制度，激发市场主体活力，进而促使经济发展能够充分利用一切有利于社会生产力进步的力量。

（资料来源：陈江生，2020. 以高质量发展为“十四五”开好局[EB/OL].（2020-12-23） [2021-01-15] . http://www.china.com.cn/opinion2020/2020-12/23/content_77042342.shtml.）

录入技巧

1）单音词需特定的：使（X:XZ）、把（X:BA）、化（X:XGW）、打（X:DA）。

2）须分开单击的：打好。

3）可自动捆绑的：优势互补、生产力、有机统一。

4）须在提示行进行选词的：纵观（2）、国情（2）、国力（2）、构建（2）、格局（4）、打造（2）、优势（2）、基点（3）、实施（2）、强势（4）、互动（2）、新兴（2）、支撑（2）、预期（2）、之路（3）。

5）可以造词的：引领、筑牢。

 **特别提醒**

录入技巧中“之路（3）”，分两步完成录入；也可以操作“之（X:Z）”“路（线）”，分三步完成。两种录入方式，最终选择反应速度最快的一种，即为最合适的录入技巧。后续的录入均可以用此种判断方式，选择最适合自己的录入技巧。

（四）听打录入小测试

下面这篇短文共 1039 个字。首先要求读准，然后通过用亚伟码反复规范地听打，要求在 10 分 22 秒内完成听打录入（100 字/分），并且准确率达 95%以上。

中央经济工作会议再次强调，“国家支持平台企业创新发展、增强国际竞争力，支持公有制经济和非公有制经济共同发展，同时要依法规范发展，健全数字规则。要完善平台企业垄断认定、数据收集使用管理、消费者权益保护等方面的法律规范”。加强平台经济治理成为高频词和各界关注焦点。作为一种新型经济形态，平台经济具有主体多元、客体多样、业务多维、竞争多变等特征，众多中小商户、各类服务商、消费者跨时空云集，突破了传统市场时空限度，同时催生出新的市场竞争结构和权力结构，对传统治理模式提出挑战，亟须创新顺应时代变化的数字规则和平台经济治理机制。

客观认识平台经济的“双重效应”。

平台经济是依托互联网等信息技术，由互联网平台企业协调组织资源配置，形成一系列以降低交易成本为核心的规则和服务，联结平台上的双边或多边主体，并辐射上下游相关产业的经济形态。平台经济具有网络效应、规模经济性，平台企业的市场优势能够借此得到强化，进而形成一个不断膨胀的“超级市场”，在大幅降低交易信息成本和执行成本的同时，可以最大限度地实现资源优化配置与整合，从而带来市场规模的快速扩张。通过平台跨界整合，资源共享的范围越来越广、程度越来越深，产业边界越来越模糊，给传统企业连接、整合多方资源、更好满足多样化消费需求带来了机遇。平台经济 已经 成为 全球经济增长的最活跃的组成部分，在壮大市场规模、促进产业升级、创新服务业态、扩大就业等方面发挥了重要的作用。

与此同时，平台经济的网络效应也会带来边际效益递减、竞争忽视、竞争挤出和反向选择等问题，使产品供应者失去提供高质量产品的动力，进而劣化整个平台的产品内容，产生价格战、限制进入、二选一等不利于市场健康发展的不正当竞争行为。在平台经济发展初期，平台通过互联网信息技术手段极大地降低交易成本，对优化市场资源配置产生积极作用。然而，随着平台经济的持续 发展壮大，平台经营企业具有绝对市场优势地位之后，会在自身发展诉求下构建生态“闭环”，抑制新进竞争者，获取垄断利润，侵犯消费者隐私，进而产生遏制创新、操纵市场、损害消费者利益等不良影响。

平台经济有效治理需要新机制。

平台经济治理的重点在于构建为市场交易和运行提供产权保护、契约执行和公共物品的一系列正式和非正式的规则秩序，从而有效约束交易主体行为。衡量平台经济是否得到有效治理，就看是否形成较为有效的产权保护制度安排，能够在平台海量交易或信息交互过程中，有效克服机会主义行为导致的交易欺诈、非诚信经营、不正当竞争等问题，避免逆向选择和道德风险。

（资料来源：孟凡新，2020. 推进平台经济治理机制创新[N]. 学习时报，2020-12-23（A3）.）

录入技巧

1）联词消字：词（语）、亟（待）、广（大）、劣（迹）。

2）单音词需特定的：须（W:XIU）、化（X:XGW）。

3）须分开单击的：劣化。

4）可自动捆绑的：公有制、服务商、边际效益、极大地。

5）须在提示行进行选词的：客体（2）、权力（2）、配置（2）、联结（2）、多边（2）、主体（2）、跨界（2）、递减（2）、挤出（2）、诚信（3）。

6）可以造词的：隐私、契约。

【拓展训练】

小组成员设计相关活动安排并口头布置任务，让小组成员轮流听打录入。最后观察每个成员录入的完整程度，并讨论听打与看打的区别。

【学习评价】

填写学习评价表，如表 3-1-1 所示。

表 3-1-1 学习评价表

考核知识点	考核标准	分值	自评分	小组评分	综合得分
看打录入	看打录入练习完成情况	20			
	看打录入小测试完成情况	20			
听打录入	听打录入练习完成情况	20			
	听打录入小测试完成情况	20			
拓展训练	任务完成情况	20			
总分		100			
教师指导意见					

二、与服务对象正确沟通、交流与确认

著名的世界级管理大师彼得·德鲁克（Peter Drucker）曾说过："沟通不是万能的，没有沟通是万万不能的！"可见与服务对象的沟通是一件非常重要的事情。

【训练情景】

小文在适应了听打录入以后，很兴奋地询问老师自己是不是马上就可以跟着领导进行速录了。速录老师告诉小文，要想做好口授速录，除了必要的听打能力，还需要在记录前后及记录过程中与服务对象正确沟通、交流和确认，才能保证口授速录稿最终达到尽善尽美。

【训练步骤】

学会正确沟通和确认。

方法 1：学生分组，分别模拟服务对象和速录人员，进行对话沟通。

方法 2：学生积极发言，讨论速录任务各阶段可能会出现的各类需要沟通确认的情况。

方法 3：了解在速录过程中及时正确沟通的必要性。

（一）语言沟通

1. 口头沟通

口头沟通可以快速传递和及时反馈。在这种方式下，信息可以在最短时间内被传送，在最短时间内得到服务对象的回复。如果对信息存有疑问，迅速的反馈可使速录员及时检查所记录稿件中不够明确的地方并进行改正。

2. 书面沟通

一般情况下，速录员与服务对象双方都拥有沟通记录，沟通的信息可以长期保存，便于事后查询，从而更好地按照服务对象的要求或风格进行记录稿件的整理工作。

（二）非语言沟通

1. 身体语言沟通

在速录员对服务对象比较了解的情况下，尤其是在专职秘书人员对自己所服务的领导了解的情况下，清楚知道领导的一些习惯性动作想表达的意思或内容。在领导没有清楚、完整地表述完一段话时，可以根据其动作指令来进行意思完整的文稿记录，且可以准确表达领导意图。

2. 副语言沟通

在副语言沟通情况下，比较考验速录员的听辨及察言观色能力。当服务对象的表情、语气或语调发生变化时，速录员要准确理解其所表达的正确意思。例如，“你真行”在语气欢快时为正常夸赞，但是当表情愤怒或者语调上扬时，很有可能是在讽刺等。需要速录员正确识别、理解，并进行准确记录。

【拓展训练】

以小组为单位模拟速录员与服务对象之间的沟通对话情景。

【学习评价】

填写学习评价表，如表 3-1-2 所示。

表 3-1-2　学习评价表

考核知识点	考核标准	分值	自评分	小组评分	综合得分
语言沟通	为后续的速录工作进行口头沟通	25			
	为后续的速录工作进行书面沟通	25			
非语言沟通	设计对话沟通加入身体动作	25			
	设计对话沟通加入副语言	25			
总分		100			
教师指导意见					

三、口语信息实时速录

口语信息实时速录主要是指对日常生活或工作场景中非正式性的讲话内容进行记录的过程。口语信息实时速录的特点是速录员在记录过程中由于讲话人无拘束性发言，句子常短小，且句内成分常有省略，或靠语气、重音、语调和停顿，使表达清晰生动等，需要紧急捕捉并判断准确语义进行记录。

【训练情景】

领导要到商场视察工作，小文决定使用速录机跟随领导进行听打记录。领导边走边跟各部门的负责人随时交流讨论商场目前还存在的一些问题，以及整改措施等。

【训练步骤】

使用移动伴侣，将速录机背在身上跟随讲话人进行移动速录。

方法 1：学生分组，互相帮助练习移动伴侣的穿戴方法。

方法 2：设置使用速录机的自存储功能，将记录保存在速录机内存中。

方法 3：将速录机固定好，练习背着速录机边走边速录，保持速录机的平稳并保证记录的准确。

方法 4：记录结束后，上传到计算机速录系统中做整理。

（一）准备速录机和移动伴侣

1）提前将速录机充满电，准备好移动伴侣（移动伴侣配件包括托架、背带和腰带），如图 3-1-1 所示。

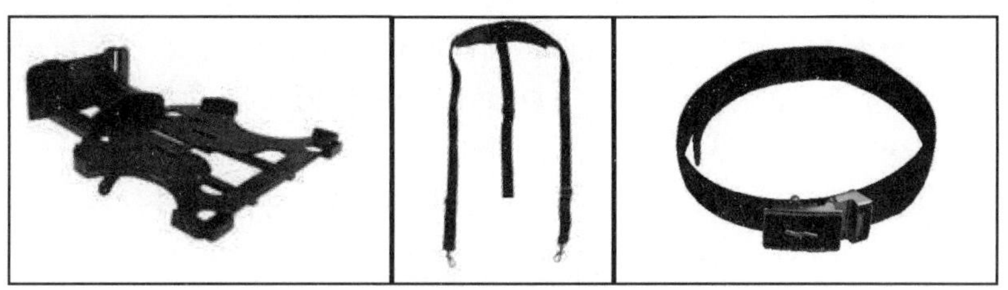

图 3-1-1　移动伴侣托架、背带和腰带

2）准备出发前，将移动伴侣穿戴好，把速录机固定在上面，如图 3-1-2 所示。

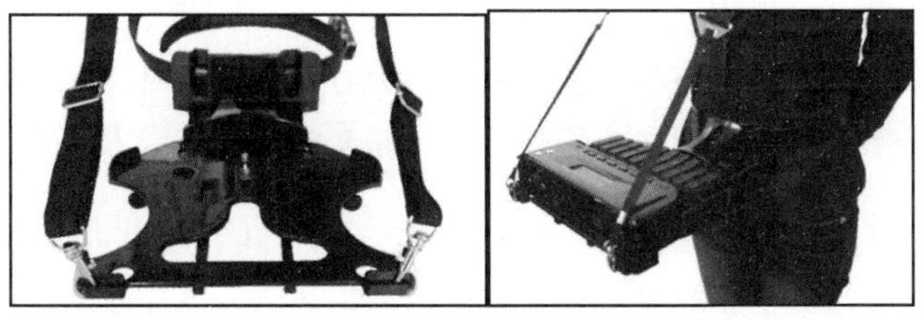

图 3-1-2　移动伴侣的穿戴

3）到达商场，确认速录机格式化完成，将速录机设置成为内部存储状态（击打 DGI:DGI 开始记录），如图 3-1-3 所示。

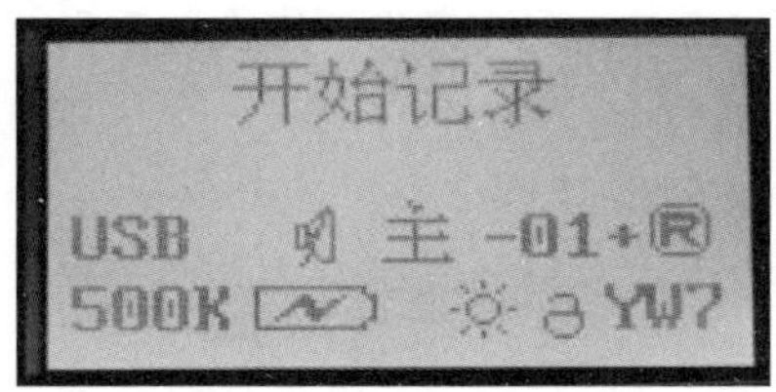

图 3-1-3　设置速录机记录状态

（二）移动速录及上传

1）跟随领导边走边记录。

2）记录结束（击打 DGIN:DGIN 退出记录）。

3）回到办公室将速录机与计算机连接，打开速录软件，上传刚刚记录的文字（可触屏操作完成）。

特别提醒

1）腰带要调节至合适的位置，非标准体型可以自备适合的腰带。

2）速录员应注意衣着尽量简单，不宜太厚重。

3）在速录过程中，为保持速录机的稳定性，行走动作不宜过大，步幅要小，步频可稍快。

4）在速录过程中，指法要注意轻按轻抬，以防速录机上下颤动。

5）在速录过程中，速录员应与讲话人保持一定的距离，但应以听清讲话人讲话为宜。如果现场有摄影、摄像人员，还应注意不要遮挡讲话人。

知识链接

口语和书面语

（一）口语

口语即口头语言，指日常口头交谈时使用的语言，通常是通过声音传播的，是最早被人类普遍应用的语言形式，与“书面语”相对。

口语灵活多变，多因场合与发言者不同而被自由使用。因为发言者与听者同在现场，有时这种发挥不但不影响听者理解，反而能更生动地体现发言者的心态，或使语言简洁化。

（二）书面语

书面语即书面语言，是指人们在书写和阅读文章时所使用的语言，它是在口语的基础上发展而来的，是用于书面表达的语言，与“口语”相对。

书面语不仅可以记录历史上语言的变化，而且随着文字的传播，会将一种语言向其他语言地区扩散，使其他语言地区内受教育的人被另一种书面语影响，而将这种书面语的成分带入口语，影响当地口语的变化，使各种不同语言加快互相融合的速度和增大互相融合的范围。

口语和书面语的特点如下。

口语和书面语是语言的两种不同的表达方式，两者既有不同的特点，又有不同的功用。

口语主要用于日常生活场合，无拘束性、非正式性。口语的主要特点是靠语气、重音、语调和停顿，使表达清晰生动，常用感叹词、语气助词、拟声词、叠音词，多引用俗语、歇后语等，句子短小，句内成分常有省略。口语可以充分利用面对面的条件直接进行信息交流，能够充分发挥语调的抑扬顿挫，可以用平实简洁的通俗语句达到朴实自然的效果。

书面语是在口语的基础上产生的，是口语的加工形式。书面语的主要特点是用标点符号来标明停顿、语气等，让读者领会其内容和感情，词汇量大且准确简洁，句子

较长，句内修辞语多，除了文艺作品中的对话，省略句用得较少，并较多使用关联词语，使句子表达得完整周密。

总之，口语是听和说的语言，所以用词范围相对较窄，句子比较短，结构比较简单，有重复、脱节、颠倒等现象，还会出现一些嗯、呃之类的废话。书面语是写和看的语言，它包含大量表示抽象概念的抽象词语和专门术语，在句子的结构方面注意完整性，在句子的衔接方面注意连贯性，比口语在运用上的要求严格，注重规范性，更简洁、严密。

【拓展训练】

要求学生速录一段广播稿，然后将其中的口语部分转换成书面语。

【学习评价】

填写学习评价表，如表 3-1-3 所示。

表 3-1-3　学习评价表

考核知识点	考核标准	分值	自评分	小组评分	综合得分
口语与书面语的特点	认识口语的特点	30			
	了解书面语的特点	30			
	清楚口语与书面语的联系与区别	40			
总分		100			
教师指导意见					

四、口授速录稿整理

根据实时速录的口语信息整理成书面的文字信息，即将口头语言转化为书面语言，是一名速录员的日常工作之一，同时是速录员必备的基本功。

【训练情景】

小文跟领导从商场回来后，将记录的文字上传至计算机以后，小文开始发愁了。自己记录下来的好多句子不是很完整的，而且领导的发言很随意，还有个别部门负责人在跟领导沟通时带有口音以至于记录文字无法确定准确性。领导要求小文把文字资料整理成稿后发送给各部门负责人，但现在小文不知如何做。小文紧急求助了她的速录老师，速录老师发给小文如下学习资料。

【训练步骤】

能将实时速录的口语信息整理成文字信息。

方法 1：不断拓宽知识面，丰富内涵，开阔思维。

方法 2：广学博览，提高自身综合素质。

（一）口语信息整理的基本要求

1. 观点明确

速录员在整理口语信息时，必须观点明确。在事先没有讲稿的情况下，口语信息会有一定的随意性，观点也不明确。因此，在整理口语信息时，对其中不明确的观点要使之明朗化，如果对主旨把握不准，形成的文字就不能清楚地表达领导或口授者想要表达的意思，或者不符合其意图，有时甚至会造成歧义。

2. 条理清晰

一般来说，口语信息的内容丰富，但可能层次比较混乱，因此，在整理口语信息时就必须使之条理化。对领导或口授者的讲话，哪些该取，哪些该舍，要根据领导讲话时围绕的主题、涉及的问题、提出的要求等，认真思考，合理取舍归纳，并在字、词、句上下功夫，确保文字正确、语句通顺。对讲话中反复提及的问题，要根据问题类别进行梳理，做到条理分明。

3. 逻辑严密

口语信息由于不如写文章那样推敲，往往存在篇幅冗长、缺少句子成分、表达不完整等问题。因此，整理口语信息时，速录员可以去掉一些可有可无的虚词，增加或删改文字，这样可以保证口语信息的逻辑严密性和论证严谨性。

4. 准确无误

由于没有文字稿，口语信息中可能会出现一些诸如方言等听不清的语句或一些有歧义的语句。因此，在整理口语信息时，速录员应对口语中的某些数字等重要信息进行核实，可以查阅相关资料，或请口授者解释、核实，还要准确辨识一些方言土语。

（二）口语信息整理的注意事项

1. 了解相关背景

一般情况下，口语速录是领导或会议代表的即兴发言，速录员往往不知道讲话受众的组成情况，也不清楚讲话时的语境，甚至不了解陪同或参会人员，在整理信息时很难吃透领导的讲话精神，领悟领导讲话的言外之意。只有全面了解领导讲话或会议的背景，才能在整理信息时把握好领导的语言分寸，整理出突出讲话效果的书面文字材料。

2. 保持“原汁原味”

整理口语信息的目的是将领导的意图或会议精神以纸质材料的形式更清晰、更准确地体现出来。因此，只有尽可能按照讲话的本意，使用领导或会议发言者“原汁原味”的原话，才能传递准确的信息。

3. 补充和完善相关内容

领导或发言者的讲话一般口语化，有时还配有肢体语言，不一定每句话都很完整并合乎日常语法，因此速录员需要在整理口语信息时进行合情合理的增加和删减，补充领导讲话时使用的简称、代称，表达不完整的内容。对于某些方言、俚语等使用最准确贴切的书面语替代，删除寒暄客气、偏离主题和不便公开的内容，修正不准确的字词搭配、成语典故、语法修辞。统计数字、举证事例出现偏差的，使用官方公开材料。

4. 仔细核实数字、事例、人名、地点

在整理口语信息时，速录员如果对提及的数字、事例、人名、地点等有疑问，一定要仔细核实；对没听清的语句，要认真辨别。不能因听不清而随意舍弃某句或某段，这样容易造成断章取义，或使信息前后的表达显得唐突。

5. 提交领导审核

不论是领导讲话记录还是会议记录，整理好的口语信息都必须提交领导审核，并根据领导的意见进行有针对性的修改。

**【拓展训练】**

要求学生将一段口授速录文字转化为书面材料。

【学习评价】

填写学习评价表，如表 3-1-4 所示。

表 3-1-4　学习评价表

考核知识点	考核标准	分值	自评分	小组评分	综合得分
口语信息整理的基本要求	掌握口语信息整理的基本要求	20			
	口语信息整理准确、规范	30			
口语信息整理的注意事项	了解口语信息整理的注意事项	20			
	口语信息整理完整、清晰，无差错	30			
总分		100			
教师指导意见					

任务二 办公会议速录训练

【训练目标】

1）能够稳定达到 120 字/分左右的录入速度。

2）熟悉办公会议速录的记录格式。

3）掌握速录文稿的排版与打印。

一、办公会议看打、听打提高训练

只有具备良好的看打录入能力，才能积累大量录入技巧；再有听打训练的辅助，听辨能力可以得到提升，完全可以胜任小型会议关键内容的记录工作。

【训练情景】

小文学习亚伟中文速录课程已经有一段时间了，正在琢磨使用速录机来进行会议记录，正好领导通知下午要开一个小型的办公室会议。小文既激动又紧张，毕竟是自己第一次使用速录机来进行会议记录，目前还有半天的时间可以做准备，小文迅速找出学校的训练材料开始了热身准备。

【训练步骤】

对训练材料进行看打、听打练习和测试。

方法 1：反复看打熟悉文章掌握录入技巧。

方法 2：以准确率为前提看打，不考虑录入速度，找到录入的难点，反复看打练习，做到既准又快。

方法 3：按分句看打、分段看打、全文看打的步骤循序渐进反复练习，直至超过速度要求。

（一）看打录入练习

下面这篇短文共 854 个字。首先要求读准，然后通过用亚伟码反复规范地看打，要求在 7 分 8 秒内完成看打录入（120 字/分），并且准确率达 95%以上。

一个好的会议策划，首先最为需要的就是一份详细的会议评估报告，报告从会议规模、会议类型、会议级别、到会议目的、会议环境要求，以及会议地点，每个环节都需要进行细致专业的评估，在会议策划及实施过程中，我们会遇到什么样的问题？

场地过小：会场场地过小，达不到预期人数，最为直接的扩充 方法就是“加座”，但诸如室内会议，加座的代价往往会影响会议体验。例如，一个会议厅能容纳 400 人，

但是参会人员有 500 人甚至 600 人，那么会出现拥挤不堪的局面，可能一些人认为，拥挤一点没什么，但是一个会议厅的温度调节是有上限的，这个上限就是容纳人数，如果超过这个容纳人数，那么空调系统功能会失效，对于 这样的情况，参会人员则会选择“离开”。

预约时间较长：目前由于各个公司举办会议越来越多，如客户会议、座谈会议、企业会议等，会议场地排期也越来越紧凑，甚至还会出现婚礼加塞的情况，于是会议日期几乎都是按照会议场地来决定的，再者，一些会议场地，由于较受欢迎，甚至会出现提前一个季度预约的情况，而一些有特殊要求、规模较大的会议，其会议地点更是少之又少，那么排期可能 需要更长时间。

环境差：每场会议都对其本身的要求不同，会议环境 就是不可或缺的重要因素，糟糕的会场环境不仅会影响会议规格，还会影响参会者的会议体验，这样可能导致达不到会议预期效果的严重后果，当然会议环境也由于前面两点受到制约，环境好，但是场地小，排期长，这样的情况也经常发生。

交通不便：前面所说的三点问题，更多是发生在市区会议地点上，我们也能够选择市区外的会议场地，但是 我们面对的问题相同，也随之出现交通便利性问题，最简单的解决方法就是主办方提供交通工具，但是目前汽车租赁方面，主办方如果未与汽车租赁公司长期合作，那么租车会遇到租车难、租车贵的问题，导致会议成本过高。

会议策划的流程如下。

搞清楚“想法”。会议有各种类型，不同的会议需要不同的环境，召开会议是要达到一定的目的和目标。因此第一个重要步骤是问清楚会议主办方的想法、目的、预算等方方面面的信息，通过收集这些信息将避免下一步的策划构思偏离方向。

（资料来源：王育，李巍铭，2014. 秘书实务[M]. 3 版. 北京：高等教育出版社.）

录入技巧

1）联词消字：难（道）、贵（重）。

2）单音词需特定的：到（X:DAO）、则（X:DZE）、搞（W:GAO）。

3）须分开单击的：过小、较长、较受、两点。

4）可自动捆绑的：达不到、少之又少。

5）须在提示行进行选词的：实施（2）、预期（2）、加座（2）、诸如（2）、上限（2）、排期（3）、市区（2）、随之（2）。

（二）看打录入小测试

下面这篇短文共 843 个字。首先要求读准，然后通过用亚伟码反复规范地看打，要求在 7 分 1 秒内完成看打录入（120 字/分），并且准确率达 95%以上。

搞清楚“思路”。从秘书到公司总裁，每个人多多少少都可能会参与会议的筹划，只不过有人是专职从事这项工作，有的是兼任此职，但无论参与者有多少，一定要确认一个有经验的项目负责人，想清楚策划的步骤、时间推进节点、人员的分工。如果思路不清晰，经验不到位，往往从策划的一开始，就会在众多的意见、指导中迷失方向。在理清筹划的思路后，你最好向上司、会议主办人或会议主席描述一下会议的目的和要求达到的结果，如果你们的意见相符，你就可以做下一步的筹划。

会议地址的选择。会议地址的选择，直接关系到会议的风格、形式、规模、预算和档次，这也是随后进一步策划方案的基础，选择一个能让会议组织者与与会者都能满意的会议场所非常重要，面对众多的场所，到底怎样去选择呢？首先，列出可供选择的清单。必须制作一个会议场所清单表，清单表上需要注明会议要求的所有重要条件，便于各个场所的比较和选择。根据清单综合考虑会议类型与场所的搭配。例如，研究和开发会议需要有利于沉思默想、灵感涌现的环境；重大的奖励、表彰型会议一定要有档次，要引人入胜；对于交易会和新产品展示会，需要选择有展示空间的场所，会场的交通必须便利；等等。还有就是亲临现场实地考察。考察场地非常重要，要做好充分的准备，要约见会议方及场地方都能做决策的人。这样有利于以后解决 可能出现的交易问题。项目负责人要对会议中的重要流程和环节心中有数，在考察场地的时候，能问到的问题越多，今后出现风险的概率就越低。

会议整体规划。确定了场地，策划的工作就进入了快车道，通过以下步骤，整个会议策划方案就会很快出炉：整体策划框架草拟，按照之前的工作和现有的所有信息，先把整个会议的流程和方案想象出来，越具体越好，然后召开策划动脑会，在这个会议上，你需要把专业的会议策划人士找来，也要把主要的决策人员找来，在你的草拟方案的基础上，展开讨论和动脑落稿，再讨论，修正，再讨论。一般情况下，从第一稿的策划书到最后落实的方案，如果策划人员经验到位的话，最多 3 次往返讨论，就可以把方案细化到执行层面。

（资料来源：王育，李巍铭，2014. 秘书实务[M]. 3 版. 北京：高等教育出版社.）

录入技巧

1）联词消字：职（责）、需（要）、型（号）、越（来）、低（于）、稿（子）。

2）单音词需特定的：此（X:BDZ）、想（W:XINO）、再（W:DZIO）、话（W:XGW）。

3）须分开单击的：此职、问到、越低。

4）须在提示行进行选词的：节点（2）、指导（2）、迷失（2）、理清（2）、注明（3）、越好（2）、人士（2）、修正（2）。

5）可以造词的：出炉、召开、落稿。

（三）听打录入练习

下面这篇短文共 969 个字。首先要求读准，然后通过用亚伟码反复规范地听打，要求在 8 分 1 秒内完成听打录入（120 字/分），并且准确率达 95%以上。

李部长：首先感谢学校给我们一个机会。校企合作对我们双方都有利，今天召开这个研讨会，让双方合作的桥梁更加牢固。企业提供实践的平台，学校提供知识教育与技能培养，两者紧密结合，合作非常愉快。物流管理是一个很有前景的专业，随着中国经济的飞速发展，物流管理这个专业领域会有很大的发展空间，所以我们在培养人才方面应着重潜能的开发，强调创造力的培养，我想这一点对我们老师、学生包括

企业都提出了严峻的考验。

王经理：我建议学校结合岗位知识与技能要求，对物流管理专业课程体系进行彻底的剖析、解构与重构，构建符合企业物流岗位需求的专业课程体系。按照我们与学校双方的约定，我们校企双方将共同组建“粮食物流班”，并按双方商定的人才培养方案开展教育教学工作。从接下来的两个月开始，物流管理专业“粮食物流班”的课程将由学校教师与企业专家共同执教。从明年开始，新生入校时，我们市粮食集团将现场面试，挑选新生，以确保“粮食物流班”的生源质量。

吴经理：我们学校物流管理专业每一年的专业建设研讨会大家都会看到我的身影。是的，南方物流与贵校的物流管理专业从建立专业的那天起就开始合作了，吸纳物流管理专业毕业生近200人。这些毕业生中，有在企业一直干下来的，也有半路离开的，但坚持下来的学生在我公司都得到了重用。我要强调的一点是什么呢？就是持之以恒，就是一种坚持。刚刚进入企业时，毕业生们的技能水平及各方面能力素养相差都不多，只要按其特点分配不同的工作任务，都能成为很好的员工。但为什么最后有些学生步步高升，而有些学生停滞不前呢？我想，只能用这种坚持的精神才能解释明白。

赵校长：感谢各位企业领导的发言。校企合作是教学改革的一个方向，这条路学校走了这么多年，走得很艰苦。像在座的各位企业领导这样如此重视校企合作，充分体现出你们企业领导班子强烈的社会责任感与宽阔的胸怀。在各位领导的支持下，目前我们学校已形成了“订单班模式”“现代学徒制培养模式”“定制式服务模式”“升学对接模式”与“校中企”这五种合作模式。我们坚持校企合作“多方共赢”的原则，坚持“合作办学、合作育人、合作就业、合作发展”的办学方针，构建现代职教体系，深化产教融合、校企合作。今后，我们学校要不断发挥人才资源、技术资源、人才培养等方面的优势；企业也要发挥实践经验、设备和技术等方面的优势。校企双方实现互惠互利，共同发展。

（资料来源：首届“亚伟杯”信息处理大赛试题）

录入技巧

1）联词消字：李（恩）、力（气）、班（级）、市（民）、以（X:I）、近（来）、各（X:G）、吴（恩）、赵（恩）、像（章）。

2）单音词需特定的：与（W:IU）、按（X:AN）、由（W:IEO）、时（W:XZ）。

3）可自动捆绑的：研讨会、接下来、停滞不前。

4）须在提示行选词的：知识（2）、技能（2）、构建（2）、执教（6）、订单（2）。

5）可以造词的：校企合作、定制式、校中企。

（四）听打录入小测试

下面这篇短文共816个字。首先要求读准，然后通过用亚伟码反复规范地听打，要求在6分48秒内完成听打录入（120字/分），并且准确率达95%以上。

许某：下午在微信群中给大家发了相关的照片。作为学校来说，从今往后的一段时间，要点在于党建和科研学术。上次12月9日的活动也只是我们自己内部的一个突破。

本科生党支部建设的意见有几个部分：第一个部分是加强学生党支部的领导。每学期系里都会召开一次会议，请党支部书记给学生上一次党课。第二个部分是优化党支部设置。我们目前支部党员人数较多。开展活动也比较困难。超过20人要设立党小组。我先说这么多，其余的让红某接着说。

红某：我来说第三个部分，即选好党支部书记，加强党支部培训。主要针对书记、副书记、党支部委员等。发展党员计划严格按照要求，建立多元化评价体系。坚持每两周一次支部生活。每月定期向班级同学通报支部生活的情况。推进建设 学习型党支部，阅读传统经典文献。本学期，我想大家还是立足自己的学业，争取每位同学的学习成绩都能有所提高。构建党员服务群众的机制。每月走访一次寝室收集意见。组织党员在实践中锤炼党性，引导党员走进社区，开展志愿活动。逐渐实现每个党支部都有一个稳定的志愿服务项目。支部每学期组织一次群众座谈听取意见和建议。落实激励机制，六月组织一次评选。实践、学习、联系群众、严格要求。我就先说这么多。

周某：说了这么多，我来总结一下，整体方案：①培养优秀支部书记骨干队伍。②完善党员课堂，组织学生 进行 有关理论的学习。每位党员每学期至少阅读一本经典著作，上交一份读书心得笔记。依托微信平台将影响作用扩散到全体团员。③组织一批志愿品牌服务。每个支部至少组织一项志愿服务，做到长期化、长效化，如阳光之家义务支教、子长学校义务支教项目。每位党员至少参加三次志愿服务。④了解行业的发展状况，可前往研究院、中国石化、陶氏化学等进行了解。⑤记好一本谈心笔记，倾听普通同学的心声。每个本科生党员至少有一个寝室结对。⑥联系好每一名发展对象并把好入门关。主动联系发展对象，面对面交流。⑦树立一批先进典型，评选系优秀党员、优秀项目。提高认识，加强监督，强化落实。

（资料来源：佚名，2017. 会议记录[EB/OL].（2017-06-02）[2021-03-01]. https://yjbys.com/huiyijiyao/1436881.html. 有改动）

录入技巧

1）联词消字：支（持）、教（育）、记（录）、关（系）。

2）单音词需特定的：省（XW:XZNE）、化（X:XGW）。

3）须分开单击的：子长。

4）可自动捆绑的：学习型。

5）须在提示行进行选词的：权力（2）、两周（3）、构建（2）、寝室（2）、志愿（3）、经典（2）、之家（7）、研究院（2）。

6）可以造词的：微信、支教、煤业。

知识链接

会议记录的格式

一般会议记录的格式包括以下两个部分。

1. 会议的组织情况

会议的组织情况要求写明会议名称、时间、地点、出席人数、缺席人数、列席人数、主持人、记录人等。

2. 会议的内容

会议的内容要求写明发言、决议、问题。这是会议记录的核心部分。

对于发言的内容，比较重要的会议和重要的发言一般要详细具体地记录，尽量记录原话；一般性会议的发言则采用摘要性记录，只记录会议要点和中心内容。

会议结束，记录完毕，要另起一行写“散会”二字，如中途休会，要写明“休会”字样。

【拓展训练】

根据上面的听打录入小测试素材，制作一份该会议记录的标准详细模板。

【学习评价】

填写学习评价表，如表 3-2-1 所示。

表 3-2-1　学习评价表

考核知识点	考核标准	分值	自评分	小组评分	综合得分
看打录入	看打录入练习完成情况	20			
	看打录入小测试完成情况	20			
听打录入	听打录入练习完成情况	20			
	听打录入小测试完成情况	20			
拓展训练	任务完成情况	20			
总分		100			
教师指导意见					

二、办公会议速录实操训练

在会议过程中，速录员一般要把会议的组织情况和具体内容记录下来，就形成了会议记录。但有些会议只需要速录员记录、提炼关键内容，稍做整理能够形成准确传达会议情况及议定事项的书面材料即可。对于重要的办公会议，或中文速录技能尚处在初级阶段的速录员而言，应进行全程会议录音。

【训练情景】

教师现场播放模拟真实会议场景的录音/录像资料，学生根据音视频资料，在语音伴侣系统中同步录音并尽量将重要内容记录下来。

【训练步骤】

1）将速录机、语音伴侣设备与计算机连接好，启动并调试好语音伴侣系统。

2）设备准备完成后，提前设置好文件保存路径和文件名称。

3）教师统一用音响系统播放会议录音/录像资料，学生各自用语音伴侣麦克风接收声音。

4）确认语音伴侣系统软件保持“添加”状态，各环节无误后，播放录音，开始记录。

5）记录时，首先对重要内容如结论、总结性发言、关键语句等进行重点记录，其他内容以冒号或省略号甚至数字等做标记，方便会后整理。

6）会议录音播放完毕，记录完成后，文件进行保存，但还处于待整理状态，语音伴侣速录界面截图如图 3-2-1 所示。

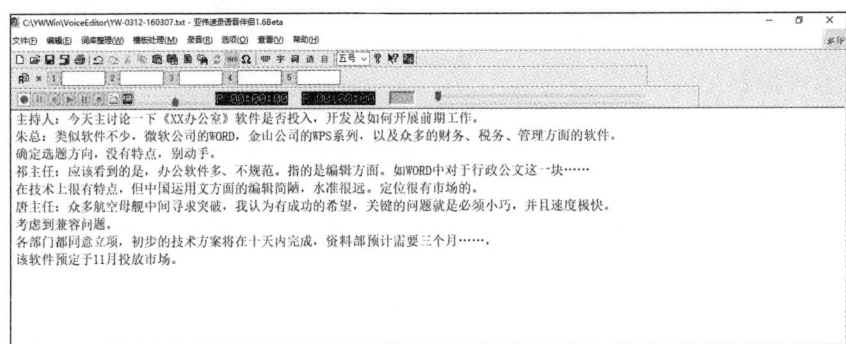

图 3-2-1　语音伴侣速录界面截图

知识链接

会议记录的基本要求

1. 准确写明会议的基本要素

会议记录必须准确写明会议的名称，开会的时间、地点，会议性质、会议主持人、出席会议应到和实到人数，缺席、迟到或早退人数及其姓名、职务，记录者姓名等基本要素。

如果是大中型会议，只要记录参加的对象和总人数，以及出席会议的较重要的领导成员即可。

2. 忠实记录会议上的发言

会议发言的内容是记录的重点。速录员上会基本上是“有闻必录”，需要记录会议发言人的全部发言内容。其他会议动态，如发言中插话、笑声、掌声，临时中断及别的重要的会场情况等，也应予以记录，会后再整理出全文或归纳、整理形成会议纪要。

3. 不能夹杂个人情感

会议记录要求忠于事实，依实而记，不添加，不遗漏，不夹杂记录者的任何个人情感。会议记录一般不宜公开发表，如需发表，应征得发言者的审阅同意。

【拓展训练】

对照会议录音，将一段会议记录内容做必要的调整，以符合会议记录的基本要求。

【学习评价】

填写学习评价表，如表 3-2-2 所示。

表 3-2-2　学习评价表

考核知识点	考核标准	分值	自评分	小组评分	综合得分
记录格式	了解会议记录的格式	25			
记录要求	掌握会议记录的基本要求	25			
	能够应用语音伴侣记录办公会议	50			
总分		100			
教师指导意见					

三、办公会议速录内容的处理

速录技能水平尚处于初级阶段的速录员，在语音伴侣系统中边同步录音边初步完成会议基本内容的简单记录。会后，还必须在语音伴侣系统的帮助下，对速录内容进行处理，包括内容的校准与补充等，以形成内部会议文件。对于重要会议或会议内容中的重点环节还要完成逐字记录稿存档留存。

【训练情景】

会议结束后，会议速录初稿很不完整，也不系统。一方面需要将一些重要内容补充完整，另一方面需要根据会议情况对记录重新调整，以整理出会议文件请领导审阅。此时，就要利用语音伴侣系统的对位功能，对照录音和文字，修改会议记录初稿。

【训练步骤】

1）在语音伴侣系统中打开会议速录实操训练中保存下来的文件。

2）将光标定位到相应的记录位置，对照会议录音进行调整。

3）按照会议记录规范对记录要素进行必要的补充后提交排版和打印。

知识链接

文本文件的一般排版设置

（一）简单文字格式

1. 字体的设置

常用字体主要有宋体、黑体、楷体、仿宋体、隶书体、魏碑体等。

正文字体的设置一般选择宋体、楷体、仿宋体等，显得正式、整齐、庄重。

标题字体一般选用黑体、隶书体、魏碑体等，显得粗壮、清晰、突出。

2. 字号的设置

正文一般是字号最小的，常用的是五号字；最大可以用三号字，如公文；最小也有用六号字的，如某些报纸、杂志。

标题一般比正文的字号大一到二号，而且是一级比一级大，通常文章的总标题使用二号字甚至一号字。

（二）简单段落格式

1. 对齐方式

1）居左：段落的左边与页面的左边缘对齐。

2）居中：段落的每行文字都与页面的左右边缘等距离。

3）居右：段落的右边与页面的右边缘对齐。

2. 缩进与间距

1）缩进。一般的排版，文字左右都与页面的左右边缘对齐。缩进就是文字与页面边缘相隔固定的距离，可以以毫米、厘米为单位，也可以以格（一个字符所占的位置）为单位。前者是为了让全文排版整齐；后者是为了让文字对齐，通常用于特殊的缩进，例如，第一行缩进，以后各行都不缩进，或第一行不缩进，以后各行都缩进。

2）行间距。每行之间的距离为行间距。行间距太小，各行会靠在一起，阅读困难；行间距太大，既占地方，又影响美观。通常行间距等于文字的高度或其一半，这样既不影响阅读，又美观大方。

3）段间距。每段之间的距离为段间距。一般不做调整，也可以用增加空白行的方法进行调整。使用段间距进行调整通常是为了获得特殊数值的间距效果。

3. 页面的格式

1）纸张大小。目前纸张大小的标识多为字母和数字的组合，如A4，字母A代表纸张的原始尺寸，数字4代表纸张对折的次数，A4即是将A号的纸对折4次后的结果。一般常用的纸张大小是A4和B5，后者相当于通常说的16开，前者相当于大16开。市场上的主流打印机也大多能够打印到A4。

2）纸张方向。通常纸张是长方形的，因此，有纵向与横向的区别。纸张高度比纸张宽度长即为纵向，反之即为横向。

3）页边距。在纸张上打印文字时，四周必须空出一定的距离，一方面是为了美观，另一方面可以方便保存、装订、复印等。这四周空出来的区域就是页边距。

4）页眉页脚位置。除了正文，还有一些信息，如页号、联系方式、机构名称、标志等信息，都可以印在每一页上。这些信息若放在纸张的上边缘，则称为页眉；若放在下边缘，则称为页脚。可以通过设置它们距离纸张边缘的位置来获得不同的效果，但是不要把其位置设置在页边距以内，避免与正文混为一谈。

4. 文件的保存

排版后，文件必须进行保存，一般简单地按“保存文件”按钮或执行“文件”—“保存”命令进行保存即可。

如果要给刚刚排版的文件另外命名，就需要执行“文件”—“另存为”命令。

文件保存的时候需要注意文件格式，通常存为所使用的文字处理系统特有的文件格式，这是默认的，以保证排版信息的正确存储。如果保存为纯文本格式，任何排版的设置都将无效。

文件保存的位置需要心中有数，进行统一的规划。例如，某一磁盘专门保存某一类的文件，在下面再按更详细的分类建立不同的文件夹。在一个文件夹下不允许有两个文件的文件名完全相同。

文件保存时，文件名可以使用汉字或字母，以方便记忆和查找为原则。过长的文件名不合适，不但阅读困难，而且不方便完整查看；过短的文件名也不合适，不能一眼看出文件是关于什么内容的，不容易查找。

特别提醒

1）排版设置以清晰、整洁、简单为原则，字体、字号的使用以 3 种为宜。

2）文件保存要分类清楚、名称清晰、查找容易，文件夹的嵌套层次以 3 层为宜，文件名以 4～10 个字为宜。

知识链接

文件打印的一般操作

（一）打印预览

在打印以前，为了保证打印的效果，不浪费纸张，通常要预览一下，预览时屏幕上显示的效果和打印出的效果几乎一样。

1）单页与多页。预览时，可以调整看单独的一页还是将多页显示在一起。如果文章比较长，通常是先用多页显示看一下整体的情况。如果文章不长，一般可以选择单页或双页显示。

2）放大与缩小。如果要看打印的细节效果，就必须将显示的内容进行放大，一般都可以放大到 100%，接近实际打印出来的比例。但是这样就看不到全局，必须缩小以后才能够把整页显示完全。

3）上页与下页。在打印出来的内容占据多页，又采取了单页或双页显示方式的时候，要看到其他页的内容，就需要用到“翻页”功能。“上页”是向第一页的方向翻页，“下页”就是向最后一页的方向翻页。

（二）打印设置

要进行打印，就需要对打印进行一定的设置，这是因为打印机品种多，有的打印机还有很多特殊的效果选择，这些都需要通过“打印设置”来实现。

1）打印机的选择。如果计算机处在网络中，而网络中有可能有太多不同的打印机，或计算机上安装了不同的打印机的驱动程序，在打印时，必须进行选择，否则不能正常打印。通常可以都将经常使用的打印机设为“默认打印机”。

2）纸张选择。在排版的时候，已经选择了纸张的类型，一般在打印的时候不需要再进行选择。但有的时候，打印机默认的纸张状态与排版规定的纸张大小、方向不同，如果不进行选择，就不能保证打印的效果。因此，要检查一下打印机的纸张选择是否正确。

3）打印机属性。这是打印机为了实现特殊打印效果时进行的设置，多用于彩色打印。

4）打印范围。有时不一定需要打印全部文章，可能仅仅要打印其中的某一部分，这就要设置打印范围。打印范围一般是按页来进行设置的，可选择打印当前页，也可以填写要打印的页号或页号范围，如“1,2,5”“4-10”等（要注意文件中页码与实际页码的区别）。

5）打印数量。决定所要打印内容的复本数量，通常是打印 1 份，当然也可以打印多份，这些都可以在打印数量中设置。

（三）确认打印

经过预览和打印设置，一切无误后，单击“确定”按钮，就可以开始打印了。

特别提醒

1）将排版的内容打印出来是非常简单的，一般不需要专门预览或额外进行设置，但要注意避免意外情况的发生，所以每次打印前都进行检查，以确保不浪费时间和纸张。

2）打印之前，打印设备必须已经安装、连接好，并工作正常。这一点有时会被人们忽略，以至于按了“打印”按钮却打印不出资料。

【拓展训练】

将上述整理好的会议记录文本按照排版要求最终打印出成品。

【学习评价】

填写学习评价表，如表 3-2-3 所示。

表 3-2-3　学习评价表

考核知识点	考核标准	分值	自评分	小组评分	综合得分
会议关键信息理解	准确理解关键语言信息	25			
	准确记录关键非语言信息	25			
讨论过程及决定的甄别	准确甄别讨论过程	25			
	准确记录会议决定	25			
总分		100			
教师指导意见					

任务三　行政文书速录训练

【训练目标】

1）能够稳定达到 120 字/分左右的录入速度。
2）能够运用公文语言录入公务文书。
3）掌握公文的结构、格式。

一、行政文书看打、听打提高训练

速录员只有不断加强看打、听打训练，使速录技能水平逐步提高，最终才可以更出色地应用速录机辅助完成行政文书工作。

【训练情景】

小文跟她的速录老师说，在日常工作中要经常与行政文书打交道，不知道速录能否帮她在这方面提高工作效率。速录老师告知小文千万不要在速度水平的提升练习上松懈。

【训练步骤】

对训练材料进行看打、听打练习和测试。

方法 1：反复看打熟悉文章中的录入技巧。

方法 2：以准确率为前提看打，不考虑录入速度，找到录入的难点，反复看打练习，做到既准又快。

方法 3：按分句看打、分段看打、全文看打的步骤循序渐进反复练习，直至超过速度要求。

（一）看打录入练习

下面这篇短文共 685 个字。首先要求读准，然后通过用亚伟码反复规范地看打，要求在 5 分 4 秒内完成看打录入（120 字/分），并且准确率达 95%以上。

（2021）亚速律函字第（008）号

北京××有限公司：

北京亚速律师事务所接受贵单位职工张三委托，并指派本律师担任其委托代理人，与贵司就张三工伤赔偿问题进行处理。接受委托后，本律师听取了委托人张三及相关证人的陈述、审核了相关证据材料、进行相应调查核实后，现特致函贵司如下。

一、贵司应依法承担工伤赔偿责任。贵司没有购买工伤保险。按照《工伤保险条例》（以下简称《条例》）规定，应依法承担所有工伤赔偿费用。且贵司应依照《工伤认定办法》《条例》的规定上报工伤并依法备案。

二、本律师保留通过司法程序追究贵司各类法律责任的权利。按照《企业职工伤亡事故报告和处理规定》《生产安全事故报告和调查处理条例》《北京市企业职工因工伤亡事故调查处理程序》等规定，本律师已经陪同张三家属向市劳动监察大队、市劳动厅、市安全局、市劳动局、市工会等有关主管部门进行了咨询并取得有关机关极大的同情和支持。各主管部门 表示愿意依法履行职责，协助本律师依法追究贵司行政责任及民事责任。因此，本律师保留随时启动正式司法申诉程序的权利。

三、受害人表示愿意协商处理，本律师函做出最后郑重声明。

鉴于受害人一方与贵司总经理李四之间的乡党朋友关系，以及前一段时间公司委托代理人法律工作者王五先生积极协商表现出的诚意，本律师在启动司法程序前向贵司做出最后郑重声明：贵司是一个朝气蓬勃的企业，如果 进行一场并不在理的劳动仲裁或者诉讼甚至由此引发其他行政法律责任的追究，对公司可谓有百害而无一利。因此我希望贵司本着实事求是的态度，解决好张三工伤理赔事宜，请贵司于接函后五日内与本律师联系。

特此致函！

北京亚速律师事务所
律师：赵六律师
2021 年 01 月 17 日

（资料来源：马培杰，2021. 谈谈律师函写作的相关法律知识[EB/OL].（2012-02-05）[2021-05-01]. https://www.110.com/ziliao/article-272889.html. 有改动）

录入技巧

1）联词消字：律（师）、函（数）、号（码）、现（在）、特（点）、致（死）、工（人）、市（民）、厅（堂）、局（部）、接（受）。

2）单音词需特定的：第（W:DI）。

3）须分开单击的：因工。

4）可自动捆绑的：极大的、律师函。

5）须在提示行进行选词的：工伤（2）、备案（3）、监察（3）、启动（2）、乡党（2）、事宜（4）。

6）可以造词的：亚速、贵司。

（二）看打录入小测试

下面这篇短文共922个字。首先要求读准，然后通过用亚伟码反复规范地看打，要求在7分41秒内完成看打录入（120字/分），并且准确率达95%以上。

律师函的作用

1. 调查 求证

律师在日常业务中，经常出现当事人准备起诉却证据不足的情况。这些情况，有些可以通过发律师函来解决。例如，发函告诉对方如对账目有异议，在10日内书面通知原告或者代理人。对方没有 提出异议，但对管辖权提出了异议。最后，在开庭之前，被告对账目没有 提出异议，案件得以调解。被告直接向原告开具了一张20万元的现金支票。

问题是，对方提出书面异议的期限是否具有法律效力及如何证明对方收到了律师函。书面异议的期限可以从合同的角度来理解和主张。可是逾期是否视为承认有不同的理解。对方是否收到了律师函，以回执为准，因此只能发挂号信或者特快专递。公证送达也可以考虑。需要说明的是，律师函的调查取证 作用是有限的，对象要有选择，不能一概而论。

2. 达成庭外和解协议

律师函的和解作用是其主要的用途。正是这个原因，使律师函受到 越来越多人的欢迎。这类律师函通过通知对方在指定期限来人、来函、来电协商的方式来促使双方达成庭外调解协议。但要指定具体期限，并且要给对方必要的准备 时间。另外，还要告知对方如果逾期不来处理，将面临什么后果，譬如起诉、解除合同、停止付款、停止供货等。

3. 通知解除合同

通知解除合同是当事人的一项权利。告知对方合同自通知到达时解除。对方有异议的，可以请求人民法院或者仲裁机构确认解除合同的效力。通过律师函通知解除合同，需要注意一点，法律、行政法规规定解除合同应当办理批准、登记等手续的，依照其规定办理。

4. 用律师函履行其他法律告知义务。

用律师函履行其他法律告知义务，如通知追认无权代理人的代理行为的、不安抗辩权的行使、同时履行抗辩权的行使、先诉抗辩权的行使、通知合同无效、撤销权的行使等，凡是当事人具有的告知权利都可以通过律师函来完成，具体大家自行领会。

律师函的受送对象要准确，范围不得无故扩大，要限于当事人，或受送达对象的负责人。实践中，为了制造舆论压力或者借助声势或者作秀，往往在媒体上公开发表或在公众场所公开发布律师函，一是这种方式很不适当，违反送达对象是特定的原理，原则上不应公开发布，除非是需要进行公示的法律声明。二是这种公开很可能引起侵犯商业秘密或荣誉、个人隐私或名誉的风险，加大了律师函法律服务的风险，律师事务所很可能成为连带责任人之一。

（资料来源：马培杰，2021. 谈谈律师函写作的相关法律知识[EB/OL].（2012-02-05）[2021-05-01]. https://www.110.com/ziliao/article-272889.html. 有改动）

录入技巧

1）联词消字：公（共）、示（威）。

2）须分开单击的：受送。

3）须在提示行进行选词的：发函（2）、异议（2）、开具（2）、逾期（5）、回执（3）、公证（2）、登记（2）、行使（4）、告知（2）、声势（2）、声明（1）。

4）可以造词的：隐私。

（三）听打录入练习

下面这篇短文共 1292 个字。首先要求读准，然后通过用亚伟码反复规范地听打，要求在 10 分 46 秒内完成听打录入（120 字/分），并且准确率达 95%以上。

（一）任务分析

《国家行政机关公文处理办法》（以下简称《办法》）规定："通告是适用于公布社会各有关方面应当遵守 或者周知的事项的公文"。

通告是社会组织广泛使用的告晓性公文，凡涉及国家政策法令、日常工作事项和社会生活中的一些具体事务都可以行文。发布内容具体、业务性和针对性强。行文对象有限，告知事项范围是辖区内的单位和人员，告知对象范围较窄，仅限于"在一定范围内公布"需要知道的情况、值得注意的事情、应当遵守的规定等。发文单位 广泛、各级社会组织都可以发布。作为存续公司的"全线通"，需要尽快在本地区社会范围内公布兼并某公司这一业务事项，周知其债权债务人等有关人士和单位，让当地范围的公众了解兼并事宜，以便遵守执行有关规定，妥善处理解散公司债务问题，按照规定，应该用周知性通告行文。

（二）通告的种类

1. 周知性通告

社会组织在执行公务过程中有许多 情况需要社会有关方面知晓，以便相互配合，内容 一般是业务性和单一性的，如停水、停电、电话升位等。

2. 遵守性事项通告

用于向社会公布有关 单位和人员应当遵守的事项，具有政策性和法规性，如交通管制、查禁违禁物品等令行禁止事项，有强制性和行政约束力。

（三）结构写法

1. 标题

标题有三种：一是由发文机关名称、事由和文种组成；二是只由发文机关名称和文种，或者只由事由和文种组成；三是仅由文种组成。

2. 缘由

缘由可以阐明发文的原因、目的或意义、根据。若是法规政策类通告，要写清法律依据。然后，用“特通告如下”或“现通告如下”自然过渡到下文。

3. 事项

事项可以写明通告具体内容，着重讲清楚需要周知和遵守的事情。如果是内容较简单的周知性事项通告，可以篇段合一，三言两语一气呵成。若是要求遵守事项或法规性的通告，一般采用条款式，分条列项地写清楚，以便告知对象理解领会，遵照执行。

4. 结尾

结尾可以提出号召、希望、要求，或者点明执行时间、范围和有效期，再以“特此通告”等结语收束，也可以最后一条事项作结。

通告属于泛向行文，面向社会组织内外的公众发布，受文对象 相对来说较为广泛，一般不写抬头，没有主送机关。

（四）通告与公告的区别

1. 范围不同

公告告知对象最广泛、传播范围面向国内外，如中华人民共和国 国务院中央军事委员会公告：解放军驻港部队组建完成，将于 1997 年 7 月 1 日零时正式进驻香港。通告的告知范围有所限制，仅仅是“在一定范围内公布应当遵守或周知的事项”。

2. 发布内容不同

公告发布事关重大，政治性强，如国务院第六次全国人口普查领导小组 办公室《第六次全国人口普查研究课题招标公告》。通告内容相对来说没有公告重要，多是业务工作方面的事项，业务性较强。

3. 性质不同

周知性是公告的最主要特征，除此之外，通告还具有强制性和约束性。

4. 发布机关不同

公告是以国家名义向国内外宣布重大事项和法定事项，发文机关级别比较高，一般由国家高级领导和权力机关发布，或者授权法定的政府职能部门制发。通告发文单位较广泛，各级社会组织都可以制发，使用频率比公告高得多。

5. 发布方式不同

公告事关国家大事，以最先进的电视、电台和报纸等现代化新闻媒介为传播 形式。通告发布方式既可登报，又可张贴，通过报纸和书面张贴于交通要道、闹市、马路街头等形式公布。

（资料来源：高彤心，2012. 应用写作实训教程[M]. 北京：高等教育出版社.）

录入技巧

1）联词消字：窄（幅）、通（过）、升（高）、位（置）、仅（仅）、（形）式、结（束）、泛（滥）、文（化）。

2）单音词需特定的：各（X:G）、凡（X:XBUNA）、只（W:Z）、由（W:IEO）、特

（X:BD）、现（X:XINA）、篇（W:BGINA）、再（W:DZIO）、以（X:I）、时（W:XZ）。

3）可自动捆绑的：适用于、辖区内、仅限于。

4）须在提示行进行选词的：事务（2）、告知（2）、发文（3）、全线（3）、人士（2）、事宜（4）、知晓（3）、查禁（2）、事由（2）、文种（3）、结语（6）、收束（3）、驻港（2）、制法（4）、闹市（2）、街头（2）。

5）须分开单击的：较窄、仅有、写清、篇段、作结、泛向、受文、较为、零时。

6）可以造词的：告晓性、主送。

7）可以自定义的："全线通"。

特别提醒

自定义的步骤如下。

1）将需要自定义的内容正确录入上屏并选中。

2）击打 XWU:D，调出自定义对话框。

3）直接并击自定义组合，很多速录员都自定义为首音节码:XBW。

4）最后击打 XWU:XBW 完成自定义。

（四）听打录入小测试

下面这篇短文共 969 个字。首先要求读准，然后通过用亚伟码反复规范地看打，要求在 8 分 5 秒内完成听打录入（120 字/分），并且准确率达 95%以上。

（一）任务分析

《办法》规定："决定是适用于对重要事项或者重大行动做出安排，奖惩有关 单位及人员，变更或者撤销下级机关不适当的决定事项的公文。"

决定要经过社会组织 领导工作会议的讨论，实际上是决策使用的下行文，在企业就是最有权威的行政公文。它对一些关系到党和国家方针、政策的重要事项或重大行动做出处理和安排，集中体现上级领导机关对重要事项或者重大行动的指挥意志和处置意图，是指导下级机关工作的准则，对受文单位有很强的约束力，要求无条件执行。所谓重要事项，具体指带有全局性或具有重大意义和影响的事项。重大行动是指对社会产生巨大影响的行动。某个问题一旦做出决定就要求在一定时期内贯彻执行。从发文机关的角度来看，用决定行文的事项和行动，相对该单位来说是比较重要的。表彰与处分事项也都可以用决定来行文，因为"奖惩"也属于 单位重大"决策"范围。"全线通"某职工被开除的惩处，对企业来说算是比较重大的事项，按照规定，要用"惩戒性决定"处理，以儆效尤。

（二）决定的种类

1. 知照性决定

知照性决定指机构设置决定、人事安排 决定等某一具体事项的决定，是针对有关具体问题或事项的决策，主要作用是把决定事项简要传达给有关 单位，可省去受文对象，一般 没有 要求下级执行的具体意见。

2. 指挥性决定

指挥性决定指关于重大事项和行动的决定，以及一些带有规定性质的决定。它充分体现领导机关的意图，详细阐述有关方针政策，对重大行动提出政策措施，要求在规定范围内贯彻执行。

3. 奖惩性决定

奖惩性决定指表彰决定、处分决定，是对事迹突出，有典型意义的先进个人或集体进行表彰，或者对一些影响较大，群众关心的事故、错误进行处理的公文。它一般用于树立榜样，表彰先进人物和事迹，或者吸取教训，批评惩戒错误现象。

（三）结构写法

1. 标题

标题由发文机关、事由、文种组成，或由事由、文种组成。如果是正式会议讨论的决定，在标题下面写明在什么会议通过或者批准。成文时间要以会议通过日期或者领导人签发的日期为准。此种决定一般不写抬头或落款。

2. 正文

1）缘由。说明做出这个决定的原因，即决定的目的和意义，或者根据，既可以是有关政策、法规，又可以是来自实际工作情况的事实说明。

2）事项。说明对某项工作确定的原则、提出的要求、规定、措施办法，或者对某人某事表明态度，做出安排和表彰、惩戒的处置等，可长可短。

3）结语。提出 希望和号召，落实 决定的要求。

（资料来源：高彤心，2012. 应用写作实训教程[M]. 北京：高等教育出版社.）

录入技巧

1）联词消字：它（的）、事（实）、指（出）、短（处）。

2）单音词需特定的：无（X:U）、与（W:IU）、被（X:BE）、由（W:IEO）、以（X:I）。

3）可自动捆绑的：约束力。

4）须在提示行进行选词的：意志（3）、指导（2）、惩处（2）、惩戒（2）、知照（2）、事迹（4）、人物（2）、发文（3）、事由（2）、文种（3）、此种（2）。

5）须分开单击的：是指、要以、不写、某事、可长、可短。

知识链接

公文的结构方式

公文正文一般包括开头、主体和结尾 3 个部分。

1. 公文开头的常见方式

公文开头必须开门见山，直入主题。开头要文笔简练，多数只有一个自然段。公文开头的常见方式如下。

1）根据式开头。在开头表明发布公文的根据，如上级文件、领导指示、有关规章和现实情况。这类开头一般用“根据”“遵照”“按照”等介词作为领起。

2）目的式开头。开头提出发布公文的动机、缘由、目的。这种开头常以“为”“为了”等介词作为领起。

3）叙述式开头。开头运用概括叙述的方式，把公文所指向的主要事实做一个简要的交代，然后在事实的基础上展开主体部分的表达。

4）结论式开头。开头提出对某一事件或某一问题的基本认识，以此为前提布置有关工作，提出开展工作的方法、措施和要求。结论式开头或肯定成绩，或指出问题，或阐明原则，或亮明态度，开宗明义。

2. 公文主体部分的结构方式

公文主体部分的结构方式有两种，一种是并列式，一种是递进式。开头通常是总述或总论，它自成一个层次。主体部分的各层或分述或分论，或呈现并列形态，或呈现递进形态。公文主体部分的结构方式如下。

1）并列式是指对事物几个不同侧面的考察，对事件发生的几种不同原因的分析，对法规中不同条文的陈述等，都将形成相互并列的不同层次。

2）递进式是指从事物的表象逐步深入探索其本质，每一个深化的阶段就形成一个层次，各层次之间就是递进形态。从原因出发推导结果，或者反过来从结果出发寻找原因，也会有步步深入的过程，也是递进形态。另外，文章在偏重于记述事件或过程时，按照事实发生的先后顺序表述，事件的阶段性也必然会形成层次，各层次之间也属于递进形态。

公文主体部分并列式和递进式层次往往交叉、相互并列，每个层次可能又采用递进式安排内容。主体部分各层之间属于递进形态，但具体某一层次又采用并列式安排内容。

3. 公文结尾的常见方式

公文的结尾必须明确提出结论性的意见、请求或执行要求。公文结尾的常见方式如下。

1）总结式结尾。在结尾处用简洁明白的语言进行画龙点睛式的概括归纳，也就是对全文内容进行总结。

2）希望式结尾。在结尾处提出希望、号召。

3）说明式结尾。在结尾处对与文章内容有关的事项或问题进行交代说明。

4）套语式结尾。用固定的套语结尾，例如，请示使用“此请示当否，请批复”或“以上请示如无不妥，请予批准”等结尾；报告使用“特此报告，请审阅”或“特此报告，如无不妥，请批转执行”等结尾；通知使用“特此通知，望贯彻执行”等结尾；函使用“特此函商，请研究见复”等结尾。

公文也可采用自然结尾的方式，主体部分内容表达完毕就结束。

【拓展训练】

找一篇约 2200 字的行政文书资料，在 20 分钟内进行录入整理。最后请小组成员间互相评判录入情况。针对此次训练总结容易出现的问题及避免出错的方法。

【学习评价】

填写学习评价表，如表 3-3-1 所示。

表 3-3-1　学习评价表

考核知识点	考核标准	分值	自评分	小组评分	综合得分
看打录入	看打录入练习完成情况	20			
	看打录入小测试完成情况	20			
听打录入	听打录入练习完成情况	20			
	听打录入小测试完成情况	20			
拓展训练	任务完成情况	20			
总分		100			
教师指导意见					

二、公文常见专用语言录入

行政公文常使用特定用语，含义确定，使用频率很高。它在准确、严谨地表述公文内容及格式的同时，还能有效地增强简明、庄重的语体风格。

【训练情景】

小文在速录实践中发现行政文书普遍存在一些习惯用语，为了提高速录速度及准确率，小文决定加强这方面的训练。

【训练步骤】

根据训练材料要求完成听打录入。

方法 1：先反复看打，熟悉公文常见专用语言。

方法 2：根据比对结果找出不足之处，再重点练习确保准确无误。

进行以下用语的听打录入练习，要求准确率达 100%。

1. 开头用语

开头用语有为、为了；根据、按照、遵照、依照；鉴于、关于、由于；目前、当前；兹（指现在）、兹有、兹将、兹介绍、兹派、兹聘。

2. 承启用语

承启用语有根据……决定，根据……特通告如下，依据……公告如下；为了……现决定，为……通报如下，现就……问题请示如下；现将……（情况）报告如下，现就……问题提出如下意见；拟采取如下措施；经……研究，答复如下。

3. 引述用语

引述用语有悉（知道）、收悉、电悉、文悉、敬悉、欣悉。

4. 批转用语

批转用语有批示、阅批、审批、批转、转发、印发。

5. 称谓用语

称谓用语有我（部）、贵（局）、你（省）、本（部门）、该（处）。

6. 经办用语

经办用语有经、业经、兹经、未经；拟、拟办、拟定；施行、暂行、试行、执行、参照执行、贯彻执行、研究执行；审定、审议、审批；会议听取了、会议讨论了、会议认为、会议指出、会议通过了、会议决定、会议希望、会议号召、会议要求。

7. 表态用语

表态用语有不同意、原则同意、同意；不可、可办、照办；批准、原则批准。

8. 结尾用语

结尾用语有当否，请批示；如无不妥，请批转各地执行；妥否，请批复；请研究函复；盼复；请予复函；请指正；请审阅；此复；特此专复；特此通知（通告、通报）。

9. 判断用语

判断用语有系、确系、果系、纯系等。

10. 征询用语

征询用语有妥否、当否、可否、是否可行、是否妥当、请予批转、当否，请批示等。

11. 受事用语

受事用语有蒙、承、承蒙、荷、是荷、为荷等。

12. 报送用语

报送用语有呈请、呈报、呈文、呈送、呈上、迳报、送达等。

13. 批转用语

批转用语有批转、转发、印发、发布；批示、阅批、审批等。

14. 时态用语

时态用语有从速、亟待、即日、暂时、行将、即将、一向、一经；按期、如期、定期、限期、先期、预期、逾期、展期、周期、过期等。

知识链接

公文语言的特点

概括而言，公文语言的主要特点是准确、庄重、简练、平实、规范。

1. 准确

准确是指用词造句准确贴切，句子与句子之间的逻辑关系严谨。要求语言要符合实际，概念清楚，不会产生歧义，不模棱两可。对问题的分析也有理有据，符合逻辑，在遣词造句方面也要恰当贴切，符合语法规范，对于一些意义相近的词语要反复考虑，仔细辨别、分析它们之间的细微差别，选择最为准确的进行使用。准确是公文写作的最基本要求。

2. 庄重

庄重就是庄严、郑重。一是要运用规范的书面语言。少用，尽量不用口语或俗语；二是适当运用文言词语和文言句式；三是使用通行的标准语言，不用方言，不用表意模糊的社会流行语；四是多用叙事性、陈述性的语言，少用描绘性、抒情性的语言。

3. 简练

简练即语言简单、明确，更直观。撰写公文要开门见山，直陈其事，不兜圈子，直截了当写明公文的主要内容即可。上行文应尽量使用陈述句，下行文尽量使用祈使句。对于描写的句子，带有个人感情的疑问句或感叹句应该尽量少用。忌长篇大论，言不及义，语言不明。力求用最少的语言，表现最丰富的内容。

4. 平实

平实就是语言要平实易懂、平直自然、明白畅晓、恰如其分，不矫揉造作，忌堆砌华丽辞藻，滥用词格，讲究于平淡实在之中表述清楚。要多用叙述、说明、议论性语言，少用或者不用描写、渲染的手法。不堆砌辞藻，不故弄玄虚，不过多引经据典。

5. 规范

规范是指公文的语言除了需要遵守基本的语法规范，还需要遵守公文语言自有的一套标准。要求符合规范的现代汉语的书面语，禁用地方话；要使用规范的文字，不写错别字，不写不规范的简化字；要使用规范的词语，尤其是专业术语，禁止半文半白、中文中夹杂着不必要的英文单词、生编硬造的词语或网络语言；要正确使用标点符号并按照国家标准使用汉字数字和阿拉伯数字。

【拓展训练】

行政公文中还有一种特殊的语言叫作“模糊词语”，是指外延不确定、内涵无定指的特性语言。它可适应特定语境，是为了更周密、严谨、简练、得体，准确恰当地表达意思。

模糊词语常被用来表示时间、方位、数量、程度、范围等。请按以下内容进行反复训练。

1. 表时间的词语

表时间的词语有近来、最近、当今、当前、过去、往日、原先、前不久、不日、不时、将来、届时、今年以来、今冬明春、长期、最初阶段、晚期、临时、有时、及时、一贯、一度、一段时间、偶尔、许久、限期、如期、一朝一夕等。

2. 表方位的词语

表方位的词语有附近、周围、远方、前方、后方、南方、北方、上边、下边、前面、后面、外地、本地、这里、那里、所在、就地、处处等。

3. 表数量的词语

表数量的词语有多数、少数、一些、许多、不少、不乏一系列、一伙、多次、屡次、一再、再三、三令五申、三番五次、个别、绝大多数等。

4. 表程度的词语

表程度的词语有稍、较、很、最、极、重大、巨大、特大、莫大、一定、显著、稍微、普遍、差不多、基本上、大抵、大体上、充分、足够、较为、极端、丝毫、十分等。

5. 表范围的词语

表范围的词语有广大、广泛、所有、有的、有些、有关、左右、以上、以下、以内、以外等。

【学习评价】

填写学习评价表，如表 3-3-2 所示。

表 3-3-2 学习评价表

考核知识点	考核标准	分值	自评分	小组评分	综合得分
看打录入	看打录入完成情况	40			
公文语言的特点	基本掌握公文语言的特点	30			
拓展训练	任务完成情况	30			
总分		100			
教师指导意见					

三、完整行政文书录入

行政文书是行政文件材料的总称，主要指行政公文，也包括其他的公务文书，如章程、条例、计划、总结、调查报告等。行政文书的写作与录入是办公室文员、秘书必备的技能。

【训练情景】

小文经过一段时间的训练，不仅对行政文书有了一定的认识，速录水平也有很大的提升。她渐渐发现，训练的过程其实就是学习的过程，不仅能提高速录速度及准确率，还能学到很多文秘的知识与写作技能。她暗下决心，一定要掌握行政文书的速录技能。

【训练步骤】

根据训练材料要求完成看打录入。

方法 1：先以准确率为前提，不考虑录入速度。

方法 2：在规定时间内完成录入后，可继续反复练习，做到既准又快。

（一）看打录入练习

下面是一篇完整的公文。首先要求读准，然后通过用亚伟码反复规范地看打，要求速度达到 120 字/分，准确率达 95%以上。

教育部办公厅等四部门关于进一步做好
在院校实施 1+X 证书制度试点有关经费使用管理工作的通知

教财厅函〔2020〕12 号

各省、自治区、直辖市教育厅（教委）、发展改革委、财政厅、人力资源社会保障厅，各计划单列市教育局、发展改革委、财政局、人力资源社会保障局，新疆生产建设兵团教育局、发展改革委、财政局、人力资源社会保障局，有关单位：

在院校实施 1+X 证书制度，是深化复合型技术技能人才培养培训模式、评价模式改革和提高人才培养质量的重大制度创新。为推动解决各地在院校实施的1+X证书制度试点过程中存在的突出问题，现就进一步做好试点有关经费使用管理工作通知如下。

一、试点期间，院校组织开展的X证书培训、考核工作，相关费用应作为正常的教育教学支出列入学校预算。在国家职业教育指导咨询委员会指导下，教育部办公厅发布了《关于落实在院校实施的职业技能等级证书考核成本上限设置方案及相关说明的通知》（教职成厅函〔2020〕11号，以下简称上限公告），各省级教育行政部门要结合当地实际，指导培训评价组织依据上限公告及其说明，协商提出考核费用标准；对培训评价组织提出的考核费用标准，各省级教育行政部门可采取组织第三方机构或相关方面专家等方式予以核定。有关院校按照省级教育行政部门核定的考核费用标准向培训评价组织支付相应的费用，根据所承担的成本安排学校相应支出。试点期内已经完成的X证书考核工作，相关费用应于2020年底前结清。各地要根据证书制度实施、考核成本变化等情况，不断完善1+X证书考核成本、支出标准的核定办法，建立动态调整机制。确有特殊情况需要提高考核费用标准的，有关培训评价组织按程序报省级教育行政部门审核后实施。

二、各地教育、财政、人力资源社会保障部门要认真落实教育部、人力资源社会保障部等十四部门印发的《职业院校全面开展职业培训促进就业创业行动计划》（教职成厅〔2019〕5号）等文件有关要求，根据教师工作量增加情况，适当核增X证书考核培训职业院校的绩效工资总量。院校在绩效工资总量中统筹考虑、合理确定承担X证书考核培训任务的教师薪酬，向承担培训任务的教师倾斜，建立健全激励机制。

三、各地教育、发展改革、财政、人力资源社会保障部门要认真落实《国务院办公厅关于进一步调整优化结构 提高教育经费使用效益的意见》（国办发〔2018〕82号），切实加强省级统筹，在用好中央财政奖补资金、加大地方财政投入的同时，通过调整优化支出结构、鼓励社会资本参与、完善成本分担机制等多种渠道筹措教育经费，优先支持1+X证书制度等试点工作。院校可统筹财政拨款、学费及其他事业收入等，保证X证书培训、考核颁证、教师培训、承担考核培训任务的教师绩效工资等正常的教育教学支出。各地要统筹用好院校场地、设备、耗材、人员等现有资源，创新考核培训方式，充分利用现代信息技术，在保证质量的前提下，切实降低考核培训成本。要加强预算绩效管理，主动接受审计等监督，确保资金安全规范有效使用。

各地教育、发展改革、财政、人力资源社会保障等相关部门要按照本通知要求，进一步强化主体责任，加强沟通协商，完善相关政策，健全工作机制，创新工作方式，确保1+X证书制度试点工作健康有序推进。

教育部办公厅 国家发展改革委办公厅

财政部办公厅 人力资源社会保障部办公厅

2020年8月24日

（二）看打录入练习

用亚伟码反复规范地看打下面这篇公文（节选），要求120字/分，准确率达95%以上。

国务院关于印发国家职业教育改革实施方案的通知

国发〔2019〕4号

各省、自治区、直辖市人民政府，国务院各部委、各直属机构：

现将《国家职业教育改革实施方案》印发给你们，请认真贯彻执行。

国务院

2019年1月24日

（此件公开发布）

国家职业教育改革实施方案

职业教育与普通教育是两种不同教育类型，具有同等重要地位。改革开放以来，职业教育为我国经济社会发展提供了有力的人才和智力支撑，现代职业教育体系框架全面建成，服务经济社会发展能力和社会吸引力不断增强，具备了基本实现现代化的诸多有利条件和良好工作基础。随着我国进入新的发展阶段，产业升级和经济结构调整不断加快，各行各业对技术技能人才的需求越来越紧迫，职业教育重要地位和作用越来越凸显。但是，与发达国家相比，与建设现代化经济体系、建设教育强国的要求相比，我国职业教育还存在着体系建设不够完善、职业技能实训基地建设有待加强、制度标准不够健全、企业参与办学的动力不足、有利于技术技能人才成长的配套政策尚待完善、办学和人才培养质量水平参差不齐等问题，到了必须下大力气抓好的时候。没有职业教育现代化就没有教育现代化。为贯彻全国教育大会精神，进一步办好新时代职业教育，落实《中华人民共和国职业教育法》，制定本实施方案。

总体要求与目标：坚持以习近平新时代中国特色社会主义思想为指导，把职业教育摆在教育改革创新和经济社会发展中更加突出的位置。牢固树立新发展理念，服务建设现代化经济体系和实现更高质量更充分就业需要，对接科技发展趋势和市场需求，完善职业教育和培训体系，优化学校、专业布局，深化办学体制改革和育人机制改革，以促进就业和适应产业发展需求为导向，鼓励和支持社会各界特别是企业积极支持职业教育，着力培养高素质劳动者和技术技能人才。经过5～10年左右时间，职业教育基本完成由政府举办为主向政府统筹管理、社会多元办学的格局转变，由追求规模扩张向提高质量转变，由参照普通教育办学模式向企业社会参与、专业特色鲜明的类型教育转变，大幅提升新时代职业教育现代化水平，为促进经济社会发展和提高国家竞争力提供优质人才资源支撑。

具体指标：到2022年，职业院校教学条件基本达标，一大批普通本科高等学校向应用型转变，建设50所高水平高等职业学校和150个骨干专业（群）。建成覆盖大部分行业领域、具有国际先进水平的中国职业教育标准体系。企业参与职业教育的积极性有较大提升，培育数以万计的产教融合型企业，打造一批优秀职业教育培训评价组织，推动建设300个具有辐射引领作用的高水平专业化产教融合实训基地。职业院校实践性教学课时原则上占总课时一半以上，顶岗实习时间一般为6个月。“双师型”教师（同时具备理论教学和实践教学能力的教师）占专业课教师总数超过一半，分专业建设一批国家级职业教育教师教学创新团队。从2019年开始，在职业院校、应用型本科高校启动“学历证书+若干职业技能等级证书”制度试点（以下称 1+X 证书制度试点）工作。

（以下略）

知识链接

公文的格式

公文有一定的格式，这是公文在形式上区别于一般文章的重要标志。公文的格式一般包括公文的书面格式和公文的排版形式与印装要求两个方面。

（一）公文的书面格式

公文的书面格式，是指公文全部文面组成要素的排列顺序和标识规则。

《党政机关公文格式》将公文的书面格式划分为版头、主体、版记三部分。

版头部分包括份号、密级和保密期限、紧急程度、发文机关标志、发文字号、签发人、版头中的分隔线。

主体部分包括标题、主送机关、正文、附件说明、发文机关署名、成文日期、印章、附注、附件。

版记部分包括抄送机关、印发机关和印发日期。

（二）公文的排版形式、公文用纸幅面和印制装订要求

公文的排版形式包括版头设计、版面安排、字体字号、字行字距、天地页边，用纸规格等；印装要求包括制版、印刷及装订的要求。《党政机关公文格式》规定了机关公文运用的纸张尺寸、规格与字体字号的选用，以及制版、印刷及装订的要求等。

1. 公文用纸幅面尺寸及版面要求

（1）幅面尺寸

公文用纸采用 A4 型纸，尺寸为：210mm × 297mm。

（2）版面

1）页边与版心尺寸。公文用纸天头（上白边）为 37mm ± 1mm，公文用纸订口（左白边）为 28mm ± 1mm，版心尺寸为 156mm × 225mm。

2）字体和字号。一般用 3 号仿宋体字。特定情况可以作适当调整。

3）行数和字数。一般每面排 22 行，每行排 28 个字，并撑满版心。特定情况可以作适当调整。

4）文字的颜色。如无特殊说明，公文中文字的颜色均为黑色。

2. 印制装订要求

1）制版要求。版面干净无底灰，字迹清楚无断划，尺寸标准，版心不斜，误差不超过 1mm。

2）印刷要求。双面印刷；页码套正，两面误差不超过 2mm。黑色油墨应当达到色谱所标 BL100%，红色油墨应当达到色谱所标 Y80%、M80%。印品着墨实、均匀；字面不花、不白、无断划。

3）装订要求。左侧装订，不掉页，两页页码之间误差不超过 4mm，裁切后的成品尺寸允许误差 ±2mm，四角成 90°，无毛茬或缺损。

【拓展训练】

依据以下材料，按照《党政机关公文格式》的要求，将以下通知制成标准的公文。

1）版头：卓越集团公司文件。

2）发文字号：卓办〔2021〕3 号。

3）公文标题：卓越集团公司关于公布 2020 年集团公司技能大赛获奖名单的通知。

4）正文：略。

5）发文机关：卓越集团公司。

6）印章：卓越集团公司。

7）成文日期：2021 年 1 月 30 日。

8）主送机关：A 市轻工业局。

9）印发日期：2021 年 1 月 31 日。

【学习评价】

填写学习评价表，如表 3-3-3 所示。

表 3-3-3　学习评价表

考核知识点	考核标准	分值	自评分	小组评分	综合得分
看打录入	看打录入练习（一）完成情况	25			
	看打录入练习（二）完成情况	25			
公文格式	基本掌握书面格式	15			
	基本掌握排版形式与印装要求	15			
拓展训练	任务完成情况	20			
总分		100			
教师指导意见					

任务四　演示文件速录训练

【训练目标】

1）能够轻松达到 120 字/分左右的录入速度。

2）能够使用速录机辅助完成演示文件的录入工作。

3）掌握基础的演示文稿操作。

一、演示文件看打、听打提高训练

要想应用速录机更好地完成一篇演示文稿的制作，同样少不了看打、听打训练的提升，良好的速录功底才是高效率工作的秘诀。

【训练情景】

作为秘书人员的小文，她的工作是非常多样化，领导开会或者讲话所用的演示文件都需要她来负责。所以小文抓紧一切练习时间，努力提高自身的速录水平，更高效地工作。

【训练步骤】

对训练材料进行看打、听打训练和测试。

方法 1：反复看打熟悉文章，掌握录入技巧。

方法 2：以准确率为前提看打，不考虑录入速度，找到录入的难点，反复看打练习，做到既准又快。

方法 3：按分句看打、分段看打、全文看打的步骤循序渐进反复练习，直至超过速度要求。

（一）看打录入练习

下面这篇短文共 1024 个字。首先要求读准，然后通过用亚伟码反复规范地看打，要求在 8 分 32 秒内完成看打录入（120 字/分），并且准确率达 95%以上。

对初入职场的毕业生而言，从校园人到职场人，是一个巨大的转变。能否适应这种转变、适应的快慢，都会对自己的职业生涯产生比较 深远的影响。笔者认为，从校园人顺利过渡到职场人，需要过好“七关”。

一是心态关。初从学校到社会，不适应、无名的失落和惆怅是很正常的，每个人在这样一个过渡阶段都会有，这个时候，注意自我调适、有一个平和的心态非常重要。常常有些人不能 正确地看待这种失落和惆怅，把这种因环境变化而产生的暂时的不适应武断地认为是自己就职的单位不好，从而轻易断定单位不适合自己 或者 自己不适合单位，轻率地选择辞职，这是非常冲动的做法。对那些刚刚参加工作不久就选择辞职的朋友，一定要用理性战胜感性冲动，应先问问自己：自己的失落和惆怅到底来自哪里？多适应一段时间以后再决定是否离开。

二是人际关系关。人是社会关系的总和。在校园中，你可以选择只与自己喜欢的人在一起，而在单位，就必须学会与各种各样的人打交道，无论你对他（她）是否喜欢。刚进新单位，要有第一印象意识。第一印象良好，即使以后有表现得不够好的地方，别人也会对你宽容一些；第一印象糟糕，即使后来做得再漂亮，别人对你的评价也不会太高。尽管这有失公允，但毕竟大部分人都有以偏概全、先入为主的心理，所以还是注意一点好，有助于更好地融入同事圈中。如果要想办法与同事们尽快熟悉，可以帮助他们多做点事，例如，主动打扫办公室或实验室的卫生，整理文件和资料，接听电话等。不要小看这些努力，它会帮助你迅速融入同事圈中，得到大家的认同。另外，在学校里，一般是自己埋头研究就可以独立完成自己的研究和论文，只要“独善其身”即可。但在单位，一定要注意到自己是在一个团队中，必须有好的团队精神，要学会与人合作，要大度，要甘于吃亏，不要想着占小便宜。处理好复杂 关系的捷径是多看、多听、多干、少说。在各种利益冲突中超脱一点，肯让、能让、善让，不要斤斤计较、心机太重，有道是“量大福也大，机深祸也深”。

三是理想关。学生期间总会有各种各样的理想，甚至是梦想、幻想。但理想并不等于现实，再好的单位，现实与理想之间还是有一定的差距。要理性地对待自己的工作，不能因为一时的成绩而得意忘形，也不能因为一时的挫折而垂头丧气。要有信心和耐心，要清楚地知道，成功是靠自己的努力获得的。人要有一定的理想主义情怀，但太理想就会脱离现实；人一定要尊重现实，但太实际的人可能不会有大成就。既低头拉车，又抬头看路；既脚踏大地，又仰望星空，才是处理好理想和现实 关系的辩证法。

（资料来源：程基伟，2008. 从校园人到职场人的转变[J]. 科技导报（18）：106.）

录入技巧

1）联词消字：初（级）、入（门）、关（系）、调（整）、适（于）、圈（子）、善（于）。

2）单音词需特定的：打（W:DA）、他（X:BDA）、她（W:BDA）、又（XW:IEO）。

3）须分开单击的：看路。

4）可自动捆绑的：有失公允、以偏概全、先入为主。

5）须在提示行进行选词的：总合（3）、即使（2）、打扫（2）、融入（2）、同事（2）、甘于（6）、捷径（3）、出息（2）。

6）可以自定义的：“量大福也大，机深祸也深”。

（二）看打录入小测试

下面这篇短文共 998 个字。首先要求读准，然后通过用亚伟码反复规范地看打，要求在 8 分 19 秒钟内看打录入完成（120 字/分），并且准确率达 95%以上。

四是业务关。有的人认为，博士毕业，知识储备已经足够了，胜任工作肯定没问题。其实不然，我们的博士教育，在于“专”而不在于“博”，工作中需要的知识常常是多方面的，专业对口还好，若专业不是特别对口，则需要补充的知识很多。初入职场，特别要注意避免眼高手低。“小事不愿干，大事干不了”是刚参加工作的人常犯的毛病。如果不注意纠正，很可能会使你成为志大才疏之人。要注意“大处着眼、小处着手”，举轻若重、一丝不苟地做好每一件“小事”。小事中见大精神，可为以后做“大事”积累资源。要谦虚谨慎，善于向身边的同事学习、向领导 学习、向德高望重的老同志 学习。

五是意识关。从校园到职场，有很多方面的意识需要改变。例如，在校园中可以凭自己的兴趣做事，而在单位中最重要的是责任，这远比兴趣重要。必须努力做到“干一行，爱一行”，兴趣的来源是责任，强烈的责任感完全可以培养人对工作的兴趣。一个人也只有真正爱好自己 从事的工作、事业，才能全身心的投入。例如，在校园中你可以情绪化，偶尔感情用事，但职场要求的是高度理性行为，职场规则是必须遵循的。要学会由情感人转变到职业人，由个人好恶转变到敬业精神，由情绪左右转变到职业驱动。例如，在学校中，校园人考虑的往往是自己的成长，衡量的标准是成绩；而在企业当中，职场人考虑的往往是经营绩效和利润，会读书和会创造利润之间并不是天然的正相关。

六是生活关。在校园中，时间主要可以由自己支配，足以应付自己的生活；而到了单位，早晨准时上班，下午准时下班，或许晚上还经常加班，加上工作上的压力，有些人可能会吃不消。其实，职场上的生活才是一个人真实的生存状态，工作和生活有矛盾，但并不是不可调和的，在繁忙的工作之余，还是不要疏远了自己的亲属、朋友。生活和工作同等重要，协调好它们，鱼和熊掌是可以兼得的。

七是作风关。在校园中，特别是 研究生，除了做好研究，其他约束较少，相对来说比较轻松。但在单位中就必须每天与自己的惰性做斗争，上班绝不能迟到，一定要按时到达办公室，不能懒散。如果 能够比别人提前十几分钟到达办公室，提前收拾好卫生，对你尽快融入新同事之中很有帮助。

从校园人到职场人的转变不是一个迅速的过程，这其中可能会有很多痛苦和挫折，但不完成这种转变，就不可能成为一名成功的职场人。有人提出，职场成功必须要做到五点：信心、能力、沟通、合作和创造，很有道理，可以用这五点标准要求 自己，尽快实现从校园人到职场人的转变。

（资料来源：程基伟，2008. 从校园人到职场人的转变[J]. 科技导报（18)：106.）

录入技巧

1）联词消字：关（系）、专（门）、博（士）、刚（才）、常（常）、犯（罪）、凭（借）、远（处）、睡（觉）。

2）单音词需特定的：处（XW:BZU）、由（W:IEO）、得（W:D）。

3）须分开单击的：干不、会使。

4）可自动捆绑的：志大才疏、大处着眼、一丝不苟、负面影响、鱼和熊掌、绝不能。

5）须在提示行进行选词的：小事（4）、大事（2）、绩效（2）、加班（3）、真实（2）、之余（2）、疏远（2）、着装（2）、迟到（2）、按时（2）、融入（2）、同事（2）。

6）可以造词的：知识、兼得、懒觉、懒懒散散。

（三）听打录入练习

下面这篇短文共 1276 个字。首先要求读准，然后通过用亚伟码反复规范地听打，要求在 10 分 37 秒内完成听打录入（120 字/分），并且准确率达 95%以上。

气质还受到人的意志的控制：一个人平时容易激动，行为急躁，但如果有意加以控制便可以克制这种脾气。有的人虽然平时稳稳当当，但在某些特定的场合可能会暴跳如雷，一反常态。由此可见，人的气质并不是唯一影响人的行为特征的因素，人的行为是一种受多种因素综合影响的复合体。

正确认识气质的上述特点，对我们加强自身的气质修养，培养良好的气质品质具有重要意义。

气质这个概念最早是由古希腊医生希波克拉底（公元前 5 世纪）提出来的，后来罗马医生盖伦做了整理。他们认为人有四种体液——血液、黏液、黄胆汁和黑胆汁。这四种体液在每个人体内所占比例不同，从而确定了胆汁质、多血质、黏液质、抑郁质四种气质类型。尽管希波克拉底和盖伦对气质分类的依据不够科学，但是他们提出的气质划分为四种类型的观点一直被沿用下来。现在对气质类型的分类是依据俄国生理学家伊万·彼德罗维奇·巴甫洛夫（Ivan Petrovich Pavlov）的高级神经活动类型学说。四种气质类型的典型心理特征如下。

胆汁质，又称为不可抑制型，是一种以强而不平衡的神经活动类型为基础的气质类型。这种气质类型最典型的特点是直率、热情，精力旺盛，脾气暴躁，情绪兴奋性高，容易冲动，抑制能力差，反应迅速但不灵活，心境变化剧烈，具有明显的外倾性。这种人由于精力旺盛，能以极大的热情投身于自己所从事的活动中，开始时能够埋头于工作并能克服工作中的困难，但一旦精力耗尽，往往变得情绪低落，失去信心。

多血质，又称为活泼型，是一种以强而平衡灵活的神经活动类型为基础的气质类型。这种气质类型最典型的特点是活泼、好动、敏捷，反应迅速，喜欢与人交往，注意力容易转移，兴趣和情绪容易变换，外部表露明显，具有可塑性和外倾性。这种人容易适应变化了的环境，善于交际，在生疏的环境中不感到拘束，精神愉快，比较适应各种社会活动，但对需要付出艰苦努力的事情缺少热情和恒心。

黏液质，又称为安静型，是一种以强而平衡，但灵活性较低的神经活动类型为基础的气质类型。这种气质显著的特点是安静、稳重，反应缓慢，沉默寡言，情绪不容易外露，注意力稳定但难以转移，善于忍耐，具有明显的内倾性。具有这种气质类型的人善于克制自己，比较循规蹈矩，能够比较有条理地处理各种事情，态度持重，交际适度，较少空谈，显出从容不迫而又严肃认真的品格，但因缺乏灵活性而不适应多变的环境。

抑郁质。这是以弱的神经活动类型为基础的气质类型。这种气质类型，情绪体验深刻，感受性较高，容易觉察他人不易察觉的细节，行动较迟缓，而且不强烈，较孤僻。这种人具有较强的坚定性，能够克服困难，内心情感丰富，具有幻想力，但常有挫折感，易动感情而爆发性差，比较刻板，对工作缺少激情，不善与人交往。

这四种典型的气质类型只是理论上分类的需要，事实上只有极少数人是四种气质类型的典型代表，而不是所有的人都可以按照这四种气质类型来划分的。多数人是介于各类型之间的中间型，只不过是有的人这一种类型稍占优势，有的人则是另一种类型稍微突出。在判断一个人的气质类型时，不能生搬硬套，更不能仅以一时一地的行为表现作为依据。我们应该深入个体活动的系统中详细而全面地加以分析考察，才能得出结论。

（资料来源：赵中利，赵昕，2014. 现代秘书心理学[M]. 3 版. 北京：高等教育出版社.）

录入技巧

1）须联词消字定字的：底（座）、（液）汁、胆（量）、质（量）、型（心）、交际（花）、弱（手）、易（于）、仅（仅）。

2）单音词须特定的：由（W:IEO）、种（W:ZUEO）、又（XW:IEO）、以（X:I）、时（W:XZ）、地（X:DI）。

3）须分开单击的：人的、好动、与人。

4）可自动捆绑的：人的意志、有的人、复合体、巴甫洛夫、极大的、投身于、可塑性、一时一地。

5）须在重码提示行中进行选择的：气质（2）、急躁（2）、希波（4）、盖伦（2）、黄丹（2）、胆汁（2）、称为（2）、精力（3）、抑制（6）、不易（6）。

（四）听打录入小测试

下面这篇短文共 988 个字。首先要求读准，然后通过用亚伟码反复规范地听打，要求在 8 分 13 秒钟内完成听打录入（120 字/分），并且准确率达 95%以上。

气质对于秘书的实践活动具有较大的影响，它是影响秘书心理活动的重要因素之一。

秘书由于工作需要形成了许多分工，有专管文字工作的文字秘书，有专管事务的行政秘书，有负责文件印章和通信的机要秘书等。胆汁质和多血质的人在处理日常事务、与各方面打交道中能够热情主动，因而能够高效率地完成工作；黏液质和抑郁质的人由于安静稳定，能够比较耐心细致，不容易出差错，较顺利地完成任务。

胆汁质类型的秘书适合从事组织一类的工作。当领导制定一项新的决策时，如果由胆汁质类型的秘书去组织工作，能够制造比较热烈的工作气氛，造成一种情绪感染。这种类型的秘书办事果断，不拖泥带水，适合处理办公室的日常事务和进行具有开创性的组织工作。

多血质类型的秘书由于灵活敏捷、活泼好动，善于与各种熟悉的和不熟悉的人打交道，适合从事对外联系、交际方面的工作，同时还适合处理各种人际关系的协调工作，能够比较灵活地解决各种人际矛盾与争端。

黏液质类型的秘书由于比较沉着冷静，注意稳定而工作踏实，适合从事材料综合及文书处理方面较细致的工作，能够做到工作有条理性。

抑郁质类型的秘书由于感受性强，思维周密、深入，直觉性强，分析问题较深刻，有一定的预见性，因而适合从事文件起草和提供咨询工作，能够深化领导的思想，使工作经验系统化。

气质只影响人们智力活动的方式，并不能决定人们的智力发展水平，不能决定一个人活动的社会价值和成就的高低。每种气质的人都可能成为伟大的天才，也可能成为碌碌无为的庸人。人类历史上不同气质类型做出伟大成就的大有人在。俄国的四位著名作家普希金、赫尔岑、果戈理和克雷洛夫就是四种不同气质的代表。普希金具有明显的胆汁质特征，属于“不平则鸣”的典型诗人气质；赫尔岑具有多血质的特征，他一生不断地积极参加革命活动；克雷洛夫属于黏液质，是一位新闻工作者，从事寓言写作；果戈

理属于抑郁质的气质类型，他的一部《死魂灵》描写深刻、入木三分。他们都在文学上取得了杰出的成就。

人的气质类型本身并无好坏之分。每一种气质既有积极的一面，又有消极的一面。例如，胆汁质的人既可能成为热情主动、生机勃勃的人，又可能成为急躁任性、易发脾气的人；抑郁质的人既可能成为情感深刻而稳定、观察细致而敏锐的人，又可能成为孤僻羞怯的人。因此，那种认为某种气质优越的观点是站不住脚的。一个人只有不断加强气质修养，有意识地控制和克服不良气质的影响，才能形成良好的气质品质。

（资料来源：赵中利，赵昕，2014. 现代秘书心理学[M]. 3 版. 北京：高等教育出版社.）

录入技巧

1）须联词消字定字的：它（的）、专（门）、交际（花）、易（于）、果戈（理）。

2）单音词须特定的：各（X:G）、地（X:DI）、及（X:GI）、使（X:XZ）、只（W:Z）。

3）须分开单击的：的人、他的。

4）可自动捆绑的：打交道、适合于、普希金、死魂灵、站不住脚。

5）须在重码提示行中进行选择的：事务（2）、智力（3）、庸人（2）、赫尔（2）、寓言（3）。

【拓展训练】

学生针对大学生就业指导这一主题，搜集相关资料，进行速录整理。

【学习评价】

填写学习评价表，如表 3-4-1 所示。

表 3-4-1 学习评价表

考核知识点	考核标准	分值	自评分	小组评分	综合得分
看打录入	看打录入练习完成情况	20			
	看打录入小测试完成情况	20			
听打录入	听打录入练习完成情况	20			
	听打录入小测试完成情况	20			
拓展训练	任务完成情况	20			
总分		100			
教师指导意见					

二、确定并速录演示文稿的主题内容

演示文稿需要使用简洁的信息恰当地表达主题，同时要迅速地吸引人们的注意力，抓住听众，一步一步地随着演讲的进行，结合演示文稿的内容，了解演讲者要表达的思想。因此，确定演示文稿的主题内容及大纲逻辑非常重要。通过训练，一方面，学生可以开拓思维，提高确定主题内容、合理编排大纲的能力；另一方面，学生可以充分利用速录技能将灵感及时记录并整理。

【训练情景】

为了给领导接下来的演讲准备演示文稿，小文的团队组织了一场头脑风暴。同事们各抒己见，热烈讨论，确定演示文稿的主题内容和大纲逻辑，小文则及时将讨论结果速录。

【训练步骤】

1）将学生每 2～4 人分为一组，分组讨论。
2）小组事先搜索任意主题的文章，篇幅在 2000 字左右。
3）分组讨论确定各自文章需要制作成演示文稿的主题内容及大纲。
4）边讨论边将讨论结果速录并保存。

知识链接

PPT 快速排版技巧

PPT 应该是职场上比较头疼的一个项目，虽说经过多年进化，现在已经有了很多现成的 PPT 模板，但由于 PPT 讲究的是整体的协调和对称的美感，因此在细节上也要多下功夫。

PPT 文字排版不仅仅是复制粘贴那么简单。PPT 快速排版技巧如下。

1. 少即是多

俗话说得好，文义不够，字体来凑。但在 PPT 中使用过多的文字，画面整体不简洁、直观，如图 3-4-1 所示。

图 3-4-1　字体数量太多

正确的做法应该是，同一个 PPT 内尽量不要使用超过 3 种字体，如图 3-4-2 所示。

图 3-4-2　字体不超过 3 种

不仅如此，在同一个 PPT 中，所有同级标题的字号也要保持一致，毕竟 PPT 讲究的是对称规整的美感。

这里给大家一个参考数值，以一般会议室的大小为例，正文字号在 14～28 之间，既能保证在演示中观者能看清楚文字，又不失画面的精致感。

2. 善用行距

统一字体只是第一步，字体挤在一起会给人不太舒服的观感，因此，在 PPT 中使用合适的行距，也能大大提高 PPT 的美观性。

以 WPS 2019 版本为例，默认的 1.0 倍行距显然太挤，1.5 倍行距又太松，这时候，就需要手动设置数值，调成 1.3 倍行距，如图 3-4-3 所示。

图 3-4-3　不同行距效果对比

需要注意的是，如果在大屏幕上做汇报，将 PPT 调整成 16∶9 的比例效果最佳，设置幻灯片比例的方法如图 3-4-4 所示。

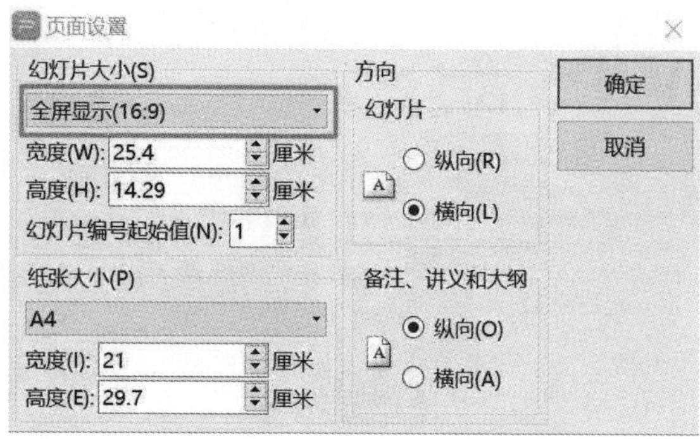

图 3-4-4　设置幻灯片比例的方法

3. 断行谨慎

在做 PPT 的时候，我们通常从文档里直接复制文字，这就很容易导致忽视 PPT 的文字断行，出现下面这种情况，如图 3-4-5 所示。

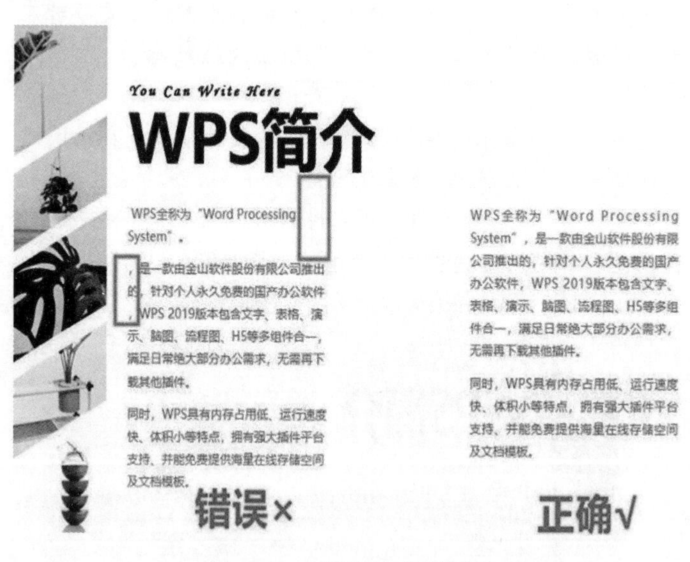

图 3-4-5　不同断行效果对比

虽然这样的 PPT 勉强能看，但很容易让人觉得不够认真。

作为一个成熟的办公软件，WPS 2019 贴心地考虑了大家的需求。

只要在“段落”选项里勾选“中文版式”中的“按中文习惯控制首尾字符”“允许标点溢出边界”选项（图 3-4-6），并将文字调整成两边对齐的格式（图 3-4-7），这样就能得到整齐的文字排列。

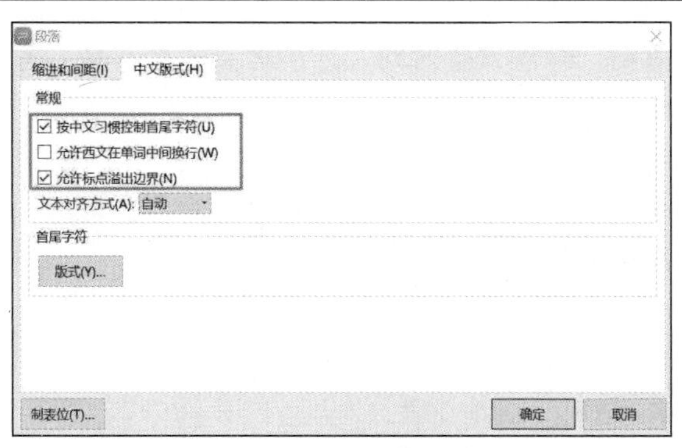

图 3-4-6　中文版式设置

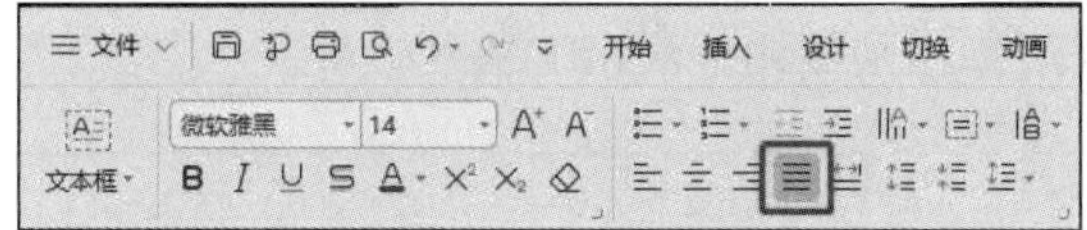

图 3-4-7　设置两边对齐

俗话说细节决定成败，PPT 的巧思也往往蕴含在细节里。只有从小事入手，才能一步一步逐渐成长为合格的职场人。

【拓展训练】

以本组讨论确定的内容，快速排版制作演示文稿。

【学习评价】

填写学习评价表，如表 3-4-2 所示。

表 3-4-2　学习评价表

考核知识点	考核标准	分值	自评分	小组评分	综合得分
主题内容确定与速录	关键词提炼	30			
	主题内容正确速录	15			
大纲逻辑组织与速录	两级标题合理安排	30			
	标题内容正确速录	15			
拓展训练	任务完成情况	10			
总分		100			
教师指导意见					

三、演示文稿的演练及录入

要想获得好的演讲效果，不能照本宣科，更不能顾此失彼，必须做好充分的准备。

演示文稿的制作只是准备工作的开始，只有经过认真演练，把演练过程及时记录，并不断总结和调整演讲的策略，合理安排时间，才能做到心中有数。

【训练情景】

演讲前要进行演示文稿的演练，以合理组织语言，完整表达详细内容。小文负责记录演练的过程，既为演讲者总结调整提供参考，又为演讲者在演讲时备注提示文字。

【训练步骤】

1）以小组为单位，选出一名演讲者。

2）演讲者依次上台做演示文稿的演练。

3）其他同学对演练过程进行速录。

4）各个小组根据演练速录稿调整演示文稿的设计。

知识链接

使用 WPS Office 制作 PPT 的五个实用技巧

PPT 在职场中的重要性不言而喻，一定要利用碎片时间多学习以提升 PPT 技能。以下介绍五个实用的 PPT 速成基础技巧。

1. 幻灯片母版设置

场景丨说明：

在制作 PPT 时，想设置幻灯片背景图片，早期操作是直接复制背景图片到 PPT 中，调整图片的大小，使其覆盖白色部分，但是在编辑 PPT 内容时，背景图片会容易被移动位置，如图 3-4-8 所示。

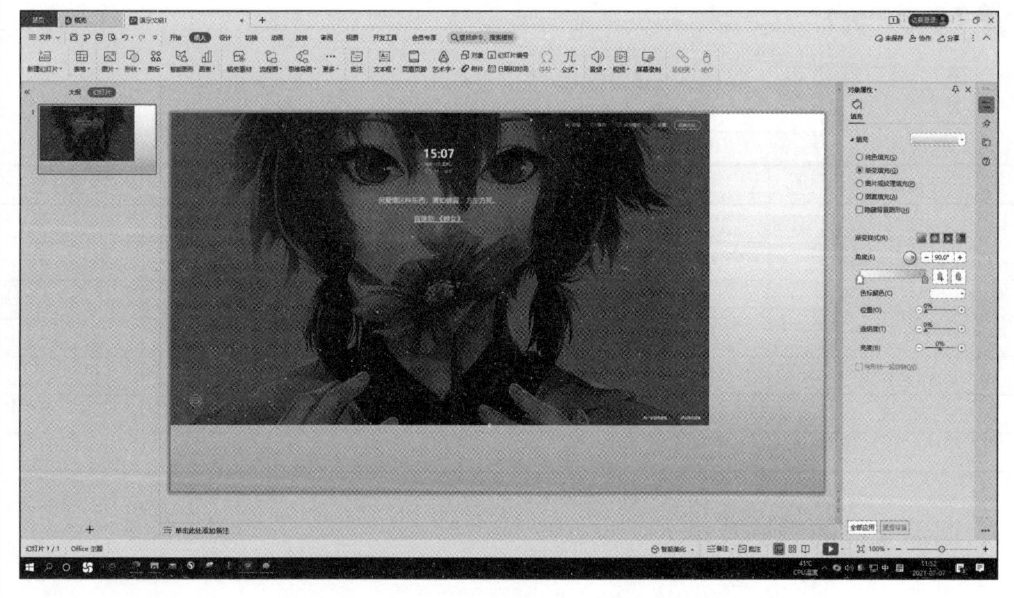

图 3-4-8　直接插入背景图片位置容易移动

解决 | 详解：

插入图片的步骤是：执行“视图”→“幻灯片母版”命令，从左侧导航栏选择自己所需的母版，执行“插入”→“图片”命令，在弹出的“插入图片”对话框中选择要插入的本地图片，单击“插入”按钮，调整图片大小。

如需设置多个幻灯片母版可继续选择左侧导航栏中的其他母版重复插入图片、调整图片操作，设置完成后关闭幻灯片母版，如图 3-4-9 所示。

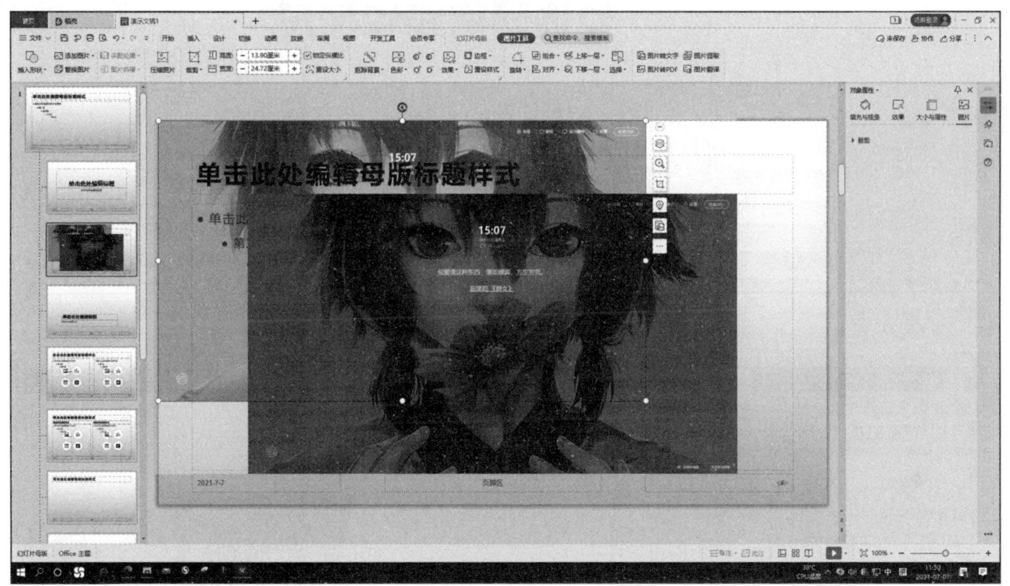

图 3-4-9　在母版中插入背景图片

2. 文本、图形位置调整

场景 | 说明：

在制作 PPT 的过程中，一般操作较多的为文本及图形元素，很多初学者通过拖动文本、图形或通过方向键来调整位置很难达到想要的位置。

解决 | 详解：

可以利用网格线和标尺及 Ctrl+方向键（微调）调整文本和图形的位置。操作步骤如下。

1）执行“视图”命令，勾选“网格线”和“标尺”选项，如图 3-4-10 所示。

2）选中要调整的对象，通过拖动的方式将对象推动至大致位置，然后按 Ctrl+方向键进行微调，在调整的过程中可通过观察网格线和标尺来确定位置，如图 3-4-11 所示。

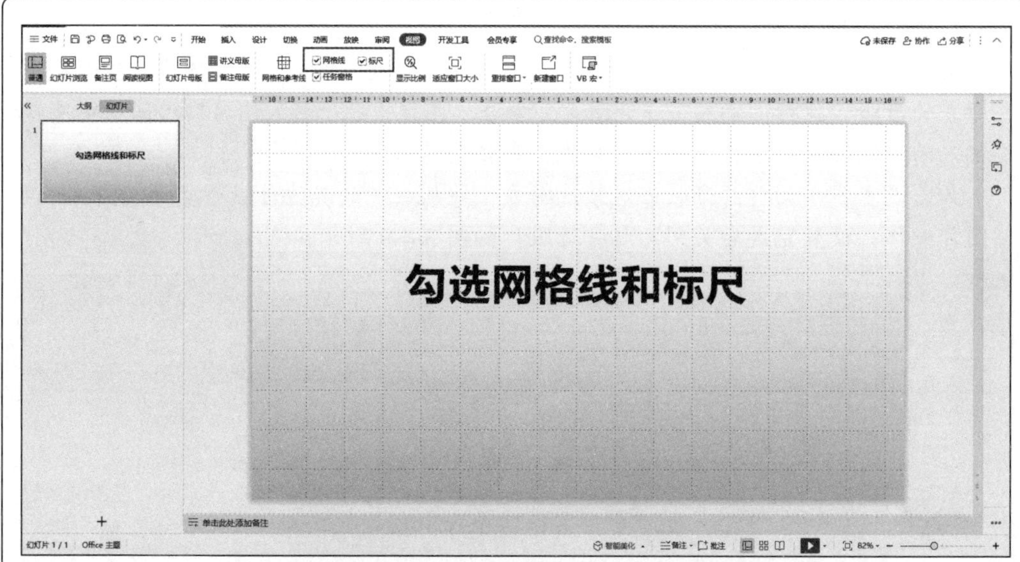

图 3-4-10　勾选网格线和标尺

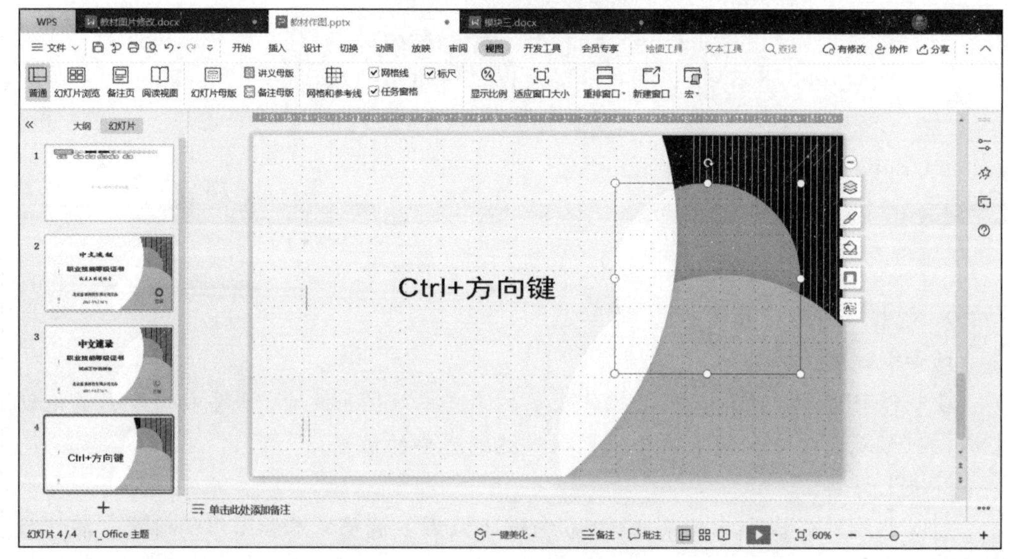

图 3-4-11　精确调整对象

3. 插入背景音乐

场景 | 说明：

在日常工作和学习中，经常见到他人播放 PPT 时伴有美妙的音乐。

解决 | 详解：

在 PPT 中插入背景音乐的步骤是：执行“插入”→“音频”→“PC 上的音频”命令，在弹出的“插入音频”对话框中选择相应的音频文件，单击“插入”按钮，单

击小喇叭图标，单击设置成背景音乐，如图 3-4-12 所示。

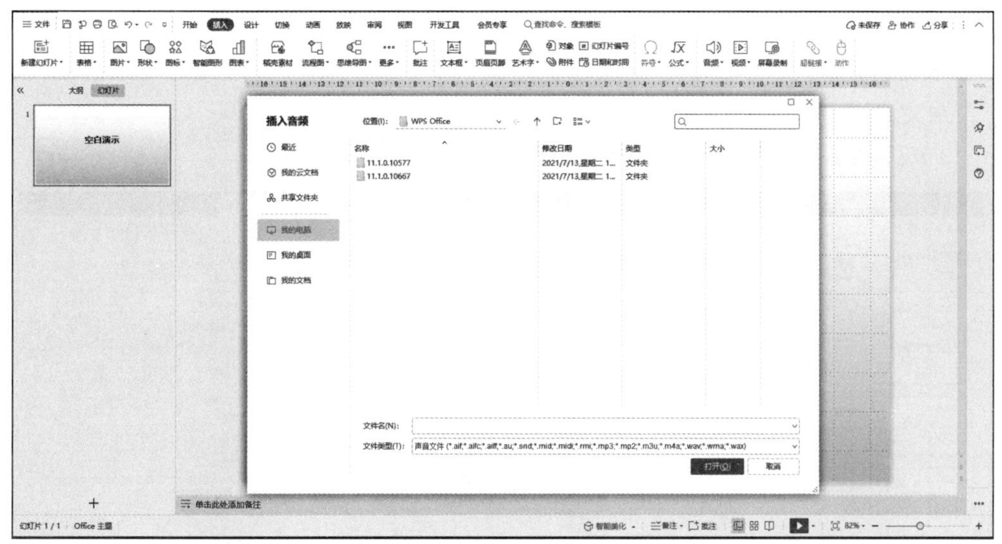

图 3-4-12　插入背景音乐

同时可对插入的背景音乐进行播放设置，如图 3-4-13 所示。

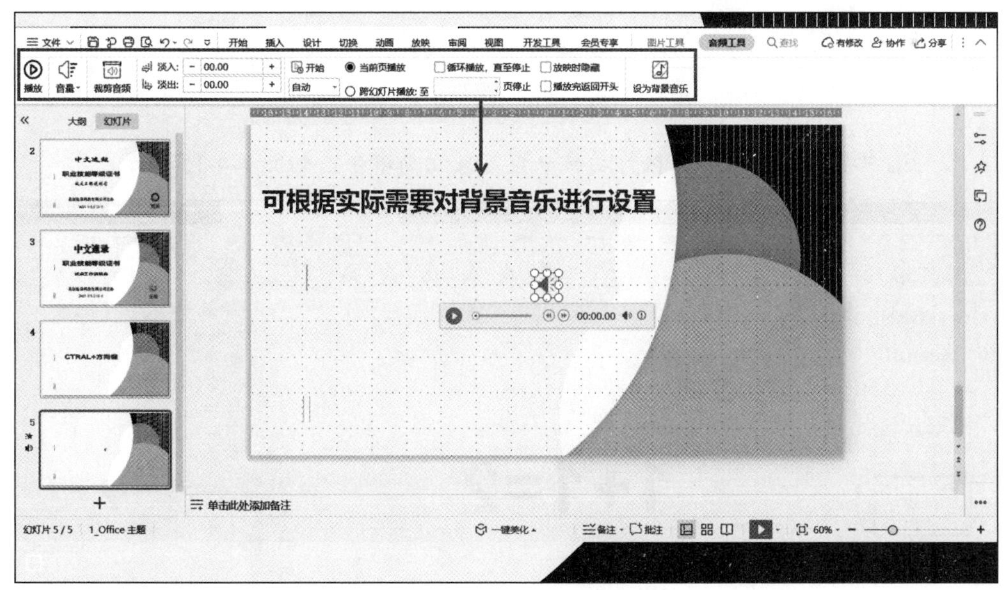

图 3-4-13　背景音乐播放设置

4. 自定义动画

场景丨说明：

PPT 初学者会好奇别人的 PPT 中的元素是怎么按照逻辑运动的。其实这个很简单，重要的是 PPT 制作者的逻辑，下面简单介绍 PPT 中的自定义动画，以依次显示 1+1=2 为例。

解决｜详解：

自定义动画的步骤如下。

1）在 PPT 中输入 1+1=2 文本，如图 3-4-14 所示。

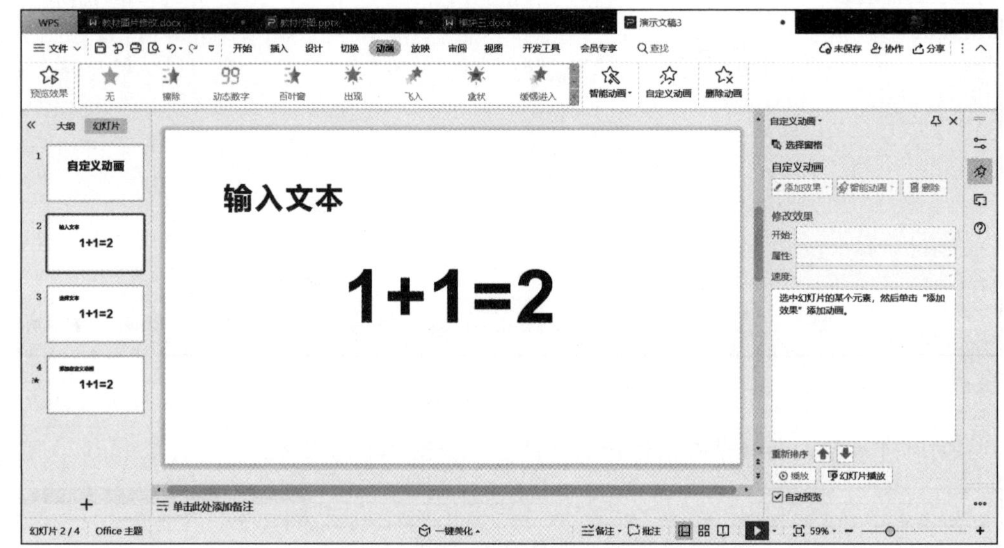

图 3-4-14　输入文本

2）选中要设置的文本，执行动画→自定义动画命令，如图 3-4-15 所示。

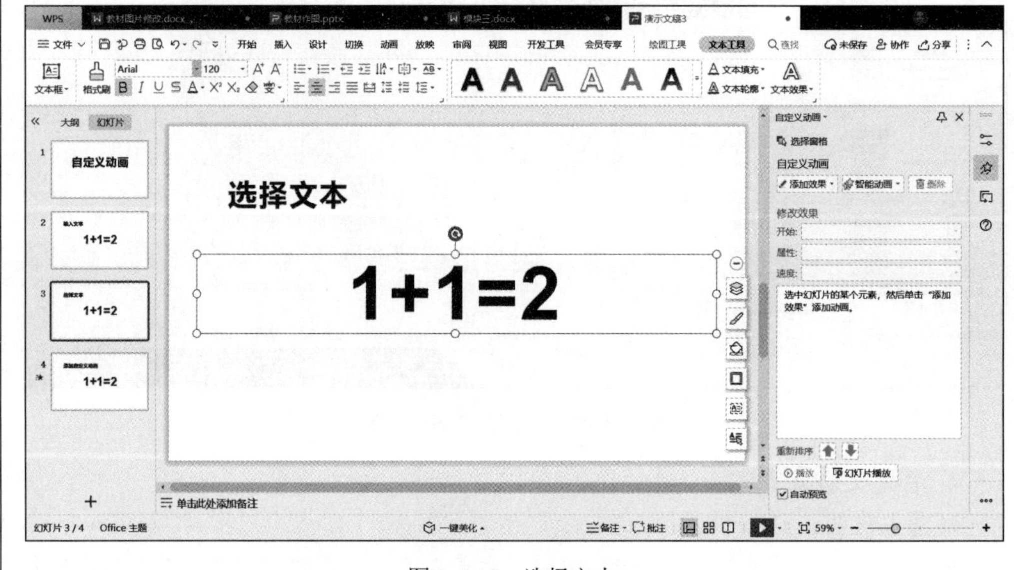

图 3-4-15　选择文本

3）单击右侧菜单中的添加效果，如图 3-4-16 所示。选择“进入”下的“擦除”（其他效果可自行尝试，以便熟悉大致的效果），然后在“擦除”下对开始、方向、速度进行设置（这里我们将开始设置为“单击时”，方向设置为“自左侧”，速度设置为“中速”。

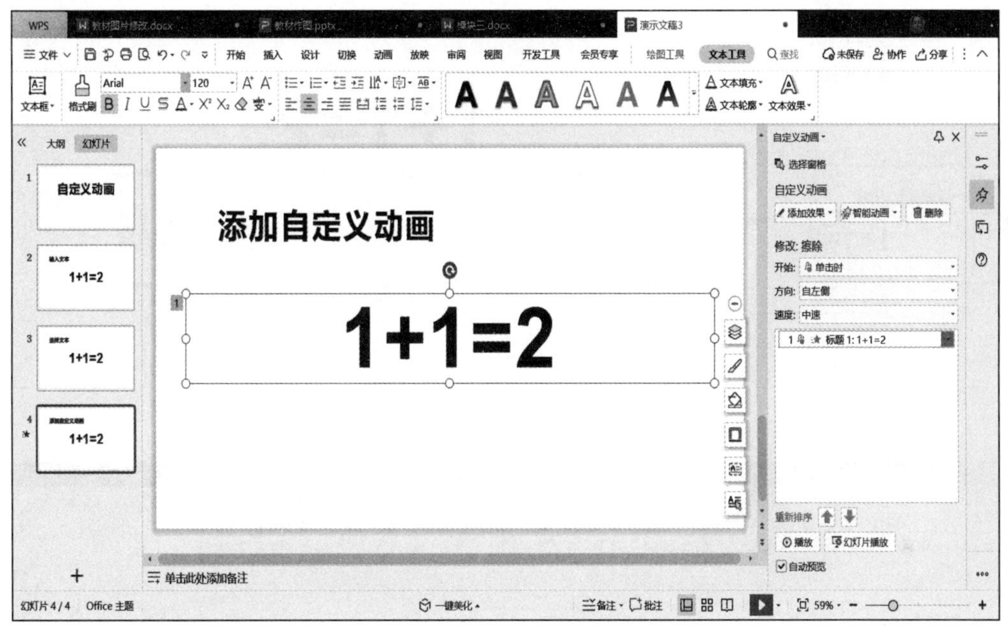

图 3-4-16　设置自定义动画

5. 删除动画

场景 | 说明:

对于 PPT 动画初学者而言，动画设置错误是很常见的情况，那么我们怎么删除错误的动画效果呢?

解决 | 详解:

删除动画的步骤是找到需要删除动画的页面（图 3-4-17），选中要删除动画的元素（图 3-4-18），执行“动画”→“自定义动画”命令，在右侧菜单中会显示所有的动画（同时右边显示的动画的顺序也是 PPT 放映时的动画顺序），右击要删除的动画，选择“删除”选项。

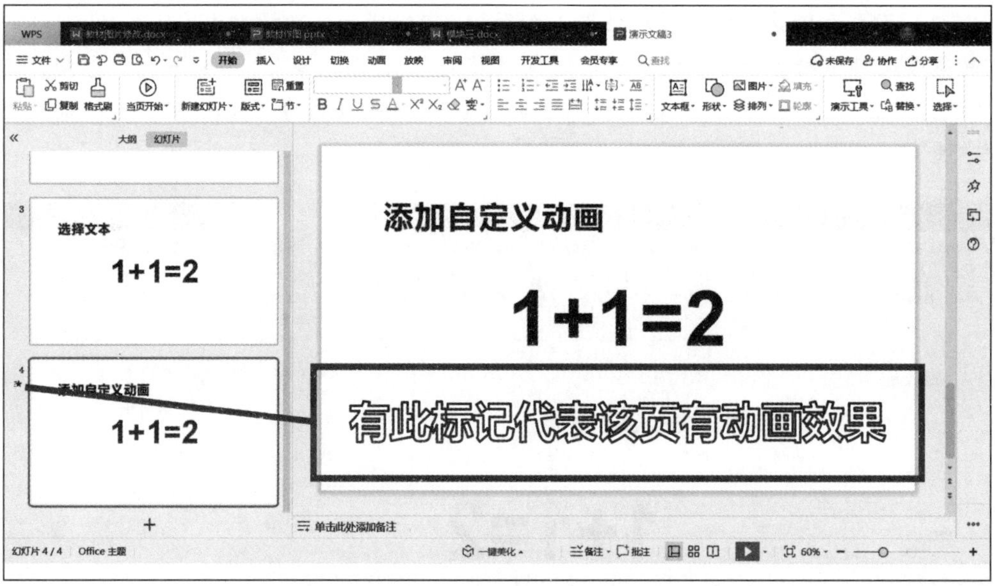

图 3-4-17　找到需要删除动画的页面

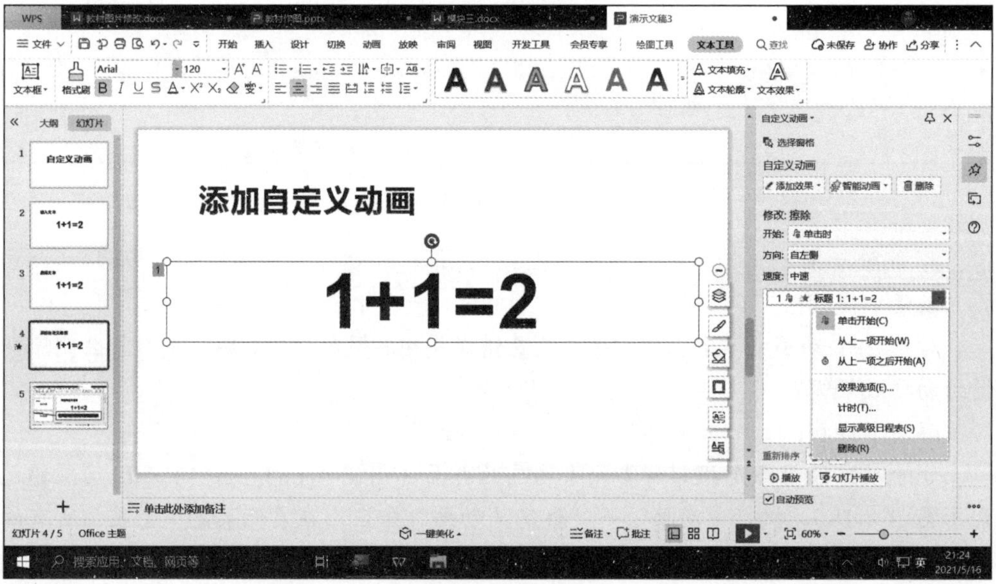

图 3-4-18　选择要删除动画的元素进行操作

【拓展训练】

将前面快速制作的演示文稿通过母版和图片的调整、插入音乐和动画进行整体的规范和美化。

【学习评价】

填写学习评价表，如表 3-4-3 所示。

表 3-4-3　学习评价表

考核知识点	考核标准	分值	自评分	小组评分	综合得分
演练速录	演练过程记录完整	25			
	重点记录演练问题	25			
演示文稿调整	分析演练过程中的问题	25			
	适当调整关键内容	25			
总分		100			
教师指导意见					

参 考 文 献

廖清，2017. 亚伟中文速录培训教程[M]. 北京：社会科学文献出版社.

廖清，唐可为，2016. 速录工作实务训练[M]. 北京：高等教育出版社.

人民教育出版社课程教材研究所职业教育课程教材研究开发中心，2015. 速录基础训练[M]. 北京：人民教育出版社.

人民教育出版社课程教材研究所职业教育课程教材研究开发中心，2015. 速录工作实务训练[M]. 北京：人民教育出版社.

人民教育出版社课程教材研究所职业教育课程教材研究开发中心，2015. 办公文案与文档管理[M]. 北京：人民教育出版社.

附录一　中文速录职业技能等级标准

（2021 年 1.0 版）

前言

本标准按照 GB/T 1.1—2020《标准化工作导则 第 1 部分：标准化文件的结构和起草规则》起草。

本标准起草单位：北京速录科技有限公司，中国中文信息学会速记专业委员会，北京市速记协会，北京市速记协会培训中心，北京市多元调解发展促进会，深圳市法律职业辅助人才培养基地，北京神州亚伟科贸有限公司，北京晓军办公设备有限公司，安徽亚式速录科技有限公司，深圳职业技术学院，安徽商贸职业技术学院，浙江经济职业技术学院，山东科技职业技术学院，安徽工业职业技术学院，长沙商贸旅游职业技术学院，河南检察职业学院，广东司法警官职业学院，安徽警官职业学院，浙江警官职业学院，湖南司法警官职业学院，浙江金融职业学院，河南经贸职业学院，山西省司法学校，北京市求实职业学校，宁波市鄞州职业高级中学，嵊州中等职业技术学校。

本标准主要起草人：唐可为、徐飚、廖清、王芳、唐骥、李忠、王莹、董文才、斯静亚、许名勇、刘树桥、王锦坤、王曦、夏林华、王艳、王萌、赵志强、何成兵、何田平、王晓宇、杨凤妍、冯岚、刘芬萍、张田田、孙子杰、唐腾、孙毅、张福、张彦飞、王肖萍、罗杰军、徐郝楠、唐骏、杨泰青、耿世昌、雷永辉、赵春丽、杜娟、刘凤鸣。

1 范围

本标准规定了中文速录职业技能等级对应的工作领域、工作任务及职业技能要求。

本标准适用于中文速录职业技能培训、考核与评价，相关用人单位的人员聘用、培训与考核可参照使用。

2 规范性引用文件

下列文件对于本标准的应用是必不可少的。凡是注日期的引用文件，仅注日期的版本适用于本标准。凡是不注日期的引用文件，其最新版本适用于本标准。

GB/T1.1—2020《标准化工作导则 第 1 部分：标准化文件的结构和起草规则》

中华人民共和国劳动和社会保障部，2004. 国家职业标准：速录师（试行）[M]. 北京：中国劳动社会保障出版社.

DA/T 22—2015《归档文件整理规则》

SF/Z JD0301003—2015《录音资料处理技术规范》

3 术语和定义

国家、行业标准界定的及下列术语和定义适用于本标准。

3.1 速录

速录，是由具备相当的信息辨别、采集和记忆能力及语言文字理解、组织、应用等能力的人员，运用速录设备对语音或文本信息进行实时采集、整理的工作。

3.1.1 中文速录

以中文为主要采集对象的速录。

3.1.2 办公速录

在一般室内办公环境下，应用中文速录职业技能完成稿件、档案及材料和数据等相关文字的录入工作。

3.1.3 行政速录

应用中文速录职业技能完成口授文件、办公会议记录、行政文书及演示文件制作等工作。

3.1.4 辅助速录

应用中文速录职业技能协助中文速录人员完成相关工作。

3.1.5 现场速录

应用中文速录职业技能对庭审、询问、访谈、采访等现场交互口语信息，内部讨论、研讨会议及政务、商务、学术会议等现场语言信息，以及上述现场的相关非语言信息进行速录的工作。

3.1.6 远程速录

在讲话现场以外，中文速录人员通过电视、电话、网络等方式，实时接收讲话现场的音视频信息进行的速录。

3.2 速录机

以汉语拼音方案为基础，采用多键并击原理设计，双手可同时操作的专用于速录的专业键盘设备。

3.3 多键并击

在速录机上多个键同时按下，复位后确定一次击键信息的键盘操作。

3.4 语义提炼

从上下文紧密相关的一段文字材料中，提炼出鲜明的观点或关键核心的内容。

3.5 文字整理

对文字信息（包括但不限于速录产生的文字）进行文稿校对、语意提炼及会议纪要撰写等整理操作。

3.6 音文信息转换

将音视频信息中收录的语言信息及相关信息，通过速录形成文字信息。

3.7 信息缩编

将信息材料的内容进行重组和压缩，将重点信息概括整理成简短的文字。

3.8 速录信息整理

对速录材料进行信息缩编、撰写会议简报；对速录机专用软件内的个性化词库内容进行增、删、改及迁移、转换等操作。

4 适用院校专业

中职专业：法律事务 办公室文员 文秘 商务助理 计算机速录 会展服务与管理 计算机应用。

高职专业：法律文秘 法律事务 司法助理 检察事务 电子商务 版面编辑与校对 汉语 文秘 文秘速录 行政管理。

本科专业：行政管理 秘书学 汉语言文学 法学。

5 面向职业岗位（群）

中文速录职业技能主要面向全行业、中文信息处理相关领域的文秘、行政管理岗位群，包括秘书、速录、法庭书记官、律师助理、检察官助理、档案管理员、行政专员、会展策划与管理师等岗位，主要完成中文语言信息采集与整理工作。

6 职业技能要求

6.1 职业技能等级划分

中文速录职业技能等级分为三个等级：初级、中级、高级，三个级别依次递进，高级别涵盖低级别职业技能要求。

【中文速录】（初级）能完成文稿速录、手稿速录、档案及材料速录和数据速录等一般办公速录领域的工作任务；能完成口授速录、办公会议速录、行政文书速录、演示文件速录制作等一般行政速录领域的工作任务；能正确连接、安装、调试并应用速录设备、速录软件和速录听校系统等速录系统；能达到 100 字/分的录入速度。

【中文速录】（中级）能完成文稿校对、语意提炼和会议纪要撰写等文字整理相关任务；能完成音频信息采集、视频信息采集、字幕速录和多媒体文件处理等音文信息转换相关任务；能完成信息校核、速录辅助设备现场安装调试、现场辅助速录和客户服务与沟通等辅助速录相关任务；能达到 180 字/分的录入速度。

【中文速录】（高级）能胜任庭审、询问、访谈、采访速录，内部讨论、研讨会议速录，政务、商务、学术会议速录等现场速录工作；能胜任音视频会议速录、电视直播速录、网络会议速录等远程速录工作；能胜任信息缩编、会议简报撰写、速录系统词库维护等速录信息整理工作；能达到 220 字/分的录入速度。

6.2 职业技能等级要求描述（附表 1-1～附表 1-3）

附表 1-1　中文速录职业技能等级要求（初级）

工作领域	工作任务	职业技能要求
1. 办公速录	1.1 文稿速录	1.1.1 能识别印刷体规范文本信息 1.1.2 能识别文稿中的校对符号 1.1.3 能以不低于 100 字/分的速度进行印刷稿的文本信息采集 1.1.4 文稿速录准确率应不低于 95%

续表

工作领域	工作任务	职业技能要求
1. 办公速录	1.2 手稿速录	1.2.1 能识别手写稿文本信息 1.2.2 能识别手稿中的校对符号 1.2.3 能以不低于 100 字/分的速度进行手稿的文本信息采集 1.2.4 手稿速录正确率不低于 95%
	1.3 档案及材料速录	1.3.1 能正确速录归档材料 1.3.2 能准确速录材料编号 1.3.3 能正确速录材料目录 1.3.4 能规范速录材料装盒信息
	1.4 数据速录	1.4.1 能以 100 字/分的速度输入数据，准确率不低于 95% 1.4.2 能在速录系统以外的系统中录入信息 1.4.3 能熟练准确速录阿拉伯数字、数学符号 1.4.4 能熟练准确速录大小写拉丁字母
2. 行政速录	2.1 口授速录	2.1.1 能以不低于 100 字/分的速度对口授语音信息进行采集，准确率不低于 95% 2.1.2 能将一般口语信息实时速录 2.1.3 能快速整理已速录的口语信息 2.1.4 能与服务对象进行沟通、交流和确认
	2.2 办公会议速录	2.2.1 能以不低于 100 字/分的速度对小型办公会议语言信息进行速录，准确率不低于 95% 2.2.2 能理解和准确记录小型办公会议（如例会）的关键语言信息及必要的非语音信息（如表情、手势、场景等） 2.2.3 能通过会议议题甄别并准确记录讨论过程及决定 2.2.4 能提炼、归纳和整理会议主要语言信息
	2.3 行政文书速录	2.3.1 能速录符合语法与逻辑规则的行政文书 2.3.2 能速录文体正确结构完整的行政文书 2.3.3 能简明清晰地速录文书语言 2.3.4 能正确使用公文语汇进行速录
	2.4 演示文件速录制作	2.4.1 能准确速录所选内容以表现主题 2.4.2 能正确运用编辑工具完成排版 2.4.3 能使用三种以上工具表现内容 2.4.4 能实现符合要求的整体演示效果
3. 速录系统应用	3.1 速录设备使用	3.1.1 能正确将速录机与电脑连接 3.1.2 能对速录机常用参数进行设置 3.1.3 能对速录机进行调试 3.1.4 能对速录机一般故障进行检测
	3.2 速录软件使用	3.2.1 能正确安装、设置与调试速录系统 3.2.2 能检测、排除速录系统的简单故障 3.2.3 能建立、保存、打开、另存文件

续表

工作领域	工作任务	职业技能要求
3. 速录系统应用	3.2 速录软件使用	3.2.4 能进行基本编辑操作 3.2.5 能完成词库设置 3.2.6 能使用外挂方式工作
	3.3 速录听校系统调试与使用	3.3.1 能正确安装、设置与调试语音伴侣系统 3.3.2 能正确检测与排除语音伴侣系统一般故障 3.3.3 能用语音伴侣进行录音整理 3.3.4 能用语音伴侣进行现场记录 3.3.5 能使用语音伴侣双窗口工作 3.3.6 能在语音伴侣系统中修改词库

附表 1-2　中文速录职业技能等级要求（中级）

工作领域	工作任务	职业技能要求
1. 文字整理	1.1 文稿校对	1.1.1 能识别同音字、词 1.1.2 能识别错别字 1.1.3 能识别语法错误 1.1.4 能纠正不恰当的分段 1.1.5 能识别与使用规范的校对符号
	1.2 语意提炼	1.2.1 能抓住关键语句 1.2.2 能提炼关键词语 1.2.3 能过滤非关键信息 1.2.4 能正确总结语义
	1.3 会议纪要撰写	1.3.1 能对会议要素进行收集、记录 1.3.2 能对会议的主要内容进行归纳、整理 1.3.3 能对会议的议题和决议进行加工、提炼 1.3.4 能对会议精神进行概括、总结
2. 音文信息转换	2.1 音频信息采集	2.1.1 能完整采集音频资料中的汉语言信息 2.1.2 能以不低于 180 字/分的速度且准确率达 98%完成音频信息速录 2.1.3 能在 2～3 倍于音频资料时间内完成采集工作 2.1.4 能对字词使用、特殊用语进行校对纠错并编辑为电子文本
	2.2 视频信息采集	2.2.1 能完整采集视频资料中的汉语言信息 2.2.2 能以不低于 180 字/分的速度且准确率达 98%完成视频信息速录 2.2.3 能在 2～3 倍于视频资料时间内完成采集工作 2.2.4 能对字词使用、特殊用语进行校对纠错并编辑为电子文本
	2.3 字幕速录	2.3.1 能按照字幕速录流程工作 2.3.2 能按照字幕速录的格式要求工作 2.3.3 能以不低于 180 字/分的速度且准确率达 98%逐字速录 2.3.4 能借助校对保证文稿的准确率 2.3.5 能合理断句以保证语义的完整性

续表

工作领域	工作任务	职业技能要求
2. 音文信息转换	2.4 多媒体文件处理	2.4.1 能对常用音视频格式进行转换 2.4.2 能对常用播放器进行热键设置 2.4.3 能对音视频文件进行剪辑 2.4.4 能对音视频文件进行拼接 2.4.5 能对音视频文件进行压缩 2.4.6 能调整声音文件的音量及噪声
3. 辅助速录	3.1 信息校核	3.1.1 能通过网络查询与主题相关的内容 3.1.2 能根据会议议程和相关背景资料，标注关键词语和专业术语 3.1.3 能根据会议资料，对出现频率较高的词汇进行造词或自定义，对参会人姓名进行自定义 3.1.4 能核对现场参会人名单 3.1.5 能在会议开始前几分钟对参会人的名单进行第二遍核对，确认是否有座次变动
	3.2 速录辅助设备现场安装调试	3.2.1 能检查电脑与速录设备是否处于正常工作状态，信号线、电源线接口是否有效 3.2.2 能测试麦克，确定发声的音箱位置 3.2.3 能将速录师的座位选择在靠近电源、音箱、清楚观看 PPT 播放内容的位置 3.2.4 能正确设置无线接收器的通道 3.2.5 能为速录机双机操作正确设置无线状态
	3.3 现场辅助速录	3.3.1 当发言人较多时，能观察现场具体情况，根据每人的体貌、衣服颜色做标记加以区分 3.3.2 能在会前列出会议主题、会议时间、会议地点、主持人、出席人的姓名等并保存 3.3.3 能正确使用语音伴侣系统 3.3.4 能准确定位并根据现场录音回放，补充、修订相关记录内容 3.3.5 能迅速查询资料，确认所记录专业术语、姓名等是否完整、正确
	3.4 客户服务与沟通	3.4.1 能与客户进行服务前沟通，了解服务需求 3.4.2 能应对现场突发情况，包括硬件设备问题和网络问题，并向客户做好解释工作 3.4.3 能对速录服务内容及客户信息保密 3.4.4 能与客户建立和谐良好的服务关系

附表 1-3　中文速录职业技能等级要求（高级）

工作领域	工作任务	职业技能要求
1. 现场速录	1.1 庭审、询问、访谈、采访速录	1.1.1 能以不低于 220 字/分的速度对现场交互语言信息进行速录，准确率达 98%，语意准确率达 100% 1.1.2 能将现场交互口语信息主要内容进行速录并整理成电子文本 1.1.3 能正确识别不同讲话人，并进行分段 1.1.4 能正确记录必要的非语音信息（如表情、手势、场景等） 1.1.5 能对速录内容进行整理和校对

续表

工作领域	工作任务	职业技能要求
1. 现场速录	1.2 内部讨论、研讨会议速录	1.2.1 能以不低于 220 字/分的速度对某专业领域内部会议语言信息进行速录，准确率达 98%，语意准确率达 100% 1.2.2 能全程完整实时速录某专业领域内部会议（如研讨会）语言信息并当场提交电子文本 1.2.3 能正确识别不同讲话人，并进行分段 1.2.4 能正确记录必要的非语音信息（如表情、手势、场景等） 1.2.5 能对速录内容进行整理和校对
	1.3 政务、商务、学术会议速录	1.3.1 能以不低于 220 字/分的速度对某专业领域会议语言信息进行速录，准确率达 98%，语意准确率达 100% 1.3.2 能全程完整、实时速录某专业领域会议语言信息并当场提交电子文本 1.3.3 能正确识别不同讲话人，并进行分段 1.3.4 能正确记录必要的非语音信息（如表情、手势、场景等） 1.3.5 能对速录内容进行整理和校对
2. 远程速录	2.1 音视频会议速录	2.1.1 能连接并熟练使用主流音视频会议平台 2.1.2 能在会议平台上调试速录系统 2.1.3 能以不低于 220 字/分的速度进行音视频会议速录，准确率达 98%，语意准确率达 100% 2.1.4 能正确识别不同讲话人，并进行分段 2.1.5 能正确记录必要的非语音信息（如表情、手势、场景等）
	2.2 电视直播速录	2.2.1 能根据电视直播要求调试速录系统 2.2.2 能以不低于 220 字/分的速度进行电视字幕直播速录，准确率达 98%，语意准确率达 100% 2.2.3 能对现场主要语言信息进行提炼、归纳和整理，即时进行电视字幕直播 2.2.4 能保存电视直播记录，并在直播后根据要求将记录缩编成不同版本
	2.3 网络会议速录	2.3.1 能调试、检测网络环境 2.3.2 能根据网络会议要求调试速录系统 2.3.3 能以不低于 220 字/分的速度进行网络文字直播速录，准确率达 98%，语意准确率达 100% 2.3.4 能对现场主要语言信息进行提炼、归纳和整理，实时进行网络文字直播
3. 速录信息整理	3.1 信息缩编	3.1.1 能总结速录材料的整体观点 3.1.2 能找出速录材料的重点段落 3.1.3 能分析速录材料的段落要点 3.1.4 能根据要求将速录材料的信息进行缩编
	3.2 会议简报撰写	3.2.1 能根据会议内容概括出醒目、恰当的标题 3.2.2 能正确使用单行、双行和多行标题 3.2.3 能根据会议主题或主要事实提炼导语 3.2.4 能对会议记录进行分析综合，归纳整理，撰写简报正文

续表

工作领域	工作任务	职业技能要求
3. 速录信息整理	3.3 速录系统词库维护	3.3.1 能灵活使用各种方式造词和自定义词语 3.3.2 能使用软件删除曾添加的词语 3.3.3 能导入、导出词库文件 3.3.4 能转换、合并词库文件 3.3.5 能发现并处理词库纰漏

参考文献

廖清，2017. 亚伟中文速录机培训教程[M]. 北京：社会科学文献出版社.

人民教育出版社课程教材研究所职业教育课程教材研究开发中心，2015. 速录工作实务训练[M]. 北京：人民教育出版社.

人民教育出版社课程教材研究所职业教育课程教材研究开发中心，2015. 速录基础训练[M]. 北京：人民教育出版社.

中华人民共和国劳动和社会保障部，2004. 国家职业标准：速录师（试行）[M]. 北京：中国劳动社会保障出版社.

北京速录科技有限公司 制定

2021 年 2 月 发布

附录二　亚伟速录编码汇编

附表 2-1　汉语拼音与速录音节码对照表

	A	cen	BDZN	dai	DIO		**F**
a	A	ceng	BDZNE	dan	DAN	fa	XBUA
ai	IO	cha	BZA	dang	DNO		(BUI)
an	AN	chai	BZIO	dao	DAO	fan	XBUAN
ang	NO	chan	BZAN	de	D	fang	XBUNO
ao	AO	chang	BZNO	dei	DE	fei	XBUE
	B	chao	BZAO	den	DN	fen	XBUN
ba	BA	che	BZE	deng	DNE	feng	XBUNE
bai	BIO	chen	BZN	di	DI	fo	XBUO
ban	BAN	cheng	BZNE	dia	DIA	fou	XBUEO
bang	BNO	chi	BZ	dian	DIAN	fu	XBU
bao	BAO	chong	BZUEO	diao	DIAO		**G**
bei	BE	chou	BZEO	die	DIE	ga	GA
ben	BN	chu	BZU	ding	DINE	gai	GIO
beng	BNE	chuai	BZUIO		(DIN)	gan	GAN
bi	BI	chuan	BZUAN	diu	DIEO	gang	GNO
bian	BIAN	chuang	BZUNO	dong	DUEO	gao	GAO
biao	BIAO	chui	BZUE	dou	DEO	ge	G
bie	BIE	chun	BZUN	du	DU	gei	GE
bin	BIN	chuo	BZO	duan	DUAN	gen	GN
bing	BINE	ci	BDZ	dui	DUE	geng	GNE
bo	BO	cong	BDZUEO	dun	DUN	gong	GUEO
bu	B	cou	BDZEO	duo	DO	gou	GEO
	C	cu	BDZU		**E**	gu	GU
ca	BDZA	cuan	BDZUAN	e	E	gua	GUA
cai	BDZIO	cui	BDZUE	ei	E	guai	GUIO
can	BDZAN	cun	BDZUN	en	N	guan	GUAN
cang	BDZNO	cuo	BDZO	eng	NE	guang	GUNO
cao	BDZAO		**D**	er	XE	gui	GUE
ce	BDZE	da	DA			gun	GUN

续表

guo	GO		**K**	lin	XDIN	nao	XBDAO
	H	ka	XBGA	ling	XDINE	ne	XBD
ha	XGA	kai	XBGIO	liu	XDIEO	nei	XBDE
hai	XGIO	kan	XBGAN	lo	XDO	nen	XBDN
han	XGAN	kang	XBGNO	long	XDUEO	neng	XBDNE
hang	XGNO	kao	XBGAO	lou	XDEO	ni	XBDI
hao	XGAO	ke	XBG	lu	XDU	nian	XBDIAN
he	XG	kei	XBGE	lü	XDIU	niang	XBDINO
hei	XGE	ken	XBGN	luan	XDUAN	niao	XBDIAO
hen	XGN	keng	XBGNE	lüe	XDIUE	nie	XBDIE
heng	XGNE	kong	XBGUEO	lun	XDUN	nin	XBDIN
hong	XGUEO	kou	XBGEO	luo	XDO	ning	XBDINE
hou	XGEO	ku	XBGU		**M**	niu	XBDIEO
hu	XGU	kua	XBGUA	ma	XBA	nong	XBDUEO
hua	XGUA	kuai	XBGUIO	mai	XBIO	nou	XBDEO
	(XGW)		(XBGI)	man	XBAN	nu	XBDU
huai	XGUIO	kuan	XBGUAN	mang	XBNO	nü	XBDIU
huan	XGUAN	kuang	XBGUNO	mao	XBAO	nuan	XBDUAN
huang	XGUNO	kui	XBGUE	me	XBE	nüe	XBDIUE
hui	XGUE	kun	XBGUN	mei	XBIU	nun	XBDUN
hun	XGUN	kuo	XBGO	men	XBN	nuo	XBDO
huo	XGO		**L**	meng	XBNE		**O**
	J	la	XDA	mi	XBI	o	O
ji	GI	lai	XDIO	mian	XBIAN	ou	EO
jia	GIA	lan	XDAN	miao	XBIAO		**P**
jian	GIAN	lang	XDNO	mie	XBIE	pa	BGA
jiang	GINO	lao	XDAO	min	XBIN	pai	BGIO
jiao	GIAO	le	XD	ming	XBINE	pan	BGAN
jie	GIE	lei	XDE	miu	XBIEO	pang	BGNO
jin	GIN	leng	XDNE	mo	XBO	pao	BGAO
jing	GINE		(XDN)	mou	XBEO	pei	BGE
jiong	GIUEO	li	XDI	mu	XB	pen	BGN
jiu	GIEO	lia	XDIA		**N**	peng	BGNE
ju	GIU	lian	XDIAN	na	XBDA	pi	BGI
juan	GIUAN	liang	XDINO	nai	XBDIO	pian	BGIAN
jue	GIUE	liao	XDIAO	nan	XBDAN	piao	BGIAO
jun	GIUN	lie	XDIE	nang	XBDNO	pie	BGIE

续表

pin	BGIN		**S**		**T**	xiao	XIAO
ping	BGINE	sa	XDZA	ta	BDA	xie	XIE
po	BGO	sai	XDZIO	tai	BDIO	xin	XIN
pou	BGEO	san	XDZAN	tan	BDAN	xing	XINE
pu	BG	sang	XDZNO	tang	BDNO	xiong	XIUEO
	Q	sao	XDZAO	tao	BDAO	xiu	XIEO
qi	XGI	se	XDZE	te	BD	xu	XIU
qia	XGIA	sen	XDZN	teng	BDNE	xuan	XIUAN
qian	XGIAN	seng	XDZNE		(BDN)	xue	XIUE
qiang	XGINO	sha	XZA	ti	BDI	xun	XIUN
qiao	XGIAO	shai	XZIO	tian	BDIAN		**Y**
qie	XGIE	shan	XZAN	tiao	BDIAO	ya	IA
qin	XGIN	shang	XZNO	tie	BDIE	yan	IAN
qing	XGINE	shao	XZAO	ting	BDINE	yang	INO
qiong	XGIUEO	she	XZE		(BDIN)	yao	IAO
qiu	XGIEO	shei	XZIE	tong	BDUEO	ye	IE
qu	XGIU	shen	XZN	tou	BDEO	yi	I
quan	XGIUAN	sheng	XZNE	tu	BDU	yin	IN
que	XGIUE	shi	XZ	tuan	BDUAN	ying	INE
qun	XGIUN	shou	XZEO	tui	BDUE	yo	EA
	R	shu	XZU	tun	BDUN	yong	IUEO
ran	XBZAN	shua	XZUA	tuo	BDO	you	IEO
rang	XBZNO	shuai	XZUIO		**W**	yu	IU
rao	XBZAO	shuan	XZUAN	wa	UA	yuan	IUAN
re	XBZE	shuang	XZUNO	wai	UIO	yue	IUE
ren	XBZN	shui	XZUE	wan	UAN	yun	IUN
reng	XBZNE	shun	XZUN	wang	UNO		**Z**
ri	XBZ	shuo	XZO	wei	UE	za	DZA
rong	XBZUEO	si	XDZ	wen	UN	zai	DZIO
rou	XBZEO	song	XDZUEO	weng	UEO	zan	DZAN
ru	XBZU	sou	XDZEO	wo	O	zang	DZNO
rua	XBZUA	su	XDZU	wu	U	zao	DZAO
ruan	XBZUAN	suan	XDZUAN		**X**	ze	DZE
rui	XBZUE	sui	XDZUE	xi	XI	zei	DZIE
run	XBZUN	sun	XDZUN	xia	XIA	zen	DZN
ruo	XBZO	suo	XDZO	xian	XIAN	zeng	DZNE
				xiang	XINO	zha	ZA

续表

zhai	ZIO	zhi	Z	zhuang	ZUNO	zu	DZU
zhan	ZAN	zhong	ZUEO	zhui	ZUE	zuan	DZUAN
zhang	ZNO	zhou	ZEO	zhun	ZUN	zui	DZUE
zhao	ZAO	zhu	ZU	zhuo	ZO	zun	DZUN
zhe	ZE	zhua	ZUA	zi	DZ	zuo	DZO
zhen	ZN	zhuai	ZUIO	zong	DZUEO		
zheng	ZNE	zhuan	ZUAN	zou	DZEO		

附表 2-2　高频特定单音词，双音、三音略码词语对照表

高频特定单音词		双音略码词语		三音略码词语	高频特定单音词		双音略码词语		三音略码词语
X:	W:	:X	:W	首音节 X:X	X:	W:	:X	:W	首音节 X:X
				阿拉伯			仓促	仓库	
		爱情	爱国	爱好者	草		操作	操纵	
按	案	按照	安全	安理会	侧		测定	测量	
			昂贵		层	曾	曾经	层次	
		澳门		奥运会	差	查	差别	差距	差不多
把		巴黎	爸爸	芭蕾舞			拆卸	拆开	拆墙脚
			（八月）	（八路军）			产品	产生	颤巍巍
百	白	白色	百万	百分点	长	厂	长期	长度	常见于
半	办	办理	办法	办公室	朝	超	潮流	超过	
帮		帮忙	帮助		车		彻底	车间	
报	包	保证	包括	保护人	陈		沉淀	沉重	沉甸甸
被	倍	北京	北方	被告人	称	成	成为	程度	成活率
本		本质	本身	本部门	吃	尺	持续	持久	吃不上
		崩塌	崩溃		虫	重	重新	充分	充其量
比	笔	比较	必须	必需品			抽象	仇恨	筹备会
便	变	变成	变化	辩护人	出	除	出来	出去	出发点
表	标	表示	表现	标准化			揣测	揣摩	
别		别离	别人	憋足劲	穿	船	传播	传统	传染病
		宾客	宾馆		闯		创造	创作	创始人
并	病	并且	病人	并没有			垂直	吹捧	
		玻璃	剥削	博览会			春天	春秋	纯利润
不	部	不能	部分	不能不	此	次	刺激	此外	
才	采	才能	采用	财产权	从		从而	从事	
		参加	参考	参加者					凑热闹

续表

高频特定单音词		双音略码词语		三音略码词语	高频特定单音词		双音略码词语		三音略码词语
X:	W:	:X	:W	首音节 X:X	X:	W:	:X	:W	首音节 X:X
		促成	促进	促进派	否		否则	否认	否决权
		摧残	摧毁		副	富	复杂	负责	服务员
村	寸	存在	存贮		该	改	改变	改革	概念化
错		措施	错误		干	敢	感到	感觉	感觉到
大	打	大家	达到	大规模	刚	钢	钢铁	刚才	港澳台
带	代	代替	代表	代用品	高	搞	告诉	高度	高强度
但		但是	单位	单方面	各	个	革命	各个	革命化
当	党	当然	当时	党中央	给				
到	道	到底	道路	到时候	根	跟	根本	根据	
的	得	得到	德国	得罪人	更				
等		等等	等于	等于零	公	共	工业	工作	共产党
地	第	地方	地区	第一次	够		构造	构成	购买力
点	电	电脑	电话	电视机	故	股	固定	古代	顾不上
调	掉	调查	调动		挂				
定	顶	定理	定律		管	关	关系	管理	冠军赛
动	东	东西	动作	东南亚	光	广	广大	广泛	光秃秃
都		都是	斗争	斗争性	归		规定	规律	规范化
	度	独立	赌博	独立性	过	国	国家	过程	国务院
短	段	锻造	锻炼	短训班					哈尔滨
对	队	对象	对于	对立面	还	海	还是	孩子	海南岛
吨		蹲点	吨位		汉	含	含量	含有	含水量
多	夺	多少	多数	多方面	行				
		恩情	恩爱		好	号	好像	豪华	好容易
而		而且	儿童		和	合	和平	合乎	核试验
法	发	发展	法国	发言人	黑		黑天	黑暗	黑龙江
凡	反	反应	反对	反革命	很		很小	很快	很难看
放	防	方面	方法	房地产	横		横行	衡量	
非	飞	飞机	非常	废品率	红		红色	宏观	轰炸机
分	份	分析	分子	分界线	后		后来	后面	候选人
风	封	封建	丰富	丰产田	户		忽然	互相	
		佛教	佛祖		化	话	化学	划分	划时代

续表

高频特定单音词		双音略码词语		三音略码词语	高频特定单音词		双音略码词语		三音略码词语
X:	W:	:X	:W	首音节 X:X	X:	W:	:X	:W	首音节 X:X
坏				坏分子	快	块	快餐	快速	
换		环境	欢迎	欢送会	宽		宽大	宽广	
黄		荒谬	荒废		矿		况且	狂欢	
会	回	回来	恢复	会员国			困难	困苦	
		混淆	混合	婚姻法			扩大	扩充	扩大化
活	或	货币	或者	火车站	拉		拉扯	拉开	拉关系
及	几	基础	技术	积极性	来		来宾	来源	来得及
加	假	加强	加快	加拿大	蓝		篮球	蓝图	拦河坝
间	件	建设	坚决	柬埔寨			浪潮	浪费	
将	讲	将来	讲话	讲排场	老		劳改	劳动	劳动力
较	教	交换	叫做	交易所	了		乐趣	乐观	乐天派
节	届	解决	结果	解放军	类		类型	类似	雷雨云
斤	进	近来	进行	尽可能			冷藏	冷却	
经	竟	经济	经过	经济学	里	离	利用	例如	利润率
就	旧	就是	就要	就是说	连	联	联系	连续	联合国
			（九月）		两	量	粮食	良好	两手抓
据	举	举行	具有	具体化			了解	疗效	了不起
卷							劣迹	列车	列车员
绝		决定	绝对	绝对化			临时	邻国	临时工
均	军	均匀	军队	军事化	另	领	领导	领袖	领事馆
卡					流	留	留恋	流动	留学生
开		开展	开放	开发区				（六月）	
看		看到	看出	看样子			隆重	垄断	
靠		考验	考虑		楼		楼房	漏洞	
可		可能	客观	科学家	路		路线	录用	录像机
肯		肯定	恳求	肯尼亚	率		履行	绿色	旅游业
		坑害	坑人		乱				乱糟糟
空		空气	控制	空架子			掠夺	略去	略高于
口		口号	口头	扣帽子			论证	论述	轮训班
苦	哭	苦难	库存	哭鼻子	落		落实	落后	逻辑性
		夸大	跨度		马		马上	麻烦	马尼拉

续表

高频特定单音词		双音略码词语		三音略码词语	高频特定单音词		双音略码词语		三音略码词语
X:	W:	:X	:W	首音节 X:X	X:	W:	:X	:W	首音节 X:X
买	卖	买卖	埋头	卖力气			偶然	欧洲	偶然性
满	漫	漫谈	满足		怕		怕死	怕羞	
忙		盲从	盲人	盲目性	派	排	排列	排除	派出所
		贸易	茂盛	毛织品			攀登	判决	判决书
没	每	每年	没有	没什么	旁		旁边	旁观	旁观者
		闷热	门口	门市部	跑		抛弃	抛售	泡病号
		猛烈	猛攻	猛回头	配		配合	培养	陪审员
米	密	密切	密谋		喷				
面	棉	面貌	面前	免不了	碰		膨胀	朋友	
秒		描写	描绘		批	皮	批评	批判	批评家
		蔑视	灭亡		片	篇	偏差	片面	片面性
民		民族	民主	民主党			飘然	漂亮	飘飘然
名	命	明显	明确	明细账			撇下	撇开	
			谬论				品种	频率	贫困户
末		摩擦	磨损	莫斯科			平行	平均	平方米
某		某些	谋划		破		迫害	破坏	破天荒
亩		目的	目前	穆斯林			剖析	剖开	剖面图
那	拿	那么	那样				普遍	普通	普遍性
乃		耐心	耐用	耐寒性	其	期	起来	其他	企业家
难	男	难道	南方	男子汉				（七月）	
		脑袋	恼怒	闹革命			恰当	恰如	
内		内勤	内容	内蒙古	前	千	前来	前面	潜伏期
能		能力	能够	能动性	强	抢	强调	强度	强有力
你	泥	你们	拟稿	尼泊尔			巧妙	侨眷	瞧不起
年		年来	年代	年产量	且		切实	切断	怯生生
				娘儿俩	亲		亲自	侵略	侵略者
您					请	轻	青年	情况	轻工业
		宁可	宁愿	凝聚力			穷困	穷人	
浓	弄	农民	农村	农产品	求		求证	秋收	球迷们
		努力	怒容	奴隶制	去	区	去年	区别	
女		女士	女人	女主人	全	权	权利	全国	全国性
				暖洋洋	却	确	确定	缺点	

续表

高频特定单音词		双音略码词语		三音略码词语	高频特定单音词		双音略码词语		三音略码词语
X:	W:	:X	:W	首音节 X:X	X:	W:	:X	:W	首音节 X:X
		群体	群众	群众性			率领	衰落	
然	染	燃烧	然后		双		双手	双方	双职工
让					水		水分	水平	水电站
		饶命	扰乱		顺		顺利	顺序	
热		热烈	热心	热心肠	说		说明	说话	说不上
人		人们	人民	人贩子	似	死	思想	饲料	思想家
仍		仍然	仍旧				四川	四月	
日		日期	日本	日用品	送	宋	送入	送出	送人情
		溶解	溶液				搜集	搜查	
		柔和	柔软		素	速	塑料	速度	诉讼法
如	入	如下	如果		算		算是	酸痛	酸牛奶
		软件	软化	软弱性	虽	岁	虽然	随着	
		润色	润滑				损失	损害	
若	弱	若是	若干		所		所谓	所有	所有权
塞					他	她	他们	她们	
散		散漫	散布		太	台	态度	台湾	太平洋
			（三月）		谈		谈到	谈话	贪污犯
		丧失	丧命		唐	糖	搪塞	倘若	
色		色彩	色盲		套		逃犯	讨论	讨论会
		森林	森严		特		特点	特别	特别是
杀		杀死	杀人	杀人犯			腾空	疼痛	
山	善	陕西	山区		题	提	提高	提出	体育场
上	伤	上来	上面	商标法	天	田	天下	天津	天安门
少	稍	少年	少数	少先队	条	跳	调整	条件	
社	设	设计	设备	奢侈品	铁		铁证	铁路	
深	身	什么	深入	审判员	听	停	停止	听见	
生	升	生产	生活	生产量	同	通	同志	通过	统治者
使	时	时间	时候	事实上	头	投	投资	投入	投保人
		（十分）	（十月）		图	土	突然	土地	土耳其
受	收	受到	首先	受不了	团		团结	团体	团体赛
数	书	数量	属于		推	退	推行	推动	推销员
				耍花招					吞吐量

续表

高频特定单音词		双音略码词语		三音略码词语	高频特定单音词		双音略码词语		三音略码词语
X:	W:	:X	:W	首音节 X:X	X:	W:	:X	:W	首音节 X:X
脱			妥协	托儿所	应		应该	影响	营业员
无		武装	无论	无线电	用		勇于	永远	用不着
			（五月）		有	由	由于	有关	优越性
挖		瓦解	挖掘		于	与	于是	舆论	于是乎
外		外交	外国	外交部	原	元	原则	原料	原则性
完	万	完成	完全		月		约束	月份	越来越
往	望	往来	妄图		运	云	运用	运动	运动员
为	位	为了	委员	为什么			杂质	杂用	
问	文	问题	文化	文学家	在	再	在于	再生	
我		我们	我国				咱们	赞成	
系		吸收	希望	吸引力			葬礼	藏族	
下		下来	下面	下意识	早		遭到	造成	
现		现在	现象	现代化	则		责备	责任	
向	想	相等	相同	相适应			怎么	怎样	怎么样
小	笑	小姐	效果	消费者			增加	增长	
写		协定	协调				诈骗	榨取	诈骗犯
新	信	心里	信号	新加坡			摘要	债权	债权人
星		形式	形成	形式上	占	站	战争	战斗	战斗力
				凶杀案	长		障碍	账户	掌权者
修		修理	修改	休假日	着	找	照片	召开	招待所
需	须	需要	许多	叙利亚	着	者	折价	折算	哲学家
选		选择	宣传	选举权			这些	这样	
		学习	学生	学术界			二者		
		训练	迅速	训练班	真		真正	镇压	真实性
		一切	一般	一系列	正		正确	政府	政治犯
以	已	已经	以后	以色列	之	只	知道	只有	指战员
压		压力	压迫		中	种	重要	中国	重要性
言	沿	研究	严重	严重性	周		周期	周围	周期性
样		样品	养成		住	主	主要	主席	主席团
要		要是	要求	邀请赛	抓		抓紧	抓住	
也	页	业绩	也许	野战军	转	传	专门	转动	专利权
因	引	因此	因为		装		状态	状况	装饰品

续表

高频特定单音词		双音略码词语		三音略码词语	高频特定单音词		双音略码词语		三音略码词语
X:	W:	:X	:W	首音节 X:X	X:	W:	:X	:W	首音节 X:X
		追求	追究		组		组成	足球	
准		准备	准确	准确性			钻研	钻营	
		着手	着重		最		最小	最后	
自	字	自然	自己	自动化				遵守	
总		总是	总统	总产量	作	做	作用	作为	
走		走向	走狗	走后门					

注：亚伟速录还定义了另外一种特殊的高频特定单音词，规则为XW:音节码。这样的特定码有10个，如乘、处、即、神、省、唯、县、又、於、争。

附表 2-3　后置成分高频特定双音词一览表

1.活动	**3.矛盾**	乡镇企业	神经系统	国家制度	改良主义
XGWUEO	XBWN	中型企业	消化系统	货币制度	个人主义
大肆活动	敌我矛盾	**5.社会**	**8.学校**	婚姻制度	共产主义
党团活动	根本矛盾	XZWUE	XWAO	教育制度	官僚主义
恐怖活动	基本矛盾	封建社会	高等学校	经济制度	国际主义
社会活动	阶级矛盾	阶级社会	公立学校	会计制度	集体主义
政治活动	民族矛盾	奴隶社会	教会学校	陪审制度	教条主义
思想活动	内部矛盾	原始社会	会计学校	社会制度	经验主义
准备活动	外部矛盾	**6.世界**	民办学校	司法制度	军国主义
2.阶级	制造矛盾	XZWIE	农业学校	选举制度	浪漫主义
GWIE	主要矛盾	称霸世界	师范学校	政治制度	利己主义
剥削阶级	自相矛盾	宏观世界	商业学校	专制制度	列宁主义
地主阶级	**4.企业**	精神世界	私立学校	**10.主义**	马克思主义
反动阶级	XGWIE	内心世界	体育学校	ZWI	盲动主义
工人阶级	大型企业	外部世界	专科学校	爱国主义	冒险主义
农民阶级	独资企业	微观世界	**9.制度**	霸权主义	民主主义
统治阶级	工业企业	**7.系统**	ZWU	拜金主义	命令主义
无产阶级	国有企业	XWUEO	宗法制度	保守主义	平均主义
有产阶级	技术企业	灌溉系统	剥削制度	本位主义	人道主义
中产阶级	科技企业	光学系统	耕作制度	帝国主义	沙文主义
资产阶级	民办企业	呼吸系统	工作制度	法西斯主义	社会主义
	合资企业	排水系统	规章制度	封建主义	实用主义

续表

投降主义	新民主主义	折中主义	宗派主义	基础科学	应用科学
无政府主义	形式主义	种族主义	**11.科学**	军事科学	自然科学
唯物主义	虚无主义	主观主义	XBGWIUE	人文科学	
现实主义	殖民主义	资本主义	材料科学	社会科学	

附表 2-4　高频四音略码词语一览表

A	剥削制度	彻底清查	当务之急	法律行为
爱国热情	播种面积	乘风破浪	党的纪律	繁花似锦
爱国人士	薄弱环节	乘胜前进	党和政府	繁荣昌盛
安定团结	不好意思	成本核算	倒行逆施	繁荣富强
安全生产	不骄不躁	吃大锅饭	道德规范	反对霸权
安于现状	不仅仅是	赤手空拳	德才兼备	反法西斯
安装工程	不可避免	充分发挥	敌对势力	反腐倡廉
安分守己	不可思议	充分认识	地方政府	犯罪分子
按劳分配	不良倾向	丑恶事物	地理环境	方方面面
澳大利亚	不切实际	初级阶段	地下水位	方针政策
B	不屈不挠	触犯刑律	电话会议	纺织工业
八五计划	不以为然	传统教育	电视广播	非法倒卖
白色恐怖	不言而喻	创汇产品	电子工业	非法行为
百花齐放	不折不扣	匆匆忙忙	掉以轻心	废寝忘食
百家争鸣	不正之风	从严控制	调查取证	奋斗目标
百折不挠	不知不觉	从业人员	调查研究	奋发图强
半途而废	**C**	粗制滥造	调动起来	奋勇进取
半殖民地	财务监督	错综复杂	斗志昂扬	奋勇前进
包产到户	财政收入	**D**	独立自主	丰富多彩
保加利亚	财政收支	打成一片	堵塞漏洞	丰功伟绩
保卫祖国	裁减军备	打击报复	对立统一	风险机制
本世纪末	彩色电视	大公无私	对外开放	风云变幻
比例失调	产权管理	大好时机	对外贸易	奉公守法
必不可少	产业工人	大好形势	多种多样	服务行业
边远地区	产业开发	大惊小怪	多种经营	服务质量
变本加厉	常规武器	大量生产	**F**	腐败行为
表演艺术	长期以来	大势所趋	发达国家	富有成效
别有用心	长远利益	大专院校	发愤图强	复员军人
别出心裁	长治久安	代表大会	发展目标	**G**
冰天雪地	超级大国	当家做主	法定程序	改革开放
拨乱反正	超额利润	当前形势	法律手段	概括地说

续表

干干净净	管理体制	**J**	讲求实效	举世瞩目
感性认识	贯彻落实	基本方针	讲求效益	具体部署
干群关系	贯彻执行	基本观点	教学改革	具体实际
港澳同胞	广播电台	基本建设	教育部门	具体实践
高速发展	归根到底	基本路线	教育革命	巨大变化
高速增长	国防工业	基本原理	竭尽全力	巨大增长
搞好团结	国防力量	基本原则	结合起来	决定力量
革命战争	国际环境	基层组织	结合实际	决定因素
个人利益	国际形势	积极分子	解放思想	军备竞赛
个人消费	国家机构	积极因素	解放战争	军事基地
个体经济	国家权力	集体创造	金融形势	**K**
各国政府	国家机关	集体利益	金融秩序	开动脑筋
各行各业	国家利益	集体经济	尽力而为	抗日战争
各式各样	国民经济	集中力量	经济发展	科学技术
各行其是	国民收入	技术革新	经济管理	科学研究
根本利益	国内战争	技术培训	经济规律	客观规律
购销两旺	过快增长	计划生育	经济工作	刻苦钻研
工程设计	**H**	计划指标	经济核算	克己奉公
工程项目	海洋资源	加快发展	经济基础	会计核算
工人运动	好上加好	加快改革	经济结构	快速增长
工业结构	毫不动摇	价值规律	经济领域	扩大开放
工业企业	浩浩荡荡	坚定不移	经济生活	扩大会议
工业增长	和平共处	坚决贯彻	经济手段	扩大投资
工艺流程	和平演变	艰苦创业	经济体制	扩军备战
工作方法	狠抓落实	艰苦奋斗	经济危机	**L**
工作起来	后来居上	艰苦朴素	经济稳定	来之不易
工作作风	轰轰烈烈	艰巨复杂	经济效益	劳动改造
公共交通	宏观管理	见义勇为	经济增长	劳动纪律
供不应求	宏观控制	检查部门	经济秩序	劳动竞赛
共产党员	宏观调控	检举揭发	经济作物	劳动模范
共同富裕	互相补充	建立健全	经营方式	劳动强度
古今中外	互相配合	建立起来	经营思想	劳动群众
工业生产	化学肥料	建设时期	经营指标	劳动时间
顾全大局	化学工业	建设项目	精神文明	劳动英雄
寡不敌众	环境保护	建筑工程	竞相攀比	老老实实
关心群众	换句话说	建筑艺术	就业门路	乐不可支
管理技能		健康发展	局部利益	雷厉风行

续表

理所当然	农民战争	全面进步	商品生产	实际情况
理性认识	农田水利	全面落实	商业利润	实践证明
利税收入	农业机械	全民所有	商业资本	实事求是
厉行节约	农业技术	全体会议	上层建筑	十年规划
励精图治	农业生产	确确实实	上行下效	始终不渝
立案侦破	弄虚作假	群众利益	少数民族	世界大战
联合公报	**P**	群众路线	舍己救人	世界市场
廉洁奉公	培养人才	群众团体	社会发展	事业单位
廉政建设	蓬勃发展	群众运动	社会风气	市场繁荣
两条道路	蓬蓬勃勃	群众组织	社会关系	市场供应
两种制度	平方公里	**R**	社会科学	市场机制
粮食作物	平均利润	人口控制	社会稳定	市场价格
量力而行	平均收入	人口质量	社会生活	市场经济
临危不惧	破案效率	人均收入	社会治安	市场需求
零售价格	普遍规律	人民法院	社会制度	适销对路
领导核心	普遍真理	人民代表	社会秩序	受贿贪污
领导机构	**Q**	人民军队	社会组织	率先垂范
领导机关	齐心协力	人民团体	身体力行	水利工程
令行禁止	企业集团	人民武装	深化改革	水土保持
流通领域	千差万别	人民政府	深入人心	水土流失
垄断资本	千方百计	人民战争	深入实际	说来说去
垄断组织	千千万万	人造卫星	生产方式	思想工作
楼堂馆所	前所未有	认真贯彻	生产关系	思想建设
M	强调指出	认真落实	生产能力	思想教育
马马虎虎	切切实实	认真学习	生产指标	思想路线
蒙特利尔	敲诈勒索	认真总结	生产资料	思想体系
煤炭工业	侵略扩张	日新月异	生动活泼	思想武器
民主党派	侵略战争	日益加强	生机勃勃	思想准备
民族团结	青红皂白	日益深入	生态平衡	司法机关
民族压迫	清理整顿	日益增长	生育高峰	四化建设
面向未来	清清楚楚	软件开发	剩余产品	四面八方
莫名其妙	轻重缓急	**S**	剩余价值	虽然如此
墨守成规	全国纪录	三个世界	剩余劳动	随心所欲
N	全国人民	三座大山	胜利前进	随行人员
农村工作	全局观念	森林资源	施加压力	损人利己
农副产品	全面改革	商品经济	食品工业	所有这些
农民起义	全面贯彻	商品流通	实际成本	

续表

T	文教卫生	行政处分	英雄气概	战略部署
贪污盗窃	文学艺术	行政管理	拥军优属	战略目标
贪污腐化	稳产增产	行政手段	拥政爱民	战无不胜
贪污受贿	稳定发展	行之有效	勇于创新	沾沾自喜
提高警惕	稳定增长	兴高采烈	勇于开拓	掌握规律
提高质量	乌鲁木齐	雄心壮志	勇于思考	这就是说
体育运动	无可奈何	学生运动	勇于探索	这是什么
天气预报	无期徒刑	循序渐进	勇往直前	针锋相对
体制改革	无私奉献	Y	优良传统	振兴经济
田径运动	无法无天	研究执行	优良结构	振兴中华
条件反射	武装部队	严格控制	优良作风	整体利益
同甘共苦	武装力量	严肃查处	优生优育	政权机关
同时进行	物价管理	严肃认真	由此可见	政治力量
同心同德	物价上涨	阳奉阴违	友好合作	政治体制
同心协力	物质文明	也就是说	有禁不止	政治稳定
通货膨胀	X	冶金工业	有利时机	政治协商
统一战线	习惯势力	一成不变	有令不行	知识分子
投机倒把	先锋模范	一点一滴	又快又好	知识青年
投机取巧	先进分子	一分为二	舆论监督	职能转变
突飞猛进	先进技术	一个中心	与此同时	指导方针
突然袭击	先进水平	一国两制	约束机制	指导思想
团结和睦	显而易见	一技之长	越演越烈	治理整顿
团结起来	显著成效	一劳永逸	运行机制	质量管理
推向前进	想方设法	一氧化碳	Z	至关重要
妥善处理	消费结构	以权谋私	再接再厉	中共中央
W	消费资料	以身作则	责任事故	中华民族
外交使节	销售总额	议事日程	增产节约	中心任务
微不足道	小康生活	意识形态	增强团结	重要力量
违法乱纪	新生事物	阴谋诡计	增长速度	种族歧视
违法行为	欣欣向荣	因地制宜	祖国统一	众所周知
维护和平	星球大战	引吭高歌	扎扎实实	忠于职守
伟大理想	形而上学	英雄事迹	朝气蓬勃	助人为乐
文化教育	形形色色	英雄人物	战斗堡垒	抓住时机

注：附表 2-4 只列部分四音略码，仅供参考。

附表 2-5　高频多音略码词语一览表

被压迫民族	两个基本点	正因为如此	路线方针政策	在很大程度上
不结盟国家	两手都要硬	指导性计划	民族文化传统	在这个基础上
不结盟运动	面向现代化	指令性计划	民主法制建设	在这种情况下
从实际出发	毛泽东思想	中国共产党	农村包围城市	政治体制改革
厂长负责制	民主集中制	中央政治局	全面深化改革	中央工作会议
大大地发扬	全民所有制		人民民主专政	走自己的道路
大大地提高	群众的力量	爱国统一战线	认真贯彻落实	
第三次会议	热烈的掌声	持续快速健康	社会主义经济	半殖民地半封建
发展生产力	人民武装部	党的基本路线	社会主义建设	改革开放的步伐
发展中国家	社会生产力	党中央国务院	市场经济体制	国民经济总产值
反革命分子	社会总需求	富强民主文明	思想政治工作	加快改革和发展
丰富的经验	深度和广度	高标准严要求	四项基本原则	经久不息的掌声
岗位责任制	实现现代化	各地区各部门	提高工作效率	欧洲经济共同体
个体所有制	是否有利于	工农业总产值	提高经济效益	批评和自我批评
更上一层楼	桃李满天下	宏观调控措施	物质文明建设	勤俭办一切事业
巩固和发展	为人民服务	基本建设投资	物质文化生活	生产资料公有制
国内外形势	无政府状态	计划经济体制	伟大光荣正确	维护群众的利益
集体所有制		坚持改革开放	违法乱纪分子	新民主主义革命
集团购买力	唯物辩证法	精神文明建设	维护世界和平	现代化建设事业
继承和发扬	文化大革命	经济结构调整	为群众办实事	宣传思想工作者
加强和改善	现代化建设	经济体制改革	现代企业制度	一个巴掌拍不响
加利福尼亚	学习和借鉴	科学技术水平	宣传思想工作	以阶级斗争为纲
经济开放区	伊斯坦布尔	理论联系实际	一百年不动摇	中华人民共和国
扩大再生产	优点和缺点	立场观点方法	优化经济结构	资产阶级共和国
劳动生产率	有中国特色	两个文明建设	在党的领导下	资产阶级自由化

注：附表 2-5 只列部分多音略码，仅供参考。

附表 2-6　中文小写数字特定码及略码一览表

中文小写数字	特定码	双音略码词语	
		特定码:X	特定码:W
一	WI	一切	一般
二	XWE	二者	
三	WN	三好	三月

续表

中文小写数字	特定码	双音略码词语	
		特定码:X	特定码:W
四	ZW	四川	四月
五	WU		五月
六	WEO		六月
七	XGWI		七月
八	BW		八月
九	GW		九月
十	XZW	十分	十月
零	WO		

附表 2-7　中文大写数字特定码一览表

中文大写数字	特定码
壹	W:WI
贰	W:XWE
叁	W:WN
肆	W:ZW
伍	W:WU
陆	W:WEO
柒	W:XGWI
捌	W:BW
玖	W:GW
拾	W:XZW

注：中文大写数字的特定码均在中文小写数字的基础上构成，规则为 W:中文小写数字特定码，无须特殊记忆。

数字词语特定码

百分之（WIO）　千分之（WIAN）

数字词语特定码单手录入即可完成，只能单独使用，不可以与其他任何音节码双手并击。

超高频汉字特定码

是（XZI）

附表 2-8 三音联词消字定字表

A	便携（式）	扯皮（现）	低值（易）	E
艾滋（病）	标识（等）	沉冤（莫）	重见（天）	阿谀（奉）
按时（计）	秉公（执）	撑竿（跳）	D	F
暗地（里）	病理（解）	成都（市）	达成（协）	发报（机）
黯然（失）	病逝（前）	承办（部）	打靶（场）	发泡（剂）
B	波澜（起）	城建（局）	打捞（船）	发祥（地）
芭蕉（扇）	菠萝（蜜）	吃请（送）	打扫（卫）	发源（地）
拔刀（相）	勃勃（生）	持股（公）	打胜（仗）	珐琅（质）
百花（齐）	博学（多）	赤诚（之）	打字（机）	反腐（倡）
百灵（鸟）	补习（班）	冲昏（头）	代办（处）	反映（强）
梆子（腔）	捕鲸（船）	崇洋（媚）	戴帽（子）	返销（粮）
包心（菜）	捕鼠（器）	抽气（机）	单项（式）	返修（率）
饱经（忧）	不眠（之）	出乎（意）	党纪（国）	泛神（论）
保洁（箱）	布谷（鸟）	出境（证）	倒班（制）	方块（字）
保龄（球）	部级（干）	出境（证）	得意（洋）	方志（敏）
保值（储）	C	出没（无）	登峰（造）	芳香（油）
保质（期）	猜谜（儿）	出奇（制）	登记（处）	防腐（剂）
报仇（雪）	才智（出）	出师（表）	低级（趣）	防滑（链）
报国（舍）	材积（表）	初试（阶）	抵押（品）	防火（带）
报幕（者）	财物（办）	初学（者）	碘化（物）	防沙（林）
报效（祖）	财源（茂）	除氧（器）	电机（工）	防暑（降）
抱头（鼠）	采油（树）	储电（量）	电离（层）	防卫（厅）
杯酒（释）	菜籽（油）	楚辞（集）	电信（局）	防锈（剂）
北伐（军）	残余（岁）	处世（哲）	电针（疗）	防雨（布）
备忘（录）	蚕食（鲸）	触发（器）	奠基（石）	防治（所）
被捕（在）	插班（生）	触及（到）	调研（室）	纺织（业）
避雷（针）	茶话（会）	穿心（莲）	钉子（户）	废弃（物）
边际（效）	查处（案）	穿衣（镜）	冬至（点）	分期（付）
边远（地）	肠胃（病）	穿针（引）	董事（长）	分时（系）
编程（序）	常胜（将）	船舶（设）	洞庭（湖）	分销（店）
编余（人）	常言（道）	串通（一）	督导（司）	纷繁（复）
贬义（词）	厂级（领）	疮痍（满）	毒理（学）	粉妆（玉）
扁形（动）	畅行（无）	纯洁（组）	毒气（弹）	奋力（拼）
变电（站）	超期（服）	辞职（报）	独轮（车）	奋起（直）
变幻（无）	潮汐（预）	党纪（国）	多边（形）	风靡（一）

续表

风湿（病）	公用（事）	狐狸（精）	基督（教）	假面（具）
风俗（习）	公有（制）	弧光（灯）	基建（处）	假山（异）
风疹（块）	公证（人）	胡编（乱）	畸形（发）	假想（敌）
封官（许）	公职（人）	互补（原）	激将（法）	假象（牙）
蜂巢（胃）	功利（主）	互教（互）	激进（党）	坚定（不）
凤尾（竹）	攻击（力）	互通（有）	激励（下）	间断（性）
奉献（给）	攻坚（战）	护肤（品）	吉普（车）	监测（器）
缝纫（机）	供认（不）	护理（员）	极乐（世）	监察（局）
伏击（战）	恭贺（新）	护士（长）	极其（深）	检察（长）
父权（制）	恭维（话）	花费（时）	急需（掌）	检举（揭）
负心（人）	孤儿（院）	花甲（之）	急于（求）	检票（口）
附件（厂）	孤立（于）	华东（师）	急躁（情）	检疫（站）
附属（国）	古籍（书）	华裔（旅）	集成（电）	减振（器）
附庸（风）	古体（诗）	滑雪（板）	集市（贸）	剪刀（差）
复仇（女）	古文（字）	化妆（品）	集束（式）	简易（床）
复合（模）	古稀（之）	挥霍（无）	集邮（簿）	简政（放）
复式（犁）	骨科（医）	回忆（录）	几何（体）	渐进（性）
复印（机）	故宫（博）	悔过（自）	几年（来）	讲师（团）
富丽（堂）	关税（壁）	汇丰（银）	几天（以）	讲习（所）
富商（大）	观礼（台）	贿赂（之）	脊梁（骨）	匠心（独）
富于（理）	罐头（食）	豁然（开）	计程（仪）	交际（花）
G	广谱（抗）	豁嘴（缺）	计时（器）	交接（班）
甘居（中）	国界（之）	活化（石）	记叙（文）	交款（后）
甘露（醇）	国事（访）	火化（场）	纪检（委）	交相（辉）
橄榄（枝）	**H**	火力（点）	纪实（性）	交响（乐）
干劲（十）	海事（仲）	火星（报）	既得（利）	焦化（厂）
干预（制）	寒冬（腊）	货车（周）	即使（是）	佼佼（者）
高贵（品）	喊冤（叫）	货郎（担）	寄存（器）	绞肉（机）
高速（前）	毫微（米）	获利（税）	寄件（人）	矫正（术）
告急（电）	毫无（疑）	**J**	寄居（蟹）	脚气（病）
戈壁（滩）	豪华（型）	给予（支）	寄宿（制）	接合（部）
工笔（画）	耗油（率）	机电（部）	寄予（希）	接力（赛）
工读（学）	盒子（枪）	机动（车）	加班（费）	接收（者）
工休（日）	赫尔（辛）	机器（人）	加减（法）	接线（员）
公理（法）	恒星（周）	鸡子（儿）	夹生（饭）	街道（居）
公私（合）	红眼（病）	积蓄（已）	甲级（队）	街头（诗）
公益（金）	候机（室）	基底（细）	假道（学）	杰出（贡）

续表

结核（病）	枯心（苗）	履历（表）	**P**	擎天（柱）
截击（机）	扩音（器）	绿化（祖）	排除（异）	庆功（会）
截流（井）	**L**	绿茵（场）	排头（兵）	求实（精）
截肢（术）	蓝领（工）	**M**	炮筒（子）	驱使（下）
解铃（系）	劳资（纠）	麻风（病）	评委（会）	屈指（可）
借贷（资）	老实（巴）	麻将（牌）	普天（同）	蛐蛐（儿）
借书（证）	里程（碑）	马蜂（窝）	**Q**	取景（器）
金龟（子）	理发（师）	迈向（未）	齐步（走）	权力（意）
金门（岛）	理事（会）	冒失（鬼）	启明（星）	全盛（时）
金丝（猴）	鲤鱼（钳）	冒死（相）	启示（录）	拳击（手）
金质（奖）	立交（桥）	没事（儿）	起居（室）	**R**
尽职（尽）	立面（图）	眉宇（间）	起跑（线）	饶舌（人）
紧紧（的）	立体（电）	美联（社）	起重（机）	热衷（于）
进取（心）	利己（主）	美美（的）	气垫（船）	人情（味）
近视（眼）	例行（公）	门脸（儿）	气力（输）	人事（局）
晋级（调）	粒子（束）	闷声（不）	气势（磅）	人寿（保）
浸蚀（剂）	连环（画）	梦游（症）	契约（书）	人物（志）
禁忌（证）	联席（会）	密密（的）	器乐（曲）	人缘（好）
禁渔（区）	廉洁（奉）	名声（大）	千夫（所）	认同（感）
经典（作）	脸蛋（儿）	明明（白）	千斤（顶）	任其（自）
经纪（人）	练声（曲）	鸣锣（开）	千钧（一）	任人（唯）
荆棘（丛）	练习（本）	魔术（师）	千秋（万）	如实（上）
井底（之）	良师（益）	墨守（成）	迁延（性）	如意（算）
警戒（线）	粮棉（油）	牟取（暴）	浅水（池）	如愿（以）
警世（钟）	疗养（院）	目击（者）	欠帐（单）	入境（证）
警卫（员）	劣质（品）	睦邻（友）	强击（机）	入射（点）
竞相（攀）	淋漓（尽）	**N**	抢手（货）	入狱（者）
竞技（场）	羚羊（挂）	耐旱（植）	敲门（砖）	**S**
敬业（乐）	令箭（荷）	南疆（战）	青云（直）	三维（空）
久经（沙）	留学（生）	南柯（一）	轻骑（兵）	伞形（花）
狙击（手）	留言（簿）	闹市（区）	轻于（鸿）	散兵（游）
居留（证）	留置（权）	闹着（玩）	轻装（上）	杀鸡（吓）
举世（无）	流星（群）	逆水（行）	氢氧（化）	砂子（炉）
郡县（制）	卤化（物）	匿名（信）	倾巢（出）	山药（蛋）
致病（性）	露宿（风）	年逾（古）	清道（夫）	煽风（点）
K	孪生（兄）	奴隶（制）	清洁（工）	闪击（战）
科班（出）	旅行（社）		情势（下）	擅离（职）

续表

赡养（费）	识字（班）	收视（率）	特异（功）	亡国（奴）
商（品）房	实践（理）	收支（平）	提携（后）	亡命（徒）
商务（部）	实力（派）	手抄（本）	啼笑（皆）	王府（井）
尚书（省）	实施（处）	手扶（拖）	天涯（海）	王室（成）
社稷（坛）	实事（求）	手势（语）	天主（教）	网罗（大）
射击（手）	实体（法）	手提（包）	甜菜（褐）	网状（细）
涉及（到）	实物（指）	手摇（发）	跳跃（式）	危难（时）
涉足（于）	实业（家）	手足（无）	贴心（人）	威武（不）
摄氏（度）	实用（主）	守备（部）	停薪（留）	威信（扫）
摄像（机）	拾遗（补）	守时（间）	停滞（不）	微型（机）
摄制（组）	食利（者）	首场（演）	通报（批）	巍然（屹）
身心（健）	食宿（费）	受贿（贪）	通知（书）	违（反）纪
深感（不）	食物（链）	受益（最）	同济（大）	违禁（物）
深化（改）	食用（菌）	兽医（学）	同心（协）	唯心（史）
深情（厚）	矢志（不）	书皮（纸）	铜版（纸）	娓娓（动）
神采（奕）	使（领）馆	输油（站）	铜器（时）	卫道（士）
神枪（手）	始发（站）	熟食（店）	铜子（儿）	位移（电）
神通（广）	示意（图）	蜀道（难）	统观（全）	胃镜（检）
生机（勃）	世纪（末）	树木（学）	统治（者）	文史（系）
生理（学）	市委（会）	树枝（状）	痛哭（失）	闻名（中）
声势（浩）	势利（眼）	爽身（粉）	痛心（疾）	闻讯（起）
声誉（鹊）	事关（重）	司号（员）	投递（员）	刎颈（之）
省级（机）	事务（所）	司礼（监）	透水（性）	窝窝（头）
盛果（期）	试飞（员）	丝绵（布）	吐气（扬）	乌纱（帽）
失眠（症）	试试（看）	丝织（品）	蜕化（变）	呜呼（哀）
失业（率）	试验（田）	私房（话）	吞噬（细）	钨丝（灯）
失语（症）	试用（期）	速录（机）	脱缰（之）	无敌（于）
师范（学）	视力（表）	宿命（论）	脱粒（机）	无缝（钢）
师资（力）	视频（放）	随机（数）	陀螺（仪）	无轨（电）
狮子（舞）	柿子（椒）	随想（曲）	**W**	无理（式）
湿地（松）	适龄（母）	**T**	外甥（女）	无期（徒）
石版（画）	适销（产）	它们（的）	外线（作）	无题（诗）
石灰（质）	适宜（于）	拓荒（者）	玩意（儿）	无线（电）
石英（钟）	适用（性）	昙花（一）	婉言（谢）	无业（游）
时令（服）	誓师（大）	探亲（假）	婉言（谢）	武士（道）
时务（报）	收发（室）	碳化（物）	万般（无）	武术（师）
时效（性）	收货（人）	唐诗（三）	万古（长）	戊戌（变）

续表

务实（精）	消炎（片）	延展（性）	异体（受）	油漆（匠）
物美（价）	硝烟（滚）	严守（机）	抑郁（寡）	游击（队）
雾化（器）	楔形（文）	严刑（拷）	抑制（剂）	游乐（场）
X	蟹状（星）	严正（警）	译码（器）	游艺（机）
吸尘（器）	心安（理）	岩浆（矿）	意料（之）	游泳（池）
吸湿（性）	心慈（面）	盐渍（化）	意气（用）	游园（会）
吸血（鬼）	心急（如）	掩蔽（部）	意识（到）	友谊（赛）
稀奇（古）	心宽（体）	眼见（得）	意味（着）	有理（式）
媳妇（儿）	心理（学）	眼镜（蛇）	意向（书）	幼稚（病）
洗发（剂）	心力（交）	演唱（会）	意志（薄）	诱变（剂）
下级（机）	心领（神）	演绎（法）	音响（设）	余粮（收）
下属（企）	辛亥（革）	厌世（主）	银河（系）	鱼雷（艇）
夏熟（作）	欣喜（万）	艳阳（天）	银灰（色）	鱼尾（葵）
先遣（队）	新兴（科）	燕京（大）	银质（奖）	愚公（移）
先行（者）	信访（组）	燕尾（服）	引燃（器）	育种（原）
先验（论）	信手（拈）	燕窝（汤）	引申（义）	预想（的）
闲情（逸）	星际（物）	扬幡（招）	饮用（水）	冤家（路）
闲人（免）	星星（之）	羊角（风）	隐性（性）	冤枉（路）
闲置（资）	刑事（案）	腰杆（子）	隐约（其）	远亲（不）
嫌（疑）犯	形迹（可）	液力（偶）	印发（材）	远洋（捕）
显示（器）	形势（大）	一事（无）	英勇（战）	月季（花）
显像（管）	兴致（勃）	伊犁（河）	英姿（焕）	岳阳（楼）
险恶（用）	性命（攸）	衣帽（间）	硬纸（板）	**Z**
县级（机）	凶相（毕）	医务（室）	永葆（青）	朝气（蓬）
县委（会）	休养（所）	依附（于）	勇于（实）	在职（干）
现成（饭）	叙事（诗）	依赖（性）	优等（生）	早稻（田）
现金（结）	穴位（注）	铱金（笔）	优点（和）	造化（小）
线形（动）	学籍（管）	怡然（自）	优化（经）	责（任）制
线装（书）	寻欢（作）	移交（给）	优胜（者）	增值（税）
乡规（民）	寻事（生）	移居（法）	优势（树）	宅基（地）
相思（树）	训政（时）	疑难（病）	优先（权）	债役（制）
相位（失）	**Y**	疑心（病）	优异（成）	展示（会）
香蕉（水）	压根（儿）	乙型（脑）	悠闲（自）	战果（辉）
箱形（结）	烟酒（糖）	已知（数）	邮递（员）	战友（们）
象形（字）	烟卷（儿）	以利（于）	邮电（局）	站台（票）
像样（儿）	烟熏（火）	以至（于）	犹豫（不）	仗势（欺）
橡胶（树）	延安（文）	议事（日）	油亮（油）	招架（不）

续表

招商（局）	支撑（点）	指导（意）	中庸（之）	驻华（使）
招摇（过）	枝枝（节）	指点（江）	忠实（的）	撰稿（人）
昭君（出）	知名（度）	指甲（盖）	忠心（耿）	装甲（车）
昭明（文）	知情（人）	指示（剂）	忠于（职）	壮志（未）
召回（派）	知识（界）	至关（重）	终点（站）	追悔（莫）
折衷（主）	织女（星）	志愿（者）	终端（设）	追溯（到）
针线（包）	执法（者）	制服（呢）	终止（式）	咨议（局）
侦察（员）	执委（会）	制片（厂）	衷心（感）	资方（代）
珍稀（动）	直到（最）	质疑（问）	重工（业）	紫荆（山）
真实（性）	直觉（主）	治理（国）	重头（戏）	自留（地）
真知（灼）	直属（机）	致病（性）	侏儒（症）	自愿（互）
峥嵘（岁）	直辖（市）	致命（处）	诸葛（亮）	综观（全）
睁眼（瞎）	直直（的）	智力（开）	诸如（此）	租借（制）
蒸馏（水）	直至（今）	置信（度）	主管（部）	阻击（战）
证券（交）	职务（工）	中继（线）	主治（医）	
郑重（其）	植树（节）	中科（院）	助理（员）	
政法（部）	止血（药）	中立（国）	助推（器）	
政企（分）	只能（是）	中型（机）	助长（了）	

注：附表 2-8 所列三音联词消字定字根据系统词库总结，仅供参考。

亚伟拼音形码

亚伟拼音形码（以下简称形码），即用已掌握的亚伟拼音码双手并击某个汉字的两个形码元（按笔画书写的顺序所分解成的击打单位），来达到准确输入汉字的目的。形码主要用于输入不认识的汉字，但也可输入认识的汉字。因为双手并击，重码少，所以输入速度快。

（1）形码输入方式的进入与退出

双手并击 XN:XN，即可进入形码输入方式（屏幕下方输入方式提示行内显示“形码”二字，默认为“插入”状态）；双手再次并击 XN:XN，则退出形码输入方式。

（2）形码的学习

1）学习形码，首先要掌握汉字形码元的读法。

形码元共 106 个，而真正需要记忆的仅 50 多个（形码元前面带*号的，详见《形码元一览表》），其余的均同一般的读法。

2）学习形码，其次要掌握分解、选取汉字形码元的 3 条原则。

① 不论是认识还是不认识的汉字，均须按笔顺根据“取大不取小”的原则（个别例外）来进行形码元的分解、选取和并击。如，“谢”字，应选“讠”“射”（INA:XZE）并击，而不能选“讠”“寸”（INA:BDZUN）并击；又如，“趑”字，应选“走”“次”

（DZEO:BDZ）并击，而不能选“走”“欠”（DZEO:XGINA）并击。

② 有的字可选取“前字音+后笔画名”或“前笔画名+后字音”或“前笔画名+后笔画名”并击。例如，“孑”字用 XD:XBDA 并击；“囱”字用 BGIE:XGNE 并击；“工”字用 XGNE:XGNE 并击。

③ 认识的难以分解的独体字，按笔顺左手击该字的音节码，右手同时并击其开头的笔画名即可，如“之”字，可用 Z:DIAN 并击。

（3）形码元一览表

附表 2-9　形码元一览表

笔画数	形码元	读法（音节码）	笔画数	形码元	读法（音节码）
1	丶	点(DIAN)	2	阝	耳(XE)
1	丨*亅	直(Z)	2	*丂	考(XBGAO)
1	一	横(XGNE)	2	*凵*屮	出(BZU)
1	丿	撇(BGIE)	3	宀	宝(BAO)
1	㇀	提(BDI)	3	辶*廴	走(DZEO)
1	㇏	捺(XBDA)	3	*丬*爿	壮(ZUNO)
1	ㄥㄣㄑㄱ	折(ZE)	3	廾	草(BDZAO)
1	*乚	乙(I)	3	弋	弋(I)
2	亠	头(BDEO)	3	*亍	亍(GIE)
2	二	二(XWE)	3	兀	无(U)
2	冫	两(XDINO)	3	*廾*丌	卉(XGUE)
2	卜	卜(BO)	3	小⺌	小(XIAO)
2	十	十(XZW)	3	*囗	围(UE)
2	*乂	叉(BZA)	3	彳	双(XZUNO)
2	人亻𠂉	人(XBZN)	3	三*彡	三(WN)
2	八丷	八(BA)	3	纟糸	丝(XDZ)
2	冖	秃(BDU)	3	川*巛*⺿	川(BZUAN)
2	*冂门	门(XBN)	3	*尢	尤(IEO)
2	*匚	方(XBUNO)	3	么	么(XBE)
2	厂*ナ	厂(BZNO)	3	幺	幺(IAO)
2	*勹	包(BAO)	3	凡*卂	凡(XBUAN)
2	刀*⺈刂	刀(DAO)	3	*彐*⺕	雪(XIUE)
2	*⺄	风(XBUNE)	3	巳	巳(XDZ)
2	厶	私(XDZ)	3	子孑*孓	子(DZ)
2	*卩*㔾	节(GIE)	3	*昜	扬(INO)

续表

笔画数	形码元	读法（音节码）	笔画数	形码元	读法（音节码）
4	文*攴攵	文(UN)	5	戋	戋(GIAN)
4	火灬	火(XGO)	5	*宀吕	吕(XDIU)
4	礻示	示(XZ)	5	刍	皱(ZEO)
4	亢	亢(XBGNO)	5	氐	氐(DI)
4	犬犭	犬(XGIUAN)	5	疋*⻊	疋(BGI)
4	心 忄 ⺗	心(XIN)	5	穴⽳	穴(XIUE)
4	* 冘	沈(XZN)	6	衣衤	衣(I)
4	丏*丏	丏(GIO)	6	羊*⺶*⺷	羊(INO)
4	长*镸	长(ZNO 或 BZNO)	6	*圭	圭(GUE)
4	丰*⺘*丰*⺘*⺀	丰(XBUNE)	6	老*耂	老(XDAO)
4	韦	韦(UE)	6	*虍虎	虎(XGU)
4	戈*戈	戈(G)	6	缶	否(XBUEO)
4	水 氵氺	水(XZUE)	6	*舛	川(BZUAN)
4	内*冂	内(XBDE)	6	艮	艮(GN)
4	*⺍	兴(XINE)	6	竹⺮	竹(ZU)
4	爪*⺥	爪(ZAO)	6	言讠	言(IAN)
4	月*⺼	月(IUE)	6	来耒	来(XDIO)
4	日曰	日(XBZ)	7	呙	涡(O)
4	殳	殳(XZU)	7	走*⻍	走(DZEO)
4	*⺺聿	聿(IU)	7	卤	卤(XDU)
4	币*巿	币(BI)	7	豸	豸(Z)
4	*夬	决(GIUE)	7	佥	检(GIAN)
4	手*⺗ 扌	手(XZEO)	8	隹	隹(ZUE)
4	氏*⺠	氏(XZ)	8	*黾	黾(XBIN)
5	癶	登(DNE)	8	金钅	金(GIN)
5	疒	病(BINE)	9	食饣	食(XZ)
5	耒	春(BZUN)	10	鬲	鬲(G)

另外，在部首中，尚有许多形码元是熟悉而能读出的，故未列入上表，它们是几、儿、力、又、工、土、士、寸、大、口、巾、山、夕、广、尸、己、巳、弓、女、马、王、木、歹、比、瓦、止、贝、见、牛、毛、气、片、斤、父、欠、文、方、斗、户、毋、车、石、龙、业、目、田、皿、矢、禾、白、瓜、用、鸟、立、皮、矛、母、耳、臣、西、页、虫、后、臼、自、血、舟、米、羽、麦、赤、豆、酉、辰、豕、里、足、身、采、谷、角、辛、青、其、雨、齿、鱼、革、骨、鬼、风、音、麻、鹿、黑、鼠、鼻等。

提示：

1）上表中形码元前加“*”的是需要记忆的。

2）形码录入时，在单字中的“一”全作为笔画，读作横（XGNE）。

3）“是”的形码打法是 XZI:Z。

（4）部分汉字形码编码一览表

附表 2-10 部分汉字形码一览表

汉字	形码编码	汉字	形码编码	汉字	形码编码
自	DZ:BGIE	习	XI:ZE	卫	UE:ZE
土	BDU:XGNE	头	BDEO:DIAN	互	XGU:XGNE
里	XDI:Z	之	Z:DIAN	亓	XGNE:XGUE
亙	XDINO:XGU	也	ZE:I	芈	BDZAD:XBUNE
子	XD:XBDA	兀	XGNE:XE	冗	BDU:GI
珏	UNO:IU	捋	XZEO:XBU	耕	XDIO:XBZAN
诩	INA:IU	虬	BZUEO:I	瓴	XDINE:UA
既	XE:U	洇	XZUE:XBZ	妫	XBDIU:UE
砾	XZ:XD	傚	XBZN:XDI	余	XBZU:XZUE
穷	XIUE:XI	支	BZA:BZA	夯	DA:XDI
尕	XBDIO:XIAO	畀	BDINA:XGUE	嵬	XZNA:GUE
忑	XIA:XIN	去	XBUNE:XZ	囹	UE:XINE
因	UE:XBDIU	囿	UE:IEO	围	UE:U
阈	XBN:XGO	阉	XBN:GUE	闻	XBN:XE
夙	XBUNE:DIO	网	XBN:BZA	罔	XBN:UNO
匝	XBUNO:GIN	匭	XBUNO:GUE	西	XZUE:BZU
豳	XZNA:XZ	仄	BZNO:XBZN	厝	BZNO:XI
厩	BZNO:GI	皮	GUNO:Z	庠	GUNO:INO
庑	GUNO:U	庹	GUNO:BZ	疙	BINE:XGI
炸	BINE:ZA	疝	BINE:XZNA	痫	BINE:XINA